J. Heinrich Arnold
Leben in der Nachfolge

J. Heinrich Arnold

Leben in der Nachfolge

The Plough Publishing House

Brendow Buch Kunst Verlag

Die Deutsche Bibliothek - CIP-Einheitsaufnahme

Heinrich, Arnold J.:
Leben in der Nachfolge / Arnold J. Heinrich. - Moers : Brendow, 1996
(Edition C : C ; 470)
Einheitssacht.: Discipleship <dt.>
ISBN 3-87067-650-7 (Brendow)
ISBN 0-87486-075-X (Plough Publ. House)
NE: Edition C / C

ISBN 3-87067-650-7 (Brendow)
ISBN 0-87486-075-X (Plough Publishing House)
Edition C, C 470
© Copyright 1996 by The Plough Publishing House of the Bruderhof
Communities. Farmington, PA 15437 USA.
Robertsbridge, E. Sussex, TN32 5DR England
Einbandgestaltung: Plough Publishing House
Printed in Germany

INHALT

VORWORT

„LEBEN IN DER NACHFOLGE" ist kein leichtes
Buch. Wenn ich lese, was Heinrich Arnold zu den Mitgliedern seiner Gemeinschaft spricht oder an sie und
andere schreibt, dann trifft mich das wie ein zweischneidiges Schwert und stellt mich vor die Wahl zwischen Wahrheit und Lüge, Erlösung und Sünde, Selbst-
losigkeit und Egoismus, Licht und Finsternis, Gott
und Dämon. Zu Beginn war ich nicht sicher, ob ich
mich solch einer direkten Herausforderung stellen wollte. Ich entdeckte einigen Widerstand in mir: Von der
guten Botschaft des Evangeliums erwarte ich Milde,
Trost, Beruhigung, inneren Frieden und Harmonie.

Aber Arnold erinnert mich daran,
– daß der Friede des Evangeliums nicht derselbe ist
wie der Friede der Welt,
– daß der Trost des Evangeliums nicht der Trost ist,
den die Welt spendet,
– daß die Milde des Evangeliums nichts mit weltlicher
Toleranz zu tun hat, die alles gutheißt.

Das Evangelium verlangt eine Entscheidung, eine
radikale Entscheidung, eine Entscheidung, die nicht
überall auf Lob, Unterstützung und Anerkennung
stößt.

Und doch sind Arnolds Worte weder scharf noch
unnachgiebig, weder fanatisch noch selbstgerecht. Im
Gegenteil, sie sind voller Liebe – strenger, aber wahrer
Liebe. Es ist die gleiche Liebe, die aus dem gebrochenen Herzen Jesu fließt. Was Arnolds Worte so heilsam
macht, ist die Tatsache, daß sie nicht auf einer Idee, einer Ideologie oder einer Theorie gegründet sind, sondern auf einer intimen Erfahrung Jesu Christi. Jesus,
der Christus, steht im Mittelpunkt aller Ratschläge

und aller Fürsorge, die Arnold in seinen Betrachtungen zum Ausdruck bringt. Hier ist ein wahrhaft auf Christus ausgerichtetes Buch.

Heinrich Arnold spricht nicht in seinem eigenen Namen. Er spricht im Namen Jesu. Er hat deutlich die Worte des Paulus an Timotheus <2.Tim.4,1-2> vernommen: „Ich beschwöre dich vor dem Angesichte Gottes und Jesu Christi, der Lebendige und Tote richten wird, wenn er erscheint in seiner Königsmacht: ‚Verkündige das Wort, tritt damit auf, gerufen oder ungerufen; überzeuge, weise zurecht und ermahne mit allem Aufwand von Geduld und Lehrgeschick!‘"

Seine tiefe Verwurzelung in Jesus Christus macht ihn zu einem sehr weisen, zuverlässigen und herausfordernden geistlichen Führer auf unserem inneren Weg. Mehr noch, diese Verwurzelung ist nicht einfach eine Verwurzelung in dem Jesus, der vor langer Zeit lebte. Es ist eine Verwurzelung in dem Christus, der heute in dem Leben der Glaubensgemeinschaft gegenwärtig ist.

Arnold ist kein frommer oder sentimentaler Führer. Jedes seiner Worte entspringt seiner Erfahrung im Gemeinschaftsleben, wo Nachfolge gelebt wird. Die Gemeinschaft ist der Ort, wo wir geprüft und gereinigt werden. Die Gemeinschaft ist der Ort, wo wir lernen, was Vergebung und Heilung bedeuten. Die Gemeinschaft ist der Ort, wo wir lernen, wer unser Nächster ist. Die Gemeinschaft ist die wahre Schule der Liebe. Arnold hat sein Leben lang in Gemeinschaft gelebt. Er wußte, was Gemeinschaft von einem fordert und was sie einem gibt. Am besten wußte er, daß Gemeinschaft der Ort ist, wo wir dem Christus des Evangeliums begegnen.

Ich bin sehr dankbar für dieses Buch. Es ist ein prophetisches Buch in einer Zeit, in der wenige Menschen es wagen, ein unbeliebtes, aber wahrhaft heilendes Wort zu sprechen.

Es ist meine Bitte, daß die Leser dieses Buches nicht vor seinen Herausforderungen zurückschrecken mögen. Und ich habe das Vertrauen, daß das Wort Gottes, wie es durch dieses Buch zu ihnen kommt, ihnen wahren Trost, wahre Hoffnung und rechten Mut bringen wird.

Henri J. M. Nouwen
8. September 1994

EINFÜHRUNG

Manche Bücher beschreibt man am besten, indem man schildert, was sie *nicht* sind: Der vorliegende Band enthält keine Sammlung erbaulicher Betrachtungen, keine gefühligen Aufzeichnungen über „meinen Wandel mit Gott", keine Anleitung zur Selbstverwirklichung und zur geistlichen Weiterentwicklung. Es handelt sich ganz einfach um ein Buch aus dem Leben in der Nachfolge, ein Buch darüber, wie man Christus in Demut, Gehorsam, Liebe und Offenheit nachfolgen kann. So und nicht anders sind die Aussagen Johann Heinrich Arnolds (1913-1982) zu verstehen.

In seiner Kindheit und Jugend war Heinrich Arnold umgeben von Menschen, für die die Nachfolge Christi spannende, dramatische Gestalt annahm. In seinem 6. Lebensjahr beschlossen seine Eltern Eberhard und Emmy, ihr bürgerliches Leben in Berlin zu verlassen und in das Dörfchen Sannerz in Hessen umzusiedeln, wo sie - angeregt vom 2. und 4. Kapitel der Apostelgeschichte - mit einem kleinen Kreis von Freunden in völliger Gütergemeinschaft zu leben begannen. Eine gewaltige Umwälzung war damals im Gang. Unter anderem waren es die Spannungen der Zeit nach dem Ersten Weltkrieg, die Heinrichs Vater Eberhard - ein angesehener Verleger, Theologe und Redner - den Impuls zu diesem Glaubenswagnis gegeben hatten.

Tausende von Menschen, von der gleichen Rastlosigkeit erfaßt, wurden damals dazu getrieben, sich gegen die Steifheit der allgemein gültigen religiösen und gesellschaftlichen Konventionen aufzulehnen und nach neuen Lebensformen zu suchen. In diesem Klima wuchs Heinrich auf. Ein Strom junger Anarchisten, Landstreicher, Lehrer, Handwerker und Freidenker wanderte durch die kleine Gemeinschaft und prägte Heinrichs Entwicklung weitgehend. Sie alle hatten der Heuchelei eines abgestorbenen Christentums den Rücken gekehrt, und viele fühlten sich stark von einem Leben freudiger Hingabe angezogen, wie es in Sannerz gelebt wurde.

Mit 11 Jahren folgte Heinrich – in ganz kindlicher, doch ernsthafter Weise – dem Ruf zu einem Leben der Nachfolge. Erst als junger Erwachsener entschloß er sich, dem Bruderhof[1] (wie sich die Gemeinschaft damals bereits nannte) als volles Mitglied lebenslänglich anzugehören. Der seelsorgerliche Dienst wurde ihm 1938 anvertraut, und von 1962 bis zu seinem Tode versah er den Dienst des Ältesten an der sich ausbreitenden Bruderhofbewegung.

Die Schar der Menschen, die Arnold betreute, war nicht gerade das, was man landläufig mit Gemeinde oder Kirche bezeichnet. Auch war Arnold alles andere als ein Pfarrer im konventionellen Sinn. Das, was man allgemein unter einer charismatischen Persönlichkeit versteht, traf auf ihn nicht zu, auch hatte er keine theologische Ausbildung. Er war ein Seelsorger im wahrsten Sinne des Wortes, ein geistlicher Berater, dem das geistliche und materielle Wohlbefinden der Gemeinschaft innerstes Anliegen war. Den Dienst an den Brüdern und Schwestern versah er in erster Linie als einer, der mit ihnen auf der gleichen Bank saß: er teilte ihr tägliches Leben, ihre Arbeit und Erholung, die gemeinsamen Mahlzeiten, die Arbeitsbesprechungen, Andachten und Gottesdienste.

---

1   Der Name „Bruderhof" geht auf die Geschichte der Täuferbewegung des 16. und 17. Jahrhunderts zurück, als unter Jakob Hutter, von Tirol ausgehend, in Mähren Gemeinschaften entstanden, die sich diesen Namen gaben.

Bruderhofmitglieder, die Arnold persönlich ge-
kannt hatten, trugen das reichhaltige Material, dem
die hier vorliegenden Auszüge entnommen wurden, im
Laufe mehrerer Jahre zusammen. Veröffentlichte Arti-
kel und persönliche Briefe, Nachschriften von Ansprachen oder Predigten, Rundschreiben im Namen der ge-
samten Bruderhofbewegung wurden gesichtet und
redigiert. Eine Auswahl zu treffen und eine sinnvolle
Anordnung der ausgesuchten Texte zu schaffen war
keine leichte Aufgabe bei der Fülle und Vielfalt des vor-
handenen Stoffes. Dabei wurde immer das Ziel dieser
Veröffentlichung im Auge behalten: nämlich dem Leser den Eindruck von Arnolds Lebenszeugnis unver-
mindert zu vermitteln.

Sein Stil ist spontan, knapp und geradeheraus. Für
seine Ansprachen machte er sich nur selten Notizen,
und in seinen Briefen ging er ohne Umschweife und ge-
zielt auf den Kern der Sache ein. Für manche sprach er
zu unverblümt. Aber es war ja gerade die einfache, di-
rekte Art, mit welcher Arnold sprach und schrieb, die
sein Zeugnis so vielen Menschen zugänglich machte.
Der Inhalt seines Glaubens war nicht in sorgfältig
durchdachten theologischen Begriffen zu formulieren,
sondern er mußte sich in Taten niederschlagen: „Wir
waren der Worte müde; Worte sind billig, man kann
sie fast überall hören. Denn wer würde behaupten, er
sei gegen Liebe und Brüderlichkeit?"

Mit allen Aspekten des Lebens, sowohl im Persönlichen wie im Gemeinschaftlichen, hatte Arnold sich zu
befassen, aber ein Grundgedanke zieht sich durch alles, was er schreibt: Christus und sein Kreuz ist der
Brennpunkt des Universums. Immer wieder besteht Arnold darauf, daß es kein Leben im christlichen Glauben geben kann ohne eine persönliche Begegnung mit
Christus, ohne mit seiner Botschaft der Buße und der

Liebe konfrontiert zu werden. Zum Beispiel war es un-
wesentlich, ob das Problem, mit dem er sich befassen
mußte, praktischer oder geistlicher Natur war oder
daß die täglichen Anforderungen oft unerwartet und
ungelegen auf ihn zukamen. Jedes Problem wurde auf
dem festen Boden der Gebote Christi angepackt. Dabei
handelte es sich nicht nur um interne Probleme des Gemeinschaftslebens; es ging um viel mehr. Es ging ebenso um aktuelle politische und soziale Zusammenhänge,
die Arnolds Zeit und Aufmerksamkeit in Anspruch
nahmen.

Christus war Fundament und Mittelpunkt seines Lebens, und darauf beruhte auch die Entschiedenheit,
mit der er jeglicher Sünde entgegenzutreten wußte.
Den Forderungen des Evangeliums gegenüber duldete
er keine Gleichgültigkeit. Er bekämpfte das Böse in
sich selbst mit derselben Entschiedenheit, mit der er dagegen in anderen Menschen anging, und dieser Kampf
richtete sich ausschließlich gegen die Sünde, niemals
gegen den Sünder.

Diese entschiedene, eindeutige Haltung brachte
ihm manchmal den Vorwurf ein, er reagiere zu emotional. Aber wie kann ein Mensch, der Christus uneingeschränkt liebt, sachlich und beherrscht bleiben, wenn
die Gemeinde auf dem Spiel steht? „Ich protestiere gegen die Auffassung, daß es falsch ist, mit starken Emotionen zu reagieren, wenn Gott beleidigt wird, wenn
Brüder und Schwestern rücksichtslos behandelt werden
oder wenn die Gemeinde angegriffen wird. Bis an
mein Lebensende werde ich gegen kühle Nüchternheit
protestieren, wenn Gottes Werk in Gefahr ist, zerstört
zu werden."

Nur so war es auch zu verstehen, daß des öfteren
ein scharfer Aufruf zur Umkehr von ihm ausging:
„Sind wir bereit, das Wort Christi tief in unser Herz

schneiden zu lassen, oder wollen wir uns immer wieder
davor schützen und uns dagegen verhärten? Wir merken gar nicht, wie oft wir Gott im Wege stehen. Aber
wir können ihn bitten, uns in seiner Gnade und Liebe
mit seinem Wort zu beschneiden, auch wenn es
schmerzt."

Mit der gleichen Eindringlichkeit, mit der Arnold
zur Buße aufrief, bemühte er sich um Vergebung und
Erbarmen mit den Menschen. Wenn einer das Gebot
Jesu ernst nahm – zu vergeben, damit uns vergeben werde, und dies siebzigmal siebenmal zu tun –, so war es
Arnold. Menschen, die ihn verletzt oder sein Vertrauen
mißbraucht hatten, schenkte er sein unvermindertes
Vertrauen ein um das andere Mal. Warum? Weil er fest
an die Macht der völligen Vergebung glaubte, weil er
Gott aus dem Grunde seiner Seele vertraute, und weil
dieses Vertrauen ihn von aller Menschenfurcht befreit
hatte.

Während Arnold öfter in seinem Leben Verachtung
und Spott erdulden mußte, weil er auf der Notwendigkeit einer aufrichtigen Buße bestand, wurde er gleichzeitig auch oft um seiner Demut willen verachtet: Niemals hätte er einer Sünde gegenüber ein Auge
zugedrückt, aber niemals hätte er sich über jemanden
erhoben, der sich versündigt hatte, oder etwa ein har-
tes, gesetzliches Vorgehen toleriert. Er selbst hatte zur
Genüge erfahren, was Leiden heißt; daher konnte er
sich nur zu gut in das Leid anderer hineinversetzen.

Viele Stunden verbrachte Arnold in seinen letzten
Jahren mit dem Lesen der täglichen Flut von Briefen,
in denen Schwestern, Brüder und Kinder sich mit ihren Anliegen an ihn richteten. Er begnügte sich nicht
damit, einen Brief einmal zu lesen. Er nahm den Inhalt dieser Briefe durch mehrmaliges Lesen mit der
ihm eigenen, inneren Konzentration auf, und seine

Antworten spiegeln die Demut wider, mit der er auf jede Frage einging. Er gab Ratschläge, tröstete, ermahnte und konnte auch einen scharfen Tadel erteilen, aber niemals übte er kleinliche oder herabsetzende Kritik an jemandem, der ihm seine Schwierigkeiten anvertraute. Er half denen, die sich Jahr um Jahr an ihn wandten, immer wieder, über ihre eigenen Sorgen und Probleme hinauszusehen – und ihren Blick auf Christus zu richten.

Daß er nicht auf alles eine Antwort hatte, dessen war Arnold sich völlig bewußt. Oft sagte er, er brauche etwas Zeit, um über die ihm gestellte Frage nachzudenken oder sie im Gebet vor Gott zu bedenken. Auf die Bitte, eine schwierige oder mißverständliche Bibelstelle zu erläutern oder einen scheinbaren Widerspruch im Text aufzuklären, konnte er antworten: „Über diese Stelle habe ich auch schon viel nachgedacht, und ich verstehe sie selbst nicht recht. Wir wollen auf Gott vertrauen: eines Tages wird er uns den Sinn offenbaren", und er unternahm keinen Versuch einer Auslegung.

Arnold war ein belesener Mann; mit dem Alten Testament wie mit dem Neuen Testament war er zutiefst vertraut; aber seine Bildung war die Bildung des Herzens, und seine Fähigkeit, die Wege Gottes zu erfassen, entsprang seiner Liebe zu Gott, zu Christus, zur Gemeinde. Von grundlegender Bedeutung war seine Gabe, anderen zuzuhören. Er hörte auf die Schwestern und Brüder, er hörte auf Freunde, auf Fremde, auf die Kritik Außenstehender – und am allermeisten hörte er auf Gott. „Mit meinem Herzen möchte ich auf die Stimme Gottes horchen, die durch die Versammlung der Brüder und Schwestern spricht. Ich möchte Jesus in unserer Zeit bekennen. Ich möchte mit euch arm sein, geistlich arm. Ich will gehorsam sein und dorthin gehen, wohin mich die Gemeinde sendet, um den Willen Gottes zu tun. Ich sehne mich nach einer Gemeinde, die in Einheit ist – einer Gemeinde, die sammelt, was zerstreut ist." Es gäbe noch viele Aspekte von Arnolds Denken und Wirken, auf die man eingehen könnte. Er war weitgehend geprägt durch den Einfluß seines Vaters Eberhard Arnold wie auch des älteren und des jüngeren Blumhardt[2] und ihrer Sicht des Gottesreiches als gegenwärtige Wirklichkeit. Gleichzeitig war es Meister Eckehart[3], dessen Einfluß sich in Arnolds persönlicher Neigung zur Mystik niederschlug. Unter seinen Zeitgenossen waren es Dietrich von Hildebrand[4] und Friedrich von Gagern[5], zu deren Werken Arnold wiederholt gegriffen hat. Sie alle sind nicht ausschlaggebend gewesen, aber sie haben seinen Aussagen eine Tiefe und Weite gegeben, die den Leser beeindrucken muß.

Vielleicht ist es dies, was dem Zeugnis Arnolds in seiner ganzen Einfachheit die Überzeugungskraft verleiht, mit der er uns immer wieder aus unserer Welt des Kleinlichen und Alltäglichen herauszieht, um uns die Augen zu öffnen für die großen Realitäten, an denen wir so oft gleichgültig vorbeigehen. So hat Arnold selbst es ausgedrückt:

„Welch ein großes Geschenk wäre es, wenn uns die Augen geöffnet würden, um auch nur einen kleinen Schimmer der großen Zukunftsvision Jesu wahrnehmen zu dürfen, um über unser eigenes unbedeutendes Leben hinausblicken zu können. Gewiß ist unser Blick begrenzt, aber wir sollten Gott wenigstens darum bit-

---

2   Johann Christoph Blumhardt, 1805-1880, und Christoph Friedrich Blumhardt, 1842-1919.
3   Meister Eckehart, *um 1260, +1327, Dominikaner in Köln, dt. Mystiker.
4   Dietrich von Hildebrand, 1889-1977, dt. Philosoph.
5   Friedrich Frh. von Gagern, 1882-1947, dt. Schriftsteller.

ten, daß er uns aus unserer kleinlichen Welt und aus unserer Ichbezogenheit herausruft. Wir dürfen ihn bitten, uns an der großen Ernte teilhaben zu lassen, die eingebracht werden muß – die Ernte aller Nationen und aller Menschen, einschließlich der zukünftigen Generationen."

Hela Ehrlich
Christopher Zimmerman
Juli 1994

DER MENSCH

DAS INWENDIGE LEBEN

Wenn man an die Millionen denkt, die sich Christen nennen, könnte man denken, heutzutage würde die christliche Religion fast ausschließlich darin bestehen, daß man sonntags in die Kirche geht. Ich weiß, daß es Ausnahmen gibt; aber machen wir uns keine Illusionen: die Jugend fühlt sich heute kaum noch von der Kirche angesprochen, die Gottesdienste und Predigten langweilen sie, und so wendet sie sich anderen Dingen zu.

Und doch ahnen die Menschen, daß in ihrem inneren Leben etwas nicht stimmt. Auch wenn sie damit nicht zum Pastor oder Priester gehen, suchen sie dennoch Hilfe, oft beim Psychiater. Es ist wahr: Wenn der Mensch sich innerlich wirklich ändert, dann ändert sich alles andere. Aber das wird durch Gott geschehen, nicht durch Menschen.

Christus lehrt, daß es in jedem Menschen zu einer völligen Veränderung kommen muß und daß diese Veränderung in unserem Innersten beginnen muß. Zu Pfingsten lehrten Petrus und die Apostel das gleiche. Als die Leute Petrus fragten: „Was sollen wir tun?", antwortete er: „Glaubt, tut Buße und laßt euch taufen auf den Namen Jesu." Als sie diesem Aufruf folgten, griff ihre Herzensänderung auch auf die praktischen und wirtschaftlichen Gebiete ihres Lebens über. Sie legten alles zu Füßen der Apostel nieder und besaßen nichts eigenes mehr. Freiwillig gab jeder sein Eigentum auf. Da sie jedoch alles miteinander teilten, litt niemand Not.

Apg 2,37+38

Auch für unsere Zeit glauben wir, daß solch eine neue Gesellschaft aus der Änderung unseres inwendigen Lebens heraus entstehen kann. Wenn Gott unser in-

wendiges Leben durchdringt, so wird das Neue, das er
bringt, auch unser äußeres Leben verändern. Wenn unser Christentum lediglich eine Sonntagsreligion ist,
dann bleibt es leer und oberflächlich.

Was bedeutet es, nach dem Bilde Gottes geschaffen zu
sein? Indem Gott dem ersten Menschen seinen Atem
einblies, gab er damit allen Menschen die Möglichkeit,
die Fülle an innerem Reichtum zu erfahren, die in
Gott ist: Liebe, Freude, Heiterkeit, Zorn, Leid, Reinheit
und Einheit. Das alles ist uns wohl vertraut, und daran
erkennen wir, daß etwas von Gott in uns ist, auch
wenn es oft sehr verzerrt ist. In den Kindern ist das
Ebenbild Gottes am reinsten erhalten. Wir Erwachsenen mit unseren kleinlichen Seelen führen oft ein sehr
kleinliches Leben. Unser ganzes Denken, losgelöst von
Gott, kreist nur um uns selbst. Und doch sind wir für
Größeres geschaffen. Ich glaube, bisher hat noch keiner von uns jemals den Reichtum des Geistes, der Seele
und des Herzens in der ganzen Fülle erlebt, die Gott
uns zur Freude geschaffen hat. Aber als seine Kinder
dürfen wir diese Dinge so erleben, wie kein anderes Ge-
schöpf sie erleben kann. Er liebt uns so sehr, daß er seinen einzigen Sohn gesandt hat,uns zu retten. Im 1. Korintherbrief sagt Paulus, daß der Gemeinde „das Urteil
über die Engel zusteht". Das soll uns die tiefe Bedeutung unserer Berufung ahnen lassen und was es heißt,
daß wir nach dem Bilde Gottes gemacht sind.

1. Kor 6,3

Gott schuf den Himmel und die Erde und alle Sterne
des Universums. Noch etwas schuf er, etwas sehr Ge-
heimnisvolles: den menschlichen Geist. Gott schuf diesen Geist und legte ihn in uns, denn er will in uns leben. Die Bibel sagt, daß er nicht in Tempeln lebt, die

Apg 17,24
1. Kor 6,19
von Menschen erbaut sind; wir selbst sollen die Tempel Gottes sein.

Mein Vater pflegte zu sagen, Dummheit sei die größte Sünde. Damit meinte er nicht Einfältigkeit, sondern geistige Stumpfheit: wenn das Gewissen abgestumpft ist und das Herz nicht mehr auf Gott hört.

Sehr wenige Menschen ahnen heute noch etwas von dem übergroßen Reichtum des Herzens. Unsere Herzen sind dazu geschaffen, Großes zu erleben. Die meisten von uns haben keine Ahnung, wie unser Leben aussehen könnte, wenn wir unsere Dummheit und Stumpfheit überwinden würden. Paulus schreibt:

Eph 3,16-19
„[Ich bete,] daß er euch Kraft gebe nach dem Reichtum seiner Herrlichkeit, stark zu werden durch seinen Geist an dem inwendigen Menschen, daß Christus durch den Glauben in euren Herzen wohne und ihr in der Liebe eingewurzelt und gegründet seid. So könnt ihr mit allen Heiligen begreifen, welches die Breite und die Länge und die Höhe und die Tiefe ist, und auch die Liebe Christi erkennen, die alle Erkenntnis übertrifft, damit ihr erfüllt werdet mit aller Gottesfülle."

Wenn wir diesen einen Abschnitt recht begreifen würden, dann würden wir das ganze Evangelium verstehen. Wir sind nicht erfüllt mit aller Gottesfülle; wir dürfen nicht so arrogant sein zu denken, wir wären es. Aber das Gebet des Apostels sollte uns Aufruf und Inspiration sein.

Jes 55,3
Gott sagte zu Israel: „Höret, so werdet ihr leben!" Es ist ungeheuer wichtig, sich stets und ganz Gott zuzuwenden und zu glauben, daß er zu uns sprechen wird. Alles hängt davon ab, daß wir ihn bitten, zu uns zu sprechen. Wenn wir von Gott lange Zeit nichts gehört

haben, dann trennt uns vielleicht etwas vom Himmel; vielleicht fehlt es uns an Liebe unserem Bruder gegenüber, oder wir sind uneinig mit unserem Ehepartner. Wenn das der Fall ist, dann warten wir umsonst.

Selbstverständlich können wir keine Antwort von Gott erwarten, wenn wir nur fünf Minuten still waren. Wie lange hat selbst Jesus manchmal warten müssen. Aber je mehr unser Leben Christus gehört, je tiefer unsere Beziehung zu ihm ist, um so schneller wird er uns antworten, um so schneller kann er uns für seine Aufgaben gebrauchen, denn er weiß, hier ist jemand, der ganz für ihn bereit ist.

Aus einem Brief: Meister Eckehart betont die Wichtigkeit eines lauschenden Herzens. Er versteht darunter ein Herz, das allein auf Gott hört. Er sagt, daß Gott nichts lieber ist als ein Herz, das sich in Stille von allem loslöst und sich ihm zuwendet und auf ihn hört. Das bedeutet: loslösen vom Mammon, von Unreinheit und Schadenfreude, von Lüge, Mißtrauen und Haß, vom Geist der Welt und von allen andersgearteten Geistern.

Wenn Menschen gesund und glücklich sind, wenn ihre wirtschaftliche Lage stabil ist, werden sie leicht oberflächlich und lau. Auch wenn sie Gott alles Ungesunde in ihrem Leben übergeben – alles, was ihnen Kummer oder Kampf bereitet –, auch wenn diese Dinge sie ins Gebet treiben, behalten sie doch ihr innerstes Wesen für sich. Daß wir Gott in Zeiten der Not und Widerwärtigkeit überhaupt suchen, zeigt uns, daß unser Innerstes nach ihm hungert und dürstet. Unsere Ängste sollen wir vor Gott bringen, auch unsere Krankheit und Seelennot. Aber das ist nicht genug. Unser innerstes Sein müssen wir ihm übergeben, unser Herz und

unsere Seele. Wenn wir uns so vor ihm demütigen,
wenn wir uns ihm völlig hingeben – wenn wir uns
nicht länger sträuben, ihm unsere ganze Person und
Persönlichkeit hinzugeben – dann kann er uns helfen,
indem er uns erst unseren Bankrott erleben läßt und
dann mit wahrem Leben füllt.

Aus einem Brief: Das Wichtigste für dich sollte sein,
die Größe Gottes anzuerkennen und für ihn zu leben.
Versuche die Bibel zu lesen, wenigstens zwei oder drei
Kapitel täglich. Das wird dir die Augen öffnen für die
Größe Jehovas, des Herrn der Heerscharen. Dann wirst
du erkennen, wie unwichtig die Suche nach persönlichem Glück ist.

Aus einem Brief: Wenn dich der Teufel dazu anstachelt,
andere zu hassen, dann rate ich dir, innere Stille zu finden. Du weißt, daß du im Grunde deines Herzens diesen Haß nicht willst. Ich kann gut verstehen, wie un-
glücklich du bist. Aber versuche trotzdem, innerlich
völlig ruhig zu werden, und glaube, daß Gott dich
liebt und dir helfen will, auch wenn dieser Glaube immer wieder durch Zweifel angegriffen wird. Dann wird
deine Angst allmählich überwunden.

Wenn du versuchst, deine Gefühle mit anderen Gefühlen zu bekämpfen, wirst du ganz konfus. Du
kannst deine Gefühle nicht entwirren, aber du kannst
Gott vertrauen: er kennt dein Herz, er kann dich neu
ausrichten. Glaube ihm allein.

Aus einem Brief: Du fragst, wie du innere Stille finden
kannst. Denke an die wichtigen Worte Jesu über das
Gebet: „Geh in deine Kammer, schließ die Tür hinter
dir und bete zu deinem Vater, der im Verborgenen
wohnt! Dann wird dein Vater, der ins Verborgene sieht,

Mt 6,6

es dir vergelten." Wenn du dich von deinen Gefühlen und von den Erregungen deines Lebens loslöst und in diesem Losgelöstsein vom Ich Gott suchst, dann wird dein Herz Frieden finden.

Aus einem Brief: Lange Gebete sind nicht immer wirksam. Jesus warnt uns sogar davor. Meist sind sie eher heidnisch als christlich.

Laß dein Gebetsleben lebendiger werden! Aber erzwinge nichts; laß es ganz frei fließen. Wenn Beten etwas Lebendiges für dich ist, dann wird das Feuer des Geistes in dir aufflammen und dir Leben bringen.

Aus einem Brief: Ohne ein persönliches Gebetsleben können wir nicht leben. Wir brauchen Gebet so nötig wie Wasser. Wir alle brauchen Zeiten der Stille vor Gott. Jesus sagt uns sehr deutlich, daß wir unsere Gebete nicht zur Schau stellen sondern die Türe hinter uns schließen und nicht darüber sprechen sollen. Dennoch ist das persönliche Gebet im Verborgenen dringend notwendig, genauso notwendig wie das gemeinsame Gebet der ganzen Gemeinde.

Mt 6,1-6

Ich glaube, wir beten oft nur um das, was *wir* wollen, und denken sehr wenig darüber nach, was *Gott* will. Ich glaube, er würde uns oft schneller erhören, wenn unsere Gebete mehr auf seinen Willen gerichtet und unsere Herzen durch den guten Geist für das bewegt wären, was Gott im Moment braucht. Ich will es einmal so ausdrücken: Gott braucht uns. Er braucht Leute, die seinen Willen tun. Wir sollten nicht um das beten, was wir gerne hätten, sondern um die Kraft, das zu tun, was Gott von uns will.

Gott braucht Menschen, die darum bitten, daß sein Wille geschehe. Wenn sich niemand dafür interessiert, dann kann er sein Werk auf Erden nicht vollenden. Gibt es aber Menschen, die ihm flehend die Hände entgegenstrecken und die darum bitten, daß sein Wille geschehe, dann kann Gott in dieser Welt etwas ausrichten. Es ist ein Irrtum zu glauben, daß von uns nichts erwartet wird, daß alles von selbst geschieht. Jesus lehrt uns, Gott zu bitten, daß sein Wille hier auf Erden geschehe, so wie er im Himmel geschieht.

Mt 6,10

Ebenso müssen wir darum bitten, daß Gottes Wille auch in unserem persönlichen Leben geschieht. Wir müssen jeden Tag vor Gott treten und ihn bitten, unsere Herzen zu erneuern, denn der Teufel versucht immer wieder, uns auf falsche Wege zu führen. Aber wir sollten nicht nur für uns selbst bitten, sondern für die ganze Welt, für die ganze Menschheit und für alle Nationen.

Aus einem Brief: Es gibt falsches Beten – eigenwilliges Beten. Ist jedoch der Gegenstand unserer Bitte im Einklang mit dem Willen Jesu, dann ist es richtig. Solange nicht Eigenwille oder Selbstüberhebung dabei ist, ist es kein falsches Beten.

Es ist mit dem Weg Jesu völlig unvereinbar, egoistische Bitten in seinem Namen zu äußern, zum Beispiel für eine erfolgreiche Karriere oder tausend Dollars. Wenn Jesus sagt: „Um was ihr in meinem Namen bittet, das will ich tun", dann meint er damit alles, was den Vater und den Sohn verherrlicht.

Joh 14,13

In unserem Gebetsleben müssen wir auf Gottes Geist lauschen. Was Gott uns sagen will, ist viel wichtiger als das, was wir ihm sagen wollen. Deshalb ist das ge-

meinsame Schweigen in dem Glauben, daß er in jedes
Herz sprechen will, so bedeutsam für uns.

Wir sollten immer den Glauben haben, daß unsere
Gebete erhört werden, auch wenn es nicht sofort geschieht. Tagelang hat Daniel ernsthaft um die Vergebung seiner Sünden und der Sünden Israels zu Gott gebetet. Dennoch erhielt er drei Wochen lang keine
Antwort. Dann hatte er eine Vision, und es erschien
ihm ein Engel, der sagte:

Dan 10,12-13

> „Fürchte dich nicht, Daniel; denn von dem er-
> sten Tage an, als du von Herzen begehrtest zu
> verstehen und anfingst, dich zu demütigen vor
> deinem Gott, wurden deine Worte erhört, und
> ich wollte kommen, um deiner Worte willen.
> Aber der Engelfürst des Königreichs Persien hat
> mir einundzwanzig Tage widerstanden; und sie-
> he, Michael, einer der Ersten unter den Engelfür-
> sten, kam mir zu Hilfe.“

Daniels Gebete wurden also von Anfang an vernommen, aber dunkle Mächte erschwerten es dem Engel,
der die Antwort bringen sollte, zu ihm durchzukom-
men.

Auch heute noch sind trotz des Sieges am Kreuz
dunkle Mächte am Werk. Und oft können unsere Gebete, wie die Daniels, nicht sofort beantwortet werden.
Aber Gott hört sie. Das dürfen wir ganz fest glauben.

Aus einem Brief: Übergib Jesus alles. Je unbedingter du
ihm alles übergibst, um so mehr kann sein Geist dich
erfüllen. Auch ganz entschiedene Christen gehen
durch Zeiten geistlicher Dürre, in denen Gott sie auf
die Probe stellen will. Danach jedoch überflutet er sie
mit seiner großen Liebe. Verzweifle also nicht, wenn du
dich innerlich leer fühlst.

BUSSE

Das Evangelium beginnt mit dem Aufruf zur Buße. Buße bedeutet, daß alles verändert werden muß. Was oben ist, muß erniedrigt werden; was unten ist, muß erhöht werden. Alles muß mit den Augen Gottes gesehen werden. Unser ganzes Wesen muß erneuert werden, all unser menschliches Denken muß aufhören. Gott muß der Mittelpunkt unseres Denkens und Fühlens werden.

Jesus Christus kam, um die Menschen zu erlösen, aber zuerst rief er sie auf, Buße zu tun und ihm nachzufolgen. Viele Christen zieht die Tatsache an, daß er Erlösung verspricht, aber zu völliger Buße sind sie nicht bereit. Es ist tragisch, daß die ärgsten Feinde Jesu oft nicht etwa Ungläubige, sondern religiöse Menschen sind. Sogar zu seinen Lebzeiten wurde Jesus nicht von den Soldaten, die ihn kreuzigten, am meisten gehaßt, sondern von den sehr religiösen Pharisäern und Schriftgelehrten. Sie haßten seine Botschaft der Umkehr.

Mt 3,1-2

Als Johannes der Täufer in der Wüste Judäas auftrat, rief er die Menschen auf, Buße zu tun - Herz und Sinn zu ändern. Denen, die zu ihm kamen, hat er wahrhaftig nicht geschmeichelt. Er sagte ihnen geradeheraus, wie weit sie sich von Gott entfernt hatten. Nicht nur Johannes der Täufer sprach von Buße - nein, Jesus selbst tat es, von der ersten bis zur letzten seiner Reden, wie uns die Bibel berichtet.

Mt 3,7+8

Der Ruf Johannes des Täufers: „Tut Buße, denn das Himmelreich ist nahe herbeigekommen!" wird nicht gerne gehört, denn die meisten Menschen verstehen nicht, was Buße bedeutet. Buße tun bedeutet nicht,

Mt 3,2

daß man sich selbst quält, auch nicht, daß man sich
von anderen Menschen gerichtet weiß. Buße tun heißt,
daß wir uns von der Verdorbenheit und der Geldgier
der gefallenen Menschheit abkehren. Buße tun heißt,
daß wir unsere Herzen von der Atmosphäre des Reiches Gottes bewegen lassen. Wer je durch wahre Buße
hindurchgegangen ist, weiß, daß sie das Herz wie
Wachs schmelzen läßt, daß sie uns erschüttert, indem
sie uns unsere Sündhaftigkeit bewußt macht. Aber das
sollte nicht im Mittelpunkt des Erlebnisses stehen:
Gott muß das Zentrum des bußfertigen Herzens sein
– Gott, der sich am Kreuz als Liebe offenbarte, der
allein Versöhnung bringt.

Aus einem Brief: Jeder von uns muß durch schwere,
schmerzhafte Zeiten der Buße gehen. Ich bitte dich:
Nimm diese Zeit nicht als Strafe, sondern als Gnade
an. Bitte quäle dich nicht selbst, sondern verstehe, daß
Christus dich frei machen will!

Aus einem Brief: Weißt du eigentlich, was Buße bedeutet? Wenn ein Mensch Buße tut, wird er so verwandelt,
daß jeder, der ihm begegnet, die Veränderung spürt. In
Dickens' Geschichte „Christmas Carol" war es jedem,
der dem alten Scrooge am Weihnachtstag begegnete,
offensichtlich, daß er ein anderer war als am Abend zuvor. Das ist die Art Umkehr, die ich dir wünsche.

Vertraut auf Jesus und auf die Kraft seines Todes, und
ihr werdet Vergebung eurer Sünden finden, so schlecht
ihr auch sein mögt. Aber spielt nicht mit der Güte
Jesu. Er wird jede Sünde richten, jedes Zugeständnis,
das wir dem Teufel machen. Zum Beispiel warnt Jesus
mit aller Schärfe vor sinnlicher Begierde: Er sagt, wir

Mt 5,28 sollen nicht einmal mit unreinen Gedanken eine Frau anblicken. Laßt uns seine scharfen Worte annehmen.

Im Leben jedes Menschen gibt es Zeiten, in denen Gott ihm nahe kommt. Solche Zeiten oder Stunden Gottes erlebt auch jede Gemeinde. In der Offenbarung lesen wir, wie Jesus vom Himmel herab durch Johan- Offb 2+3 nes zu den sieben Gemeinden sprach. Jeder Gemeinde machte er klar, was sie einzusehen hatte und wofür sie Buße tun mußte, aber gleichzeitig ermutigte er sie auch. Das war dann zweifellos eine entscheidende Gottesstunde für diese Gemeinden.

Gottes Güte ist unendlich. Hat er einmal einen Menschen besucht, so kommt er vielleicht noch ein zweites, drittes oder viertes Mal, vielleicht auch ein fünftes Mal, aber vielleicht kommt er auch nicht mehr. Es liegt an uns, ob wir auf seine Stimme hören.

Unser Wille zur Selbstbeherrschung mag noch so stark sein, wir mögen noch so sehr versuchen, Gott etwas vorzutäuschen – er blickt durch alles hindurch in die Tiefe unseres Herzens. Nur wenn wir uns unter sein Licht stellen, haben wir die Möglichkeit einer Erneuerung. Alles ist möglich, wenn wir uns freiwillig unter Gottes Licht stellen. Sind wir jedoch nicht dazu bereit, dann gerät unser ganzes Leben auf die schiefe Bahn.

Es ist etwas ganz Wunderbares, wenn ein Mensch wirklich Buße tut. Einer bußfertigen Seele ist Gott sehr nahe. Ein versteinertes Herz wird weich und jede Gemütsregung, jeder Gedanke, jede Empfindung wird verändert. Die ganze Lebensauffassung eines Menschen ändert sich, wenn ihm das Geschenk der Buße zuteil wird.

Ein neues Leben muß uns geschenkt werden; wir müssen verändert werden. Doch es muß Gott sein, der uns verwandelt. Er tut es vielleicht ganz anders, als wir es wollten oder uns vorstellten. Wir müssen Schluß machen mit unseren eigenen Idealen – mit unseren Vorstellungen von innerem Wachstum oder persönlicher Umgestaltung. Jegliche hohe Stellung muß niedergelegt, alles menschliche Streben aufgegeben werden. Wenn wir für Gottes neue Zukunft brauchbar sein wollen, muß *Gott* uns verändern.

Aus einem Brief: Ganz gewiß kann Jesus dir ein reines Herz und völligen Frieden schenken. Anfangs wirst du die Last deiner Sünden umso schwerer empfinden, je mehr du dich ihm näherst. Aber dann wirst du tiefen Frieden und Freude erfahren. Dein Suchen nach Gott soll dir das Leben nicht zur Qual machen. Er sieht dein aufrichtiges Suchen. Ich wünsche dir Mut und Zuversicht.

Aus einem Brief: Ein reuiges Herz ist offen für Gott. Zunächst handelt es sich um ein schmerzhaftes Erlebnis, aber später wirst du dankbar darauf zurückblicken als auf ein Licht in deinem Leben. Reuig sein heißt nicht, daß du in deiner Sünde wühlst, sondern daß sich dein Herz Gott und deinen Mitmenschen zuwendet.

Aus einem Brief: Ich hoffe, daß du wahre Buße findest, denn das ist die einzige Hoffnung für dich im Kampf gegen alle Bitterkeit. Kein Herz ist so hart, als daß Gott es nicht berühren und schmelzen könnte. Das weiß ich, denn es gibt keinen unter uns, der nicht irgendwann einmal sein Herz gegen Gott verhärtet hätte. Wenn du doch nur sein großes Verlangen und seine brennende Liebe zu dir und jedem Menschen erleben könntest! Dann würdest du alles loslassen, was dich von dieser großen Liebe trennt, und möge es noch so schmerzhaft sein.

Wie das Wasser abwärts fließt, so sucht die Liebe Gottes das, was unten ist. Jedoch können wir uns aus eigener Kraft nicht demütig und niedrig machen. Nur im Licht der Allmacht, Liebe, Reinheit und Wahrheit Gottes erkennen wir, daß wir „Abschaum und Auswurf" sind.

1. Kor 4,13

Erkennen wir, wie dunkel die Sünde ist und wie schrecklich es ist, von Gott getrennt zu sein, dann bekommen wir eine Ahnung davon, was Jesus mit Reue meint. Aber Reue bedeutet noch mehr als die Erkenntnis unserer Sünde: Reue bedeutet Zuwendung zum Reich Gottes. Reue bedeutet auch die Bereitschaft, bis ans Ende der Welt zu gehen, um all das Böse, das wir getan haben, ungeschehen zu machen, obwohl wir wissen, daß wir nichts ungeschehen machen können. Letztlich bedeutet Reue, sich ihm hinzugeben, der Vergebung und Freiheit von Sünden schenkt.

Aus einem Brief: Ich bin dankbar, daß du deine Sünde einsiehst, aber ich bitte dich inständig, nicht weiter über dich selbst nachzudenken, über deine Vergangenheit und deine Depression. Davon wirst du nur noch niedergeschlagener. Das ist keine Buße. Stell dir dein Inneres vor wie einen klaren See, in dem sich die Sonne, die Sterne und der Mond spiegeln. Wenn du den Schlamm auf dem Grund aufrührst, wird alles unklar und trübe; je mehr du rührst, um so trüber wird es. Werde still und sei standhaft gegen den Teufel. Dann wird das Wasser wieder klar, und in seinem Spiegel wird dir die Liebe Christi zu dir und zur ganzen Welt aufleuchten.

BEKEHRUNG

Joh 3
Im 3. Kapitel des Johannesevangeliums lesen wir, daß wir wiedergeboren werden müssen aus Wasser und Geist. Das kann man nicht menschlich verstehen, wie es Nikodemus versuchte. Wiedergeburt ist ein Geheimnis, ein Mysterium, ein Wunder. Glauben wir aber, daß Jesus von Gott dem Vater gesandt wurde, und glauben wir an die Macht des Heiligen Geistes, dann kann er uns die Wiedergeburt schenken. Alles kommt auf den Glauben an.

Der Entschluß, Jesus nachzufolgen, kann nicht bedeuten, daß man ihm ein oder zwei Jahre nachfolgt. Solche Entscheidung muß für alle Zeiten gelten. Jesus
Lk 9,62
sagt: „Wer seine Hand an den Pflug legt und rückwärts blickt, der ist nicht tauglich für das Reich Gottes." Wenn wir aber Jesus treu bleiben, dann wird er uns reinwaschen, er wird uns Einheit mit Gott und miteinander schenken und uns ewiges Leben geben.

Die Jesus nachfolgen wollen, müssen ihm nicht nur ihr Herz öffnen mit der Bitte: Komm in mein Herz und reinige mich! Sie müssen auch bereit sein zu sagen: Ich will alles für dich tun, was immer du von mir
Mt 11,28
erwartest. Jesus sagt: „Kommt her zu mir alle, die ihr mühselig und beladen seid."
  Wenn wir zu ihm kommen wollen, ihn in unser Herz hineinlassen wollen, dann müssen wir auch willig sein, uns von ihm bestimmen zu lassen und unseren Eigenwillen aufzugeben.

Nachfolge erfordert, alles fallen zu lassen, einschließlich dessen, was wir als positiv in uns betrachten. Paulus war bereit, die jüdischen Gesetze aufzugeben. Ebenso müssen wir unser gutes Image, unsere Rechtschaffenheit, unser wohlmeinendes Wesen aufgeben und für nichts achten um Christi willen.

Der radikale Weg Jesu schließt eine Herausforderung an uns ein. Es geht Jesus nicht um große Menschenzahlen, sondern um hingegebene Herzen. Auch verspricht er keine Sicherheit, weder wirtschaftlich noch anderweitig. Es geht ihm um solche, die sich uneingeschränkt Gott und dem Nächsten hingeben, ohne dabei das Geringste für sich selbst zu fordern.

Die Entscheidung, Jesus nachzufolgen, muß eine tief persönliche sein. Das kann jedoch niemals bedeuten, wie jemand einmal sagte: „Nur noch Jesus und ich." Nachfolge muß stets die Brüder und Schwestern einbeziehen. Deshalb vereinigt Jesus die beiden Gebote in eins: „Du sollst den Herrn, deinen Gott, lieben von ganzem Herzen, von ganzer Seele und von ganzem Gemüt!" und „Du sollst deinen Nächsten lieben wie dich selbst!" Diese beiden Gebote können nicht voneinander getrennt werden. Zwar wird jede persönliche Glaubenserfahrung im Innersten eines Menschen stattfinden, aber sie darf nicht zum selbstischen Einzelerlebnis werden.

Mt 22,37-39

Das Wesen des Glaubens muß uns klarer aufleuchten. Man kann alle Lehren der Bibel annehmen, aber wir haben keinen Gewinn davon, solange wir nicht Jesus selbst begegnen. Keine Überzeugung kann einem Menschen helfen, solange er das Wesen und die Wirklichkeit Christi nicht selbst im tiefsten Inneren erfährt. Jeder Mensch muß persönlich mit Jesus konfrontiert werden.

Wenn unser Herz die Tatsache erfaßt, daß Jesus für uns gestorben ist, so wird uns das von Grund auf verändern. Eine Revolution setzt ein. Sie wird einen neuen Menschen aus uns machen. Sie wird unsere sündhafte Natur abtöten, so daß wir nicht mehr davon versklavt sein werden.

Zur wahren Bekehrung gehört die Bereitschaft, mit dem leidenden Christus zu leiden. Ich glaube nicht, daß es ohne diese Bereitschaft eine Bekehrung geben kann.

Nachfolge bedeutet völlige Hingabe. Sie verlangt alles: das ganze Herz, den ganzen Geist, das ganze Leben – all unsere Zeit, unsere Kraft, unseren Besitz, alles – um der Liebe willen. Halbherziges Christentum ist schlimmer, als überhaupt kein Christ zu sein.

Mt 12,33

Jesus sagt: „An der Frucht erkennt man den Baum", also an den Früchten eines Menschenlebens erkennt man, ob es sich um einen Heuchler handelt oder nicht. „Es werden nicht alle, die zu mir sagen: Herr, Herr! in das Himmelreich kommen, sondern die den Willen meines Vaters tun." Den Willen Gottes tun, heißt Früchte der Buße zeigen. Jesus sagt auch: „Ich bin der Weinstock, und mein Vater ist der Winzer. Jede Rebe an mir, die keine Frucht bringt, schneidet er weg, und jede, die Frucht bringt, reinigt er, damit sie noch mehr Frucht bringe." Aus diesen Worten erkennen wir, daß wir nicht einfach bekehrt, getauft und „errettet" werden und danach ohne Anfechtungen leben können. Wenn wir gute Früchte bringen wollen, müssen wir immer wieder Buße tun und immer wieder gereinigt werden.

Mt 7,21

Joh 15,1-2

Joh 15,4

Joh 15,6

Keine Rebe kann aus sich selbst Frucht bringen; sie muß mit dem Weinstock verbunden sein. Genauso kann keiner von uns Früchte tragen ohne eine persönliche Beziehung zu Jesus. Ohne diese Beziehung sterben wir innerlich ab und bringen keine Frucht. Dann werden wir vom Weinstock abgeschnitten, ins Feuer geworfen und verbrannt. Dieser große Aufruf ergeht an uns: am Weinstock zu bleiben – in Jesus zu bleiben.

GLAUBE

Wer ist Gott? Wie können wir ihn finden? Etwas von
dem Licht Gottes ist schon tief in unsere Herzen hineingelegt. Manchmal empfinden wir dies nur als große
Sehnsucht nach Güte, Gerechtigkeit, Reinheit oder
Treue. Wenn aus dieser Sehnsucht Glauben erwächst,
dann werden wir Gott finden.

Schon die ersten Christen sagten: Wenn der Mensch
Gott sucht, wird er ihn finden, denn Gott ist überall.
Es gibt keine Grenze, die nicht überschritten werden
kann, kein Hindernis, das nicht überwunden werden
kann, um Gott zu finden. Erinnern wir uns an Nikodemus, der anfangs nicht glauben wollte, daß er sich in
seinem hohen Alter noch ändern könnte: Auch er fand
zum Glauben. Niemand kann sich entschuldigen,
wenn er keinen Glauben findet: Wer anklopft, dem
wird die Tür aufgetan.

Gott kommt in das Herz eines jeden Menschen, der
glaubt, daß er kommen wird – zu jedem, der ihn sucht.
Wir müssen nur wirklich auf der Suche sein und sein
Kommen erwarten. Wenn wir in geistiger Trägheit da-
hinleben, wird nichts geschehen. Nur wer sucht, wird
finden.

Es ist ein Wunder des Glaubens, wenn Menschen zu Jesus finden und ihn als den Christus erkennen. Wir merken dies an den Worten der Samariter, die zu der Frau,
welcher Jesus am Brunnen begegnet war, sprachen:
„Wir haben selber gehört und erkannt, daß dieser
Joh 4,42   Mann wahrhaftig Christus, der Erlöser der Welt ist.“
Wenn solcher Glaube doch jetzt und hier in unserer

Gemeinde lebendig wäre und unter den vielen, die
nach etwas Neuem dürsten! Für die Samariter war Jesus
einfach ein Mensch wie alle – müde, hungrig und dur-
stig. Kein gewöhnlicher Mensch hätte in ihm die geringste Spur seiner wahren Natur erkennen können.
Wem hätte man einen Vorwurf daraus machen wollen,
ihn nicht sofort zu erkennen? Wenn wir einem völlig
fremden Menschen begegnen, halten wir ihn auch
nicht gleich für den Erlöser der Welt.

Das Auftreten Jesu war alles andere als das eines Er-
lösers: Hier war ein bescheidener Mann, aufgewachsen
in einem kleinen Dorf, der mit den religiösen Führern
in Konflikt geriet, bis er einen schmachvollen Tod erlitt. Deshalb ist es immer ein Wunder, wenn ein
Mensch zum Glauben an ihn geführt wird. Wenn wir
wie die Samariter sagen können: „Dieser ist Christus,
der Erlöser der Welt", dann steht unser Herz weit offen
und wird mit Licht erfüllt.

Joh 4,42

Aus einem Brief: Es scheint mir, daß ein neuer grüner
Keim lebendigen Glaubens in deinem Herzen zu wachsen beginnt. Hüte ihn! Gib nicht dem Fleische nach –
deinem Ego –, noch irgendeiner Sünde. Beweise es
Gott und dir selbst und allen um dich herum, daß ein
ganz neues Kapitel in deinem Leben begonnen hat.

Glauben und ein gutes Gewissen sind untrennbar.
Wenn wir nicht auf unser Gewissen hören, dann erleidet unser Glaube Schiffbruch. Und wenn wir den Glauben verlieren, dann verlieren wir die Grundlage für ein
reines und lebendiges Gewissen. Deshalb sagt Paulus:
Das Gewissen derer, die nicht glauben, ist nicht rein.

Tit 1,15

Es kann nicht anders sein, denn ohne Glauben hat das
Gewissen keinen Halt.

Ich traf einmal mit Menschen zusammen, die sich kritisch darüber äußerten, daß wir Jesus „zu viel Ehre geben". Wir sprachen über eine Aussage Jesu, und einer von ihnen fragte mich: „Glaubst du das, weil Jesus es gesagt hat, oder glaubst du es, weil es die Wahrheit ist?" Ich antwortete: „Ich glaube es aus beiden Gründen: weil Jesus es gesagt hat und weil es die Wahrheit ist." Oft habe ich gedacht, ich hätte mehr sagen sollen; ich hätte bereit sein sollen, als Narr dazustehen und zu sagen: „Selbst wenn ich es nicht verstehe, würde ich es dennoch glauben, weil Jesus es gesagt hat." Diese Leute waren entsetzt darüber, daß jemand einen so kindlichen Glauben an Christus haben konnte.

Keiner, der nicht einmal durch den Skandal der Leiden Christi und seiner völligen Erniedrigung zutiefst erschüttert worden ist, hat eine Ahnung, was es bedeutet, an ihn zu glauben.

In der Bibel heißt es: „So sehr hat Gott die Welt geliebt, daß er seinen eingeborenen Sohn dahingegeben hat. Er ward nicht in die Welt gesandt, um die Welt zu richten, sondern um sie zu erretten." Aber es heißt auch, daß um ihres Unglaubens willen die Welt gerichtet wird. Der Sinn dieser Worte – also hat Gott die Welt geliebt – muß uns überwältigen. Erst dann werden wir erkennen, wie furchtbar es ist, nicht an ihn zu glauben. Laßt uns Gott darum bitten, daß er uns eine neue Erweckung schenkt – einen tiefen Glauben und eine feste Überzeugung, einen Glauben, der Antwort auf alle persönlichen Fragen, auf alle Probleme des Gemeinschaftslebens und schließlich auf die Probleme der ganzen Welt geben kann.

Joh 3,16-17
Röm 11,20

Aus einem Brief: Petrus hatte zu Jesus gesagt, daß er bereit wäre, für ihn zu sterben, aber nachher verleugnete er ihn dreimal. Keiner von uns kann behaupten, er könnte von sich aus durchhalten. Das ist nur in der Kraft Gottes möglich, er allein kann uns stark machen.

Wenn jemand einsam und verunsichert ist, so kommt das oft daher, daß er nicht den tiefen Glauben hat, von Gott völlig verstanden zu werden. Paulus schreibt: Erst wenn unsere Liebe vollkommen ist, werden wir verstehen, so wie wir auch völlig verstanden sind. Deshalb sind auch die Worte von Johannes sehr wichtig: Gott hat uns geliebt, ehe wir ihn lieben konnten. Das ist es, was in unser kleines Herz eindringen muß: Die Liebe des großen Herzens Gottes, das uns ganz versteht. An dieser Liebe müssen wir festhalten.

1. Kor 13,12

1. Joh 4,19

Wir leben in einer Zeit, in der die ganze Welt in Aufruhr ist, und wir können noch erschütterndere Ereignisse erwarten als die, die wir bereits erlebt haben. Da gibt es nur eine Hoffnung, nur eins, woran wir in jeder Lage festhalten können: Jesus und sein Reich. Im Leben und im Tod, in Zeiten der Freude und in Zeiten des Gerichts bleibt er unser einziger Erlöser.

Schon Paulus warnt uns vor gefährlichen Irrlehren, und auch heute sind sie weit verbreitet, sogar unter sogenannten Christen. Deshalb wollen wir am einfachen, kindlichen Glauben an den Sohn Gottes, den Menschensohn, festhalten und unser brüderliches Leben auf diesen Felsen bauen.

Kol 2,4-23

Warum können so viele Menschen heutzutage keinen Glauben finden? Ich denke, dafür gibt es verschiedene Gründe. Manche Menschen sind zufrieden mit dem Geschehen um sie her und sind stolz darauf, in ei-

ner Zeit hoher Kultur und Zivilisation zu leben. Sie
sind blind für die Leiden der Menschheit und der ganzen Schöpfung. Sie haben Gott aus den Augen verloren.

Andere verzweifeln. Denn sie erkennen die Ungerechtigkeit des Mammon und leiden mit den Unterdrückten. Aber in ihrem Mitleiden vergessen sie, daß
wir alle schuldig sind. Statt sich über die Schuldver-
wicklung aller Menschen klarzuwerden, geben sie einer
bestimmten Klasse oder Nation die Schuld. Sie sehen
die Schöpfung, nicht den Schöpfer. Auch sie haben
Gott aus den Augen verloren.

Wieder andere erkennen wohl die Sünde, Schuld
und Schwäche der Menschen, aber sie haben kein
Herz, keine Geduld mit den Unterdrückten und leiden
nicht mit ihnen. Weil sie Gott aus den Augen verloren
haben, verschließen sie ihre Ohren dem Schrei der ganzen Schöpfung. Sie haben keinen wirklichen Glauben,
oder sie glauben nur um ihres eigenen Seelenheils,
nicht aber um der leidenden Menschheit willen.

Nur wenn wir Gott finden, können wir zum Glauben kommen. Haben wir Gott gefunden, dann fangen
wir an, die Not der Menschheit von seiner Sicht aus
wahrzunehmen; dann können wir glauben, daß er diese Not überwinden wird. Der Mensch muß erkennen,
daß Gott die Welt auch heute liebt. In der Nacht des
Gerichts, die über unsere sogenannte Zivilisation hereinbricht, muß der Mensch hören, daß Gott ihn noch
immer liebt und daß er seine Schöpfung liebt. Glau-
bensbotschaft ist Liebesbotschaft.

(Gesprochen zur Zeit des Zweiten Weltkriegs)

Zweifel   *Aus einem Brief:* Du wirst niemals – auch nicht dir
selbst – die Existenz Jesu beweisen können. Der Glau-
be muß eine innere Erfahrung sein. Solange du den Gegenstand deines Glaubens intellektuell zu beweisen

suchst, werden deine Bemühungen dir selbst im Wege
stehen. Ich kann die Wirklichkeit Jesu nicht beweisen,
ich habe nichts als meinen lebendigen Glauben. Tho-
Joh 20,25-29   mas zweifelte, daß Jesus wirklich von den Toten aufer-
standen war: „Erst will ich meine Hand in seine Seite
legen, vorher glaube ich nicht." Dann sah er Jesus und
glaubte. Jesus aber sagte: „Selig sind, die nicht gesehen
haben und doch glauben!"

Wer an der Liebe Gottes und seiner Nähe zweifelt,
nachdem er ihm sein Leben übergeben hat, begibt sich
in die Nähe des Todes. Es ist gut, das Böse in sich
selbst zu erkennen, aber wir dürfen niemals Gottes große Gnade anzweifeln, auch nicht im Gericht. Der Zweifel kann einem Menschen das Leben zur Hölle machen. Unser Glaube muß immer wieder Erneuerung
und Vertiefung erfahren.

Wer glaubt, er sei ein zu großer Sünder, wer daran
zweifelt, daß Jesus ihm helfen kann - bindet sich an
den Teufel. Er zweifelt den Sieg des Kreuzes an und
hindert den Heiligen Geist, von seinem Herzen Besitz
zu ergreifen. Diesem Zweifel muß man widerstehen.
Nicht umsonst steht im Evangelium, daß Jesus die Sün-
Mt 7,7   den der ganzen Welt trägt, und: „Suchet, so werdet ihr
finden; klopfet an, so wird euch aufgetan."
      Christus, der wahrhaft Lebendige, starb am Kreuz,
um alle Dinge mit Gott zu versöhnen. Diese Versöhnung geht über unseren menschlichen Verstand hinaus, aber wir wissen, daß sie für jeden von uns vorbereitet ist und daß wir zu Buße und Befreiung gerufen
sind.

Aus einem Brief: Die einzige Hilfe für deine inneren
Qualen findest du im Glauben an Gott. Das mag theo-

Mt 6,6

retisch klingen, aber nur durch den Glauben kann
Licht in dein Leben eindringen. Denke an die Berg-
rede, wie Jesus seine Jünger das Beten lehrt: „Schließ
dich ein in deine Kammer, und Gott, der ins Verborgene sieht, wird dich erhören." Wenn du das tust und
glaubst, daß Gott dich erhört, wirst du die Gnade
Gottes finden. Wenn du glaubst, wirst du vom Bösen
befreit.

Lk 12,22-26
Joh 14,1

Aus einem Brief: Jesus warnt vor der Sorge, denn letztlich ist sie ein Mangel an Vertrauen zum Vater. Befreie
dich von Kummer und Sorge. Dein Herz sei ohne Ban-
gen! Vertraue auf Gott und auf Jesus.

Du schreibst, es sind immer die kleinen Dinge, die
Zweifel in dir aufkommen lassen. Laß das nicht zu!
Gott will uns zu Größerem führen. Er ist da von Anbeginn der Welt, und mit ihm das Wort – Christus. Alles
wurde durch ihn erschaffen. Denke in den großen Dimensionen der Schöpfung Gottes und seiner Ewigkeit.

Ich möchte jedem Mut zusprechen, der entmutigt ist,
weil seine Versuche, Christus nachzufolgen, fehlgeschla-
gen sind. Aus uns selbst können wir ihm nicht nachfolgen; wir alle sind unfähig dazu. Das kommt daher, daß
unsere Hingabe nicht vollkommen ist. Erst wenn wir
uns völlig leer machen, wenn wir Gott alles übergeben,
kann er wirken. Solange unser Tun von Selbstgefälligkeit bestimmt ist, müssen wir fehlgehen. Immer wieder
zeigt Gott uns, wie völlig wir versagen und als Gemeinde und als einzelne ihm im Weg stehen. In der Nachfolge geht es nicht um unser eigenes Tun, sondern darum, Gott Raum zu geben, damit er in uns leben kann.

DOGMATISMUS

Aus einem Brief: Möge Gott uns ein weites Herz geben. Wir wollen an sein Wirken in allen Menschen glauben, aber wir dürfen die Geister nicht vermischen. Möge Gott uns einen ungetrübten Glauben schenken, der die Liebe zu allen Menschen einschließt, aber sich mit keinerlei Dunkelheit vermischt – einen Glauben, der alles versteht und alles vergibt und doch in keinem i-Tüpfelchen von der Wahrheit abweicht.

Wir müssen den ganzen Christus annehmen – seine Schärfe wie auch seine Liebestat am Kreuz. Christi Liebe zu allen Menschen ist die Liebe des Lammes, das die Sünde der Welt trägt. Dennoch ist seine Verkündigung der ewigen Verdammnis notwendig für Gottes zukünftige Herrschaft der Liebe, Einheit und Gerechtigkeit. Dies zu ändern oder abzuschwächen wäre eine Entstellung seiner Botschaft.

Joh 5,29-30

Aus einem Brief: Du behauptest, es sei gesetzlich, dies oder jenes zu glauben. Solch eine Feststellung ist abstrakte Theologie. Die Kirchen sind daran schuld, daß Millionen von Menschen den Eindruck haben, bestimmte Glaubensbegriffe seien nichts als Dogma; doch die Kirchen sind es, die solche Glaubensbegriffe zum Dogma gemacht haben.

Wir sind frei von jeglichem Zweifel an den Wundern Gottes. In absoluter Freiheit glauben wir an das Wunder der Geburt Jesu und daran, daß Gott in Jesus zu uns kam. Aber wir wollen diesen Glauben niemandem aufzwingen, und wir lehnen allen theologischen Streit darüber ab. Für uns besteht kein Zweifel, daß Jesus von Nazareth unmittelbar von Gott kam und daß er eins mit ihm war und ist. Darüber können wir je-

doch nicht auf dogmatischer Ebene disputieren. Wir
wollen nichts mit Dogmatismus zu tun haben, denn er
ist tödlich. Wir glauben an den Heiligen Geist und hoffen auf ihn.

Die Geburt Christi ereignet sich immer wieder neu:
Wo zwei oder drei in seinem Namen zusammen sind –
wo er mit dem Glauben der Maria angenommen wird –,
da wird der lebendige Christus ins Leben gerufen.
Wenn wir an den Heiligen Geist glauben, dann wird
das fleischgewordene Wort in unseren Herzen lebendig;
Joh 1,14   dann wird sich uns das Wort als der Sohn Gottes erwei-
sen.

Diese Fleischwerdung ist Realität. Weil du nicht daran glaubst, kannst du in einer Kirche bleiben, in der
nichts zur Veränderung ungerechter Zustände getan
wird. Du beklagst die soziale Ungerechtigkeit, aber du
gehörst einer Kirche an, in der die Liebe Gottes nicht
zur Tat wird, in der die materielle Welt getrennt ist von
der geistigen Welt. Hier liegt eine scharfe Trennung vor
zwischen Glaube und tatsächlicher Erfahrung. Du
nennst unsere Glaubensgrundsätze gesetzlich. Tatsache
ist jedoch, daß alles religiöse Leben gesetzlich und eine
Gefahr für den inneren Menschen ist, wenn es nicht
auch die materiellen und menschlichen Gegebenheiten
verändert.

Wir müssen „eng" in der rechten Weise werden – eng
in dem Sinn, daß wir allein für Christus leben. Damit
meine ich ganz und gar nicht, daß wir religiöser werden sollen. Niemand war so weitherzig wie der gekreuzigte Christus, dessen ausgebreitete Arme sich nach allen Menschen ausstrecken. Es geht hier um die
Entschiedenheit des Herzens, für Christus *allein* zu leben. Besitzen wir diese Entschiedenheit, dann werden

wir weitherzig sein, allerdings nicht im weltlichen Sinn einer allgemeinen Toleranz!

Aus einem Brief: Es geht darum, daß wir uns in den entscheidenden Dingen einig sind: Liebe und gegenseitige Offenheit im Kampf gegen Zwang, gegen Selbstsucht, im Verstehen unserer Kinder, für die Befreiung vom Privateigentum und ähnlichen Dingen. Deshalb leben wir zusammen. Wir wollen Jesus nachfolgen, keinem anderen; in seinen Fußspuren wollen wir gehen. Wir wollen, daß Gottes Königreich auf diese Erde herabkommt.

Du möchtest ein Leben, das frei ist von den Sünden der Gesellschaft. Nicht einmal Jesus war frei von der „Schuld", sich des ungerechten Mammons zu bedienen. Es besteht ein Unterschied zwischen ausgesprochen persönlicher Schuld und der kollektiven Schuld der gefallenen Schöpfung. Von der Kollektivschuld können wir uns nicht loslösen; wir müßten uns auf unser eigenes Stück Land zurückziehen und dadurch allen Kontakt mit unseren Mitmenschen verlieren. Es ist besser, eine geschäftliche Beziehung mit jemandem zu haben als überhaupt keine Beziehung.

Du schreibst: „Warum können wir nicht dafür arbeiten, daß die Erde wieder für Gottes Herrschaft gewonnen wird, anstatt mit der Welt den Weg der Zerstörung zu gehen?" Wie hast du das gemeint? Wie sollen wir das tun, ohne uns vollständig von der Welt zu isolieren? Versuche es. Tu, was du tun willst. Du wirst mit lauter Prinzipien enden, aber in völliger Einsamkeit und Lieblosigkeit.

Aus einem Brief: Prinzipien an und für sich brauchen nicht zu Lieblosigkeit zu führen, aber nach meiner Er-

Mt 17,27

fahrung führen sie oft zu einem schlimmen Ende. Ich kannte einen Mann, der weder Geld noch die Post noch einen Paß benutzen wollte. Wiederholt kam er ins Gefängnis, weil er keine Steuern zahlte. Er war ganz fest in seinen Prinzipien, aber zuletzt verlor er seinen Glauben an Jesus und danach auch alle seine Prinzipien.

Aus einem Brief: Wo bleibt Gott in deiner Furcht vor dem Gebrauch äußerer religiöser Formen? In ihm wurde alles erschaffen; nichts wurde erschaffen ohne ihn. Aller Schönheit, der wir auf der Erde begegnen, gab er Gestalt. Dein Wunsch, auf alle Formen zu verzichten, ist nicht christlich. Hat sich Jesus nicht selber taufen lassen? Hat er nicht das Abendmahl oder Gedächtnismahl eingesetzt?

Ein formelles Christentum ist schrecklich, aber du gehst zu weit mit deinen Befürchtungen. Die Ehe ist eine Form, ebenso die Tischgemeinschaft und die gemeinsame Kasse. Du kannst nicht alle Formen einfach ablehnen; sonst wirst du niemals ein christliches Leben führen können.

Aus einem Brief: Was nützt es uns, unsere Güter zu teilen, in Gemeinschaft zu leben und ein und denselben Glauben zu haben, wenn Menschenseelen verletzt werden, weil wir keine Zeit mehr haben, unsere Brüder und Schwestern zu lieben und dieser Liebe immer wieder Ausdruck zu geben? Wir müssen achthaben, daß wir niemals von Prinzipien beherrscht werden, wie gut und richtig sie auch immer sein mögen. Das „korrekte" Prinzip als solches ist tödlich. Es tötet die Seele. „Korrekte" Prinzipien führten zu Gethsemane. Zu leicht nehmen sie den Platz ein, der nur Gott gehört,

seiner Güte und seiner Gnade. Unsere Prinzipien müssen stets von der Liebe zueinander, von Gottes Erbarmen und von seiner Gnade beherrscht sein.

VERBINDLICHKEIT

Viele Menschen haben sich an einen Dualismus gewöhnt, durch den ihr Leben in verschiedene Bereiche
auseinanderfällt; das bringt sie in eine große innere
Spannung. Dies finden wir auch bei gläubigen Menschen, vielleicht sogar gerade bei ihnen. Doch Jesus
kannte nur eins. Er forderte, daß wir alle anderen Juwe-
len verkaufen, um die eine kostbare Perle zu erwerben.
Mt 13,45-46   Wir dürfen nicht versuchen, mit dem einen Auge ihm
nachzufolgen und mit dem andern Auge nach etwas anderem zu blicken. Wenn wir das tief bedenken, werden
wir uns darüber klar werden, daß jeder diese Spannung
im eigenen Herzen austragen muß. Alle Geteiltheit
muß aufgegeben werden. Wir wollen eines Herzens
und eines Sinnes sein, sowohl in uns selbst wie mit unserem Nächsten. Es geht um Leben und Tod. Wenn wir
nicht die Einfalt des Herzens und des Geistes finden,
dann wird uns unsere Gespaltenheit in Stücke reißen.

Aus einem Brief: Wir müssen bereit sein, zu unseren
Überzeugungen zu stehen, sogar den Tod um Jesu willen zu erleiden. Im Hutterischen Geschicht-Buch[6] finden wir die Geschichte des sechzehnjährigen Müllersoh-
nes, der sich zum Täufertum bekannt hatte. Als er
gefangengenommen und zu Tode verurteilt wurde, bot
sich ein reicher Edelmann an, ihn zu sich zu nehmen
und ihn wie seinen eigenen Sohn zu erziehen, er sollte
nur von seinem Glauben abstehen. Aber der Knabe
hielt treu zu Gott und wurde hingerichtet. Wenn die

---

6   „Geschicht-Buch der Hutterischen Brüder" hrsg. von Prof.
Dr. Rudolf Wolkan, Wien 1923. Eine Chronik der Hutterischen Brüder und anderer Täufer des 16. Jahrh., S. 49.

Nachfolge Jesu wirklich der Weg ist, den wir gehen wollen, dann müssen wir trotz uns Selbst und unserer Schwachheit zu solchem Opfer bereit sein, so schwer es auch sein mag.

Ein Versprechen Gott gegenüber kann nicht auf menschlicher Treue allein beruhen. Wir sind von Gottes Treue abhängig. Niemand ist stark genug, aus eigener Kraft das auszuhalten, was die Märtyrer unter den ersten Christen und später andere aushalten mußten. Aber Gott ist treu. Wenn wir uns ihm ganz hingeben, dann werden seine Engel für uns kämpfen.

Stehen wir noch in der ersten Liebe zu Jesus? Sind wir bereit alles hinzugeben, ja in den Tod zu gehen um seinetwillen? Heute haben wir noch Haus und Hof, aber wir wissen nicht, was die Zukunft bringt. Die Zeiten sind unsicher. Im Laufe unserer Bruderhofgeschichte mußten wir von einem Land zum anderen ziehen. Der Bruderhof kann keine menschliche Sicherheit bieten. Jesus verspricht seinen Jüngern, daß sie verfolgt werden und daß sie leiden müssen. Wir können nichts Besseres versprechen. Unsere einzige Sicherheit ist Jesus selbst.

Joh 15,20

Wir dürfen niemals vergessen, daß Jesus uns den Weg absoluter Liebe gelehrt hat – den Weg, auf dem wir auch unsere Feinde lieben und für die beten, die uns verfolgen. Als Nachfolgern Jesu sind uns nicht nur gute Tage versprochen. Wir müssen auf Verfolgungen vorbereitet sein. Durch die ganze Geschichte hindurch sind Menschen um ihrer Überzeugung willen getötet worden. Wir wollen dankbar sein, daß wir bisher behütet wurden, aber wir wollen auch bereit sein, um unseres Glaubens willen zu leiden.

Äußere Umstände dürfen niemals die Bindung eines
Christen an Christus verändern. Das muß ganz klar
sein. Der Schutz, der in der größeren Gemeinschaft besteht, kann uns auf dem Bruderhof jederzeit genommen werden. Auch wenn durch Verfolgung nur eine einzige Person unserer Gemeinschaft übrigbleiben sollte,
so wäre sie dennoch durch ihr Versprechen gebunden.

Wenn wir Gott von ganzem Herzen, mit ganzer Seele
und mit ganzer Kraft lieben, wenn wir unser Leben
ihm zur Ehre und für sein Reich leben, dann können
wir voller Zuversicht in unseren Gebeten sagen: „Mein
Herr und mein Fels." Es spielt keine Rolle, ob wir Feinde haben und was sie von uns behaupten: wir werden
Gottes Stimme in unseren Herzen vernehmen und
ihm treu bleiben.

Ps 28,1

Wir müssen treu bleiben bis ans Ende. Für einen Christen ist die Mitte des Lebens die gefährlichste Zeit. Am
Anfang, wenn unser Glaube neu ist, erscheint Gott
uns besonders nah. Nach einigen Jahren schleicht sich
jedoch oft Lauheit ein. Wenn wir in Treue hingegeben
bleiben, dann wird Gott uns durch die Jahre unserer Le-
bensmitte tragen, doch wir müssen weiterhin wachsam
sein. Aber wir brauchen nichts zu fürchten: wenn wir
Gott treu bleiben, kann uns nichts von seinem Frieden
trennen.

VERSUCHUNGEN

Versuchung[7] Manchmal frage ich mich, ob wir nicht in einigen
Dingen zu weltlich geworden sind. Erfüllen uns Sport
oder unsere Geschäfts- und Geldangelegenheiten zu
sehr? Das sind eindeutig „weltliche" Ablenkungen und
Versuchungen. Aber es besteht ebenso die Gefahr, daß
sogar die Gaben, die Gott uns gibt – die Schönheit der
Natur, die Freude menschlicher Liebe – zum Ersatz für
das wirkliche Erleben Christi werden.

Im Hebräerbrief wird es ganz deutlich, daß Jesus ver-
Hebr 2,18   sucht wurde wie jeder andere Mensch. Als Jesus in der
Hebr 4,15   Wüste war, kam der Satan und wollte ihn mit Worten
aus der Schrift in Versuchung führen. Erst nach der
dritten Versuchung vertrieb Jesus ihn mit den Worten:
Mt 4,1-10   „Fort mit dir, Satan!"
Der Gedanke, daß Jesus in Versuchung geführt wurde, war mir früher gotteslästerlich erschienen. Aber
heute erkenne ich, daß es außer Frage steht: Er wurde
Hebr 4,15   versucht wie jeder andere Mensch. So steht es im Evangelium. Und doch ist es klar, daß Jesus niemals gesündigt hat.
Wo endet die Versuchung, und wo beginnt die Sünde? Daß wir von bösen Gedanken geplagt oder versucht werden, ist an sich keine Sünde. Zum Beispiel,
wenn uns ein unreiner Gedanke kommt und wir geben
ihm nicht nach, dann sündigen wir nicht. Wenn wir
uns aber eine unanständige Zeitschrift kaufen, um uns
sexuellen Phantasien hinzugeben – das ist Sünde.

---

7   Für diesen Abschnitt wurde besonders das Buch „Freiheit
von Gedankensünden", Plough Publishing House, 1973,
verwendet.

Es kommt darauf an, was wir tun, wenn wir in Versuchung kommen, welche Haltung wir einnehmen. Als Jesus vom Satan versucht wurde, hatte er jedes Mal eine Antwort für ihn bereit. Darum müssen wir bitten – um eine Antwort in jeder Versuchung.

Wir werden niemals ganz frei sein von Versuchungen; das sollten wir auch nicht erwarten. Nicht einmal Jesus hat das erreicht. Aber wir sollen Gott darum bitten, uns in der Versuchung zu beschützen und uns jedesmal die richtige Antwort zu geben.

Aus einem Brief: Ich kann es nicht scharf genug sagen: Wenn du dein Haar zur Schau stellst oder deine Figur betonst, wenn du dich so kleidest, daß andere zu unreinen Blicken verführt werden, dann begehst du eine Sünde, die Gemeindezucht verlangt. In der Bergpredigt sagt Jesus, daß jeder schuldig ist, der eine andere Person mit unreinen Gedanken ansieht. Wenn du aber absichtlich andere in Versuchung bringst, bist du genauso schuldig.

Mt 5,28

Paulus beschreibt den Kampf des Christen gegen böse Gedanken als siegreichen Kampf, in dem jeder Gedanke gefangen genommen werden muß „unter den Gehorsam Christi". Paulus setzt voraus, daß alle Menschen Widersprüche und Hindernisse in ihrem Innern haben und daß diese gefangengenommen werden müssen unter den Gehorsam gegenüber Christus. Wir alle müssen diesen Kampf kämpfen. Es soll uns nicht wundern, daß wir versucht werden; das gehört zum Leben.

2. Kor 10,5

Das Wunderbare an den Worten des Paulus ist seine Gewißheit, daß diese Gedanken gefangengenommen werden können unter den Gehorsam gegenüber Christus. Natürlich fällt uns der Sieg nicht in den Schoß. Wir müssen uns darüber klar sein, daß der Krieg zwischen Gut und Böse ständig für die ganze Menschheit geführt wird. Dieser Krieg tobt schon seit dem Sündenfall, besonders aber seit Christi Tod und dem Herniederkommen des Heiligen Geistes zu Pfingsten. Wenn jemand von bösen Gedanken gequält wird, so sollte er daran denken, daß es um einen viel größeren Kampf geht als den im eigenen Herzen, sogar um einen größeren Kampf als den der ganzen Gemeinde.

Der Feind ist ein sehr realer. Wenn wir das erkennen, dann können wir nicht lauwarm sein. Aber Christus ist ebenso eine Realität. Um wahren Herzensfrieden zu finden, müssen wir Christus erleben.

Im Hebräerbrief steht, daß Jesus versucht wurde wie wir. Er hat nicht gesündigt, aber er versteht uns in unserer Versuchung und Not. Jeder, ob jung oder alt, jeder Bruder und jede Schwester muß wissen, daß wir einen Hohenpriester haben, einen König, einen Meister, der uns versteht. In Kapitel 5, Vers 7 lesen wir: „In den Tagen seines Erdenlebens hat Jesus Gebet und Flehen unter lautem Schreien und Weinen zu dem emporgesandt, der ihn aus des Todes Rachen erretten konnte." Wir alle haben in der Vergangenheit Schuld auf uns geladen und müssen im Gebet vor Gott treten, „mit lautem Schreien und Weinen", in dem festen Glauben, daß er uns und alle, für die wir beten, erretten kann.

Hebr 4,15

Hebr 5,7

Wenn wir absichtlich bösen Gedanken nachgehen – Gedanken der Macht über andere, unreinen Gedanken, haßerfüllten Gedanken oder ähnlichen –, so werden wir eines Tages danach handeln. Es ist eine ganz andere Sache, von Gedanken oder Vorstellungen gequält zu werden, die wir eigentlich gar nicht wollen und im Gegenteil alles darum gäben, ein reines Herz zu haben. Aus eigenem Willen wird es uns niemals gelingen, rein zu werden. Wenn wir uns innerlich gegen etwas Böses verkrampfen, kann es dazu kommen, daß das Böse noch größere Gewalt über uns gewinnt. Aber laßt uns nicht vergessen, daß Gott tiefer sieht als wir. Auch wenn wir immer mehr in bösen Gedanken versinken, die wir eigentlich nicht wollen, so wird Gott sehen, daß wir sie nicht wollen, und wird uns helfen.

Sogar Jesus wurde vom Teufel versucht, aber er überwand alles Böse durch sein völliges Vertrauen auf den Vater. Wir werden auch versucht werden, und wenn das geschieht, dann wird es darauf ankommen, ob wir auf Jesus und die Macht des Kreuzes vertrauen. Wenn wir nicht unser ganzes Vertrauen und unseren ganzen Glauben auf Jesus setzen, werden wir unterliegen.

Das Gefühl, von Gott verlassen zu sein, bringt entsetzliches Leid. Für den Sohn Gottes muß es ein so furchtbares Erlebnis gewesen sein, dies bei seinem Tod zu empfinden, daß wir es gar nicht fassen können. Und doch rief Jesus aus: „Vater, in deine Hände befehle ich meinen Geist!"

Lk 23,46

Hier finden wir die Krönung des Glaubens. Das Erlebnis der Gottverlassenheit nahm ihm nicht das Vertrauen und den Glauben an seinen und unseren Vater; Jesus übergab seinen Geist in die Hände des Vaters.

Wenn wir von den Wunden geheilt werden wollen, die uns der Satan mit seinen Pfeilen zugefügt hat – die bösen Gefühle, Gedanken oder Vorstellungen –, so müssen wir das gleiche absolute Vertrauen in Jesus haben, wie es Jesus in Gott hatte. Dann können wir, auch wenn wir noch keine Befreiung spüren, uns ihm dennoch ganz und gar hingeben, mit allem, was wir sind und haben. Im Grunde haben wir nichts als unsere Sünde, und die müssen wir im Glauben zu ihm bringen. Dann wird er Vergebung, Frieden und ein reines Herz schenken; und das führt zu einer unbeschreiblichen Liebe.

Wenn Depressionen oder irgend etwas anderes als Jesus unser Herz zu beherrschen drohen, dann müssen wir uns an ihn wenden. Bei ihm finden wir Sieg und Frieden. Ich bin sicher, daß wir durch das Kreuz den Sieg erlangen über alles, was uns im Leben begegnet, was es auch sei.

Sünde

Viele Menschen wissen nicht mehr, was es bedeutet, ein reines Gewissen zu haben; sie werden täglich mit den Sünden unserer Zeit belastet. Wir müssen darauf achten, unser Gewissen rein zu erhalten, und das müssen wir von Kindheit an tun. Gewöhnen wir uns erst daran, mit einem schlechten Gewissen zu leben, dann werden wir alles verlieren: unsere Beziehung zu Gott und unsere Liebe zu unseren Mitmenschen.

Hebr 5,7

Wer von uns nimmt den Kampf mit der Sünde so ernst, daß er ihn mit Schreien und Weinen führt? Jesus hat das getan. Niemand hat jemals so gekämpft wie Jesus - niemand. Auf kein Herz hatte es der Teufel so abgesehen wie auf das Herz Jesu. Und weil Jesus einen viel schwereren Kampf führte, als wir ihn jemals führen werden, versteht er unser Ringen. Dessen können wir ganz sicher sein. Aber kämpfen müssen wir. Jesus sagt denen, die ihm nachfolgen wollen, daß sie ihr Kreuz auf sich nehmen müssen, wie er das seine auf sich nahm. Euch alle möchte ich aufrufen, so zu kämpfen, wie Jesus es getan hat - zu kämpfen bis in den Tod.

Mt 16,24

Der Apostel Paulus nannte sich selbst den ärgsten Sünder. Das waren nicht bloß fromme Worte, er meinte es

ernst. Er wußte, er war ein Feind Gottes gewesen. Er
hatte die Urgemeinde verfolgt und war verantwortlich
für den Tod vieler Märtyrer.

Zu Pfingsten erkannten die Leute in Jerusalem, daß
sie Sünder waren. Sie empfanden sich nicht als gute
Menschen. Es ging ihnen „wie ein Stich durchs Herz",
und als der Heilige Geist zu ihnen kam, fühlten sie
sich seiner nicht würdig. Ja, sie wußten sich als Mörder
Christi. Aber gerade wegen dieser Erkenntnis konnte
Gott sie gebrauchen. Wenn wir von Gott gebraucht werden wollen, dürfen wir uns nicht gegenseitig anpredigen und von Liebe sprechen, solange wir nicht einsehen, daß wir alle Sünder sind.

Bei der Sünde geht es nicht nur um die niederen Triebe. Die müssen wir alle bekämpfen. Aber es gibt Menschen, die gehen so weit, daß sie in satanische Sünde
fallen. Die Achtung und Ehre, die allein Gott gebührt,
für sich zu beanspruchen – das ist satanische Sünde.
Es ist das Begehren nach Macht über die Seelen und
Leiber anderer Menschen, um von ihnen verehrt zu
werden. Letztlich ist es der Wunsch, selber Gott zu
sein. Das ist der Weg des Widersachers.

Überlassen wir uns den satanischen Sünden, dann
werden alle Sünden unserer niederen Triebe auch erwachen: Unreinheit, Habgier, Heuchelei, Neid, Haß, Grausamkeit und schließlich Mord.

Aus einem Brief: Ich danke dir für die ausführliche Darstellung deines Lebens und für deine Bemühung, alle
deine Sünden zu bekennen. Wenn ich die Geschichte
deiner Kindheit höre, habe ich tiefes Mitgefühl. Ja, ich
schäme mich, wenn ich an meine glückliche Kindheit
denke. Gott wird gewiß von mir mehr fordern müssen
als von dir.

Deine Vergangenheit ruft mir die Worte Jesu in den Sinn: „Ich bin nicht für die Gesunden und die Gerechten gekommen, sondern für die Kranken und die Sünder." Vergiß das nicht; halte daran fest, auch in den Stunden der Not und Versuchung.

Lk 5,31-32

Mein lieber Bruder, das *ganze* Evangelium müssen wir sehen und erfahren: Die überströmende Liebe Jesu zu dem Sünder, für den er gestorben ist, gleichzeitig aber die Schärfe der Gleichnisse und die erschütternden Worte für die Unbußfertigen: „Da wird sein Heulen und Zähneklappern."

Mt 8,12

In der Offenbarung Johannis finden wir den Kern des ganzen Evangeliums: nämlich den Lohn, der all denen ausgezahlt wird, die gute Werke getan haben, und den Segen, der jedem zuteil wird, der sein Gewand im Blute des Lammes gereinigt hat. Aber dann kommt die Schärfe, die wir nicht abschwächen dürfen: „Draußen sind die Hunde und die Zauberer und die Unzüchtigen und die Mörder und die Götzendiener und alle, die die Lüge lieben und tun."

Offb 22,15

Wenn wir unsere Herzen dem Bösen übergeben, dann wird der Teufel in uns einziehen und uns beherrschen. Das geschieht, sobald wir uns eigene Götter machen. Für die Kinder Israel war es das goldene Kalb. Heute ist es der Mammon - das Geld -, der zum Gott geworden ist. Deshalb heißt das erste Gebot: „Liebe Gott von ganzem Herzen, mit ganzer Seele und mit ganzem Gemüt." Natürlich kann man dieses Gebot unmöglich erfüllen, ohne Gott völlig zu vertrauen, ohne wirklich zu glauben, daß nur Gutes von ihm kommt und daß er es stets gut mit uns meint, solange wir seinen Willen tun.

Mk 12,30

Das zweite Gebot Jesu ist so wichtig wie das erste, nämlich: „Liebe deinen Nächsten wie dich selbst." Der

Mk 12,31

Teufel wird immer versuchen, uns etwas zuzuflüstern, damit wir unserem Nächsten nicht vertrauen. Wenn wir darauf hören, werden unsere menschlichen Beziehungen durch Zwietracht, Mißtrauen und Sünde vergiftet. In Deutschland erleben wir das besonders durch den Fremdenhaß. Und auf der ganzen Erde können wir es sehen: in Kriegen und in jedem einzelnen Menschenherzen, das von Haß gegen andere erfüllt ist.

Vor Gott kannst du nichts verbergen. Du kannst deine Sünden vor Menschen verstecken, aber schließlich werden sie alle ans Licht kommen, auch deine geheimsten Gedanken.

Hebr 4,13

Ob ein böser Gedanke eine Sünde ist oder nicht, hängt davon ab, ob du ihm Raum gibst oder ob du ihm widerstehst. Schon Martin Luther sagt, daß böse Gedanken wie Vögel kommen und um unsere Köpfe fliegen. Daran können wir nichts ändern. Aber wenn wir es zulassen, daß sie Nester auf unseren Köpfen bauen, dann sind wir dafür verantwortlich.

Aus einem Brief: Ich flehe dich an: Kehre dich für den Rest deines Lebens ab von aller Härte und Grausamkeit, besonders Kindern, Kranken und Schwachen gegenüber. Was sagte Jesus zu seinen Jüngern, als sie Feuer vom Himmel herabrufen wollten, um das Dorf zu zerstören, das sich weigerte, sie aufzunehmen? Er war erschrocken über ihren harten, unkindlichen Geist und wies sie zurecht: „Wißt ihr nicht, welches Geistes Kinder ihr seid? Der Menschensohn ist nicht gekommen, das Leben der Menschen zu vernichten, sondern es zu erhalten." Denke stets an Jesus – dann wird dein Herz sich ändern.

Lk 9,55-56

Aus einem Brief: Ich kann nicht verstehen, warum du zur Gemeinde gekommen bist und gelogen hast. Als Ananias und Saphira kamen und sich der Gemeinde in Jerusalem anschlossen, aber unaufrichtig waren und Geld zurückbehielten, fragte Petrus sie: „Warum habt ihr euch das in euern Herzen vorgenommen? Ihr habt nicht Menschen, sondern Gott belogen." Er fügte hinzu, sie hätten ja gar nicht zur Gemeinde zu kommen brauchen; dann hätten sie für sich behalten können, was sie besaßen.

Apg 5,4

Warum willst du dich uns anschließen, wenn du gleichzeitig dein Gewissen belastest, indem du Gott und uns belügst? Dafür wirst du Rechenschaft ablegen müssen. Das Schicksal des Menschen ist der Tod; danach wird er von Gott gerichtet. Wenn du dich jetzt und hier nicht verantworten willst, dann mußt du es später tun. Wir können dich nicht zwingen. Hebräer 10,26-27: „Denn wenn wir vorsätzlich in der Sünde beharren, nachdem wir die Erkenntnis der Wahrheit empfangen haben, so gibt es für uns kein Sühneopfer mehr, sondern es bleibt uns nur die Erwartung eines furchtbaren Gerichts und der Zorneifer des Feuers." Hebräer 12,15: Wir dürfen die Stunde der Gnade Gottes nicht verpassen. Du hast die Freiheit, weiterhin mit Gott zu spielen, aber dann können wir nichts miteinander zu tun haben, und du wirst dich vor Gott allein verantworten müssen. Noch hast du die Chance umzukehren!

Hebr 9,17

Hebr 10,26-27

Hebr 12,15

„So gibt es nun keine Verdammnis für die, die in Christus Jesus sind. Denn das Gesetz des Geistes, der lebendig macht in Christus Jesus, hat dich frei gemacht von dem Gesetz der Sünde und des Todes." Was für ein herrlicher Gedanke: Alle Sünde ist überwunden. Wenn wir jedoch unsere eigenen Erfahrungen prüfen, dann

Röm 8,1-2

erkennen wir, daß die Sünde nicht überall überwunden ist. Der Grund dafür ist einfach der, daß wir nicht in Christus Jesus leben, sondern in unserer alten Natur. Es ist eine Illusion zu meinen, daß wir diese Natur nicht haben. Wir sind damit auf die Welt gekommen, und wir können sie nicht ändern, auch nicht mit den besten Vorsätzen. Christus kann sie ändern, wenn wir ihm vertrauen und uns ihm bedingungslos ergeben.

Röm 8,5

„Denn die da fleischlich sind, die sind fleischlich gesinnt." Wir erleben das immer wieder: Menschen, deren Gesinnung auf ihrer niederen Natur gegründet ist, bringen Haß, Neid und Eifersucht hervor, so als ob Christus gar nicht gekommen wäre, als ob er nicht am Kreuz gestorben wäre, als ob sein Opfer umsonst gewesen wäre. Das ist äußerst schmerzlich. Paulus sagt: „Denn fleischlich gesinnt sein ist Feindschaft gegen Gott, weil das Fleisch dem Gesetz Gottes nicht unter-

Röm 8,7-8

tan ist; denn es vermag's auch nicht. Die aber fleischlich sind, können Gott nicht gefallen." Stärker kann es gar nicht ausgedrückt werden: Wer seine Begierden nicht überwinden kann, meint nichts Böses zu tun, aber tatsächlich lebt er in Feindschaft mit Gott. Er unterstellt sich nicht Gottes Gesetz. Das gilt für alle, die in Unreinheit leben, in Haß und Eifersucht, Betrug oder anderen Sünden. Für diejenigen ist es unmöglich, Gott zu gefallen.

Röm 8

In Römer 8 spricht Paulus über die niedere oder fleischliche Natur. Es muß uns klar sein, daß hier alle Begierden gemeint sind: Völlerei, Bequemlichkeit und sexuelle Begierde. Alles muß dem Geist untergeordnet sein. Wir brauchen Nahrung und Wohnung, und wir bejahen den sexuellen Verkehr in der Ehe. Wenn uns aber diese Dinge beherrschen und nicht Christus, dann sündigen wir. Gott weiß, daß wir jeden Tag Nah-

rung brauchen. Aber das darf uns nicht bestimmen;
wir dürfen nicht von gutem Essen abhängig werden
und uns und unsere Kinder verwöhnen. Das Essen ist
natürlich nur ein einfaches Beispiel. Wenn uns irgend
etwas anderes als Christus beherrscht, selbst geistliche
Dinge – frommes Denken oder Lesen –, dann leben wir
nach dem Fleisch. Und wenn wir Anhänger einer Philosophie der Selbstkasteiung sind wie die des Buddha, so
wäre es dennoch fleischlich, denn damit blähen wir
uns auf und rücken uns selbst und nicht Christus in
den Mittelpunkt.

Alles hängt davon ab, ob wir uns Christus völlig übergeben haben. Paulus sagt, wer den Geist Christi nicht
hat, ist kein Christ. Aber wir selbst können uns den
Geist nicht erwerben. Wir können ihn nur empfangen,
indem wir uns Christus hingeben. Im Evangelium
steht: „Wer bittet, dem wird gegeben; wer anklopft,
dem wird aufgetan." Mit anderen Worten: Wer bittet,
dem wird lebendiges Wasser geschenkt.

    Mit Menschen, die Jahr um Jahr darum kämpfen,
ihre Schwächen zu überwinden, haben wir großes Erbarmen; aber gleichzeitig müssen wir erkennen, daß sie
im Grunde schuldig sind. Sie können sich nicht entschuldigen, denn sie haben sich Christus nicht völlig
im Glauben ergeben. Wie Paulus schreibt: „Es gibt nun
keine Verdammnis für die, die in Christus Jesus sind.
Denn das Gesetz des Geistes, der da lebendig macht in
Christus Jesus, hat uns frei gemacht von dem Gesetz
der Sünde und des Todes." Diese Verheißung steht jedem offen. Wir können uns nicht vor Gott verstecken
und sagen: „Wir sind zu schwach", oder „Wir wollen
uns ändern, können aber nicht." Letztlich können solche Ausreden nicht bestehen. Paulus fährt fort:

Röm 8,9

Mt 7,7

Röm 8,1-2

Röm 8,12-13

„So sind wir nun, liebe Brüder, nicht dem
Fleisch schuldig, daß wir nach dem Fleisch leben. Denn wenn ihr nach dem Fleisch lebt, so
werdet ihr sterben müssen; wenn ihr aber durch
den Geist die Taten des Fleisches tötet, so werdet
ihr leben."

Das ist stark ausgedrückt. Wer von uns kann be-
haupten, die alte Natur habe keinen Anspruch an ihn?
Eine solche Freiheit von Sünde ist von der absoluten
Hingabe an Christus abhängig. Jede Form von Sünde
muß ausgemerzt werden. Dann kann keinerlei Sünde –
Eifersucht, Haß, Unreinheit, Lüge usw. – in uns zum
Sieg gelangen.

Es gibt Menschen, die nicht mit der Sünde brechen,
weil sie meinen, sie könnten es nicht. Das ist eine Un-
wahrheit. Jesus Christus ist immer da, ebenso der Heilige Geist, und wenn eine Seele wirklich zu Gott auf-
schreit, so wird der Geist vor Gott für sie eintreten.
Deshalb gibt es überhaupt keine Entschuldigung, sich
nicht von der Sünde loszusagen. Niemand hat so große Liebe und solches Erbarmen mit dem Sünder wie
Jesus, aber er entschuldigt die Sünde nicht. Laßt uns
beten, daß jeder Mensch durch Christus Jesus Befreiung von Sünde finden möge.

Selbstmitleid und Stolz sind eng miteinander verbunden und haben nichts mit dem Kreuz zu tun. Beide
sind nur auf das Ich bedacht. Wir müssen uns davon
abwenden, sonst werden wir niemals unsere Sündhaftigkeit völlig besiegen. Es wird berichtet, daß zur Zeit der
Urgemeinde die Dämonen geschrien haben: „Wer ist
es, der uns die Macht raubt?" Die Glaubenden antwor-
teten mit jauchzendem Siegesruf: „Hier ist Christus,

der Gekreuzigte!"[8] Das soll auch unsere Verkündigung
sein.

Joh 13,34 „Liebet einander" ist eines der wichtigsten Gebote
Jesu, und wir können es nicht ernst genug nehmen. Es
gibt noch andere Gebote, denen wir auch gehorsam
sein müssen: Wir sollen das Geld nicht lieben; wir sollen nicht Ehebruch treiben; wir sollen den Leib nicht
verunreinigen und vieles andere mehr. Dennoch ist die
Liebe das höchste Gebot Christi. Und deshalb halte
ich Lieblosigkeit für die größte Sünde.

Gott wird jede Form von Lieblosigkeit richten, aber
ganz besonders die Verachtung eines anderen Menschen, wenn ich ihm das Gefühl gebe, er sei nichts
wert. Christus sagt: „Wer seinem Bruder zürnt, der soll
dem Gericht verfallen; wer das Schimpfwort ‚Narr' ge-
Mt 5,22 braucht, der soll der Glut des Feuers verfallen." Wer
von uns hat seinem Bruder noch niemals gezürnt oder
ihn noch nie verspottet? Wer von uns hat noch nie her-
absetzend von einem anderen gesprochen? Christus
ruft uns auf, in vollkommener Liebe zu leben.

Aus einem Brief: Es tut mir sehr leid, wenn ich manchmal zu scharf und sogar ärgerlich mit meinen Brüdern
und Schwestern bin. Wir müssen von Jesus lernen,
sanft und freundlich zu sein. Aber wir dürfen niemals
wischiwaschi sein; unser Mitgefühl muß stets das Salz
Jesu enthalten.

Der Gedanke, „in der Welt, doch nicht von der Welt"
Joh 17,14-16 zu sein, ist nicht mit dem Verstand allein zu begreifen.

---

8   „Am Anfang war die Liebe", Hrsg. Eberhard Arnold,
     Coprint Verlag, 1986.

Natürlich sind wir in der Welt, solange wir leben; wir sollen jedoch „nicht von ihr" sein. Manche Leute sagen, tanzen sei „von der Welt" oder „weltlich". Andere meinen, es sei weltlich, kurze Röcke zu tragen, und wieder andere, daß der Genuß von Alkohol, eine bestimmte Art Musik oder bestimmte Autos weltlich sind. Es gibt viele sogenannte weltliche Dinge. Wenn wir im Geist Jesu leben, dann sagt uns unser Gewissen, welches die Dinge sind, die wir aufgeben müssen. Laßt uns nicht nach dem verlangen, was vom Fleisch ist; aber laßt uns gleichzeitig bitten, daß wir davor bewahrt werden, Regeln und Gesetze aufzustellen, die ein zu weltliches Leben verhindern sollen. Möge Gott uns helfen zu unterscheiden, was aus dem Heiligen Geist ist und was aus dem Geist der Welt ist.

Hätten wir nur das Gesetz, so dürften wir einen Menschen hassen, solange wir ihn nicht töten. Wir dürften Schlechtes von jemandem denken, ohne Blut zu vergießen. Aber das ist nicht genug. Paulus sagt ganz richtig: Das Gesetz kann niemals unser Herz verändern; es ist Jesus, der in uns leben muß. Durch ihn können wir unsere Feinde lieben, durch ihn können wir unseren Sinn mit den Gedanken Gottes erfüllen lassen.

Röm 8,1-4

Aus einem Brief: Du mußt dich ganz fest entschließen, Jesus nachzufolgen. Es ist nicht wahr, daß du zu schwach bist, deine Sünden zu überwinden. Das ist eine Lüge des Teufels. Durch Jesus ist es jedem möglich, die Sünde zu überwinden. Dafür ist er am Kreuz gestorben. Lebe allein für ihn!

„Selig sind, die da hungert und dürstet nach der Gerechtigkeit; selig sind die Barmherzigen; selig sind, die reinen Herzens sind." Reinen Herzens zu sein, ist wohl

Mt 5,6-8

das Schwerste – es ist leichter, nach Gerechtigkeit zu
hungern und zu dürsten oder barmherzig zu sein. Wir
können unser eigenes Herz nicht rein machen.

Reine Herzen haben nur Kinder; deshalb sagt Jesus,
wir müssen wie die Kinder werden. Und doch: so sehr
wir uns auch bemühen, wie die Kinder zu werden, immer wieder finden Unreinheit, Neid, Eitelkeit – alles
was nicht aus Gott ist – Eingang in unsere Herzen. Deshalb müssen wir immer wieder durch Christus gereinigt werden.

Beichte   *Aus einem Brief:* Ich habe tiefes Verständnis für jeden,
der von den Sünden seiner Vergangenheit bedrückt
und belastet ist und das Verlangen hat, sie zu bekennen. Aber nur die Sünden auszusprechen, hilft nicht.
Es wird viel Geld in psychiatrische Behandlungen inve-
stiert, bei denen man alle seine Nöte und Sünden aus-
spricht. Das kann eine Hilfe sein, um das Gewissen zu
beruhigen, aber die Psychiatrie an sich bringt keine
wirkliche Befreiung.

Du sagst, du hast deine Sünden bekannt, aber keine
Befreiung gefunden. Die wirst du nur finden, wenn du
im Glauben deine Sünden bekennst, im Glauben an
Gott und an das Kreuz Jesu Christi, der für die Sünden der Welt gestorben ist. Jede andere Art Sündenbekenntnis besteht lediglich darin, daß man seine Last
auf andere abwälzt, und später fällt die Last wieder auf
einen zurück. Frieden finden nur diejenigen, bei denen
das Sündenbekenntnis mit einem lebendigen Glauben
verbunden ist. Diesen Glauben wünsche ich dir.

Was die Beichte betrifft, so sollte jede bewußte Sünde
bekannt werden. Das bedeutet aber nicht, nach jeder
Kleinigkeit im Unterbewußtsein zu graben. Wenn Gott
uns durch unser Gewissen zeigt, daß etwas unrecht

war, dann sollen wir es aussprechen und bereinigen, damit es vergeben werden kann. Wir dürfen uns dabei aber nicht nur um uns selbst drehen. Wir wollen Jesus finden, nicht uns selbst.

Aus einem Brief: Du fragst, welche bösen Gedanken man bekennen soll. Jedem Menschen kommen Gedanken, die er vertreiben muß: „Hinweg von mir, Satan!" Wenn du mit dieser Einstellung dem bösen Gedanken entgegentrittst, dann brauchst du ihn nicht zu beichten, aber vergiß ihn sobald wie möglich. Auch wenn du eine kurze Zeitlang mit einem bösen Gedanken ringst, ehe du ihn zurückweist, brauchst du ihn nicht unbedingt zu beichten. Gibst du aber einem bösen Gedanken nach, so daß er ein Teil von dir wird, dann solltest du ihn bekennen. Ich würde dir überhaupt raten, dich nicht zu sehr mit deinen Gedanken zu beschäftigen.

Mt 16,23

Aus einem Brief: Das vertrauliche Sündenbekenntnis in der Furcht Gottes ist mir heilig, und ich halte es für unrecht, Menschen, die ihre Sünden gebeichtet haben, deswegen abzustempeln. Was das Beichtgeheimnis betrifft, so kann allerdings der Fall eintreten, daß ich sündigen würde, wenn ich das, was ich gehört habe, für mich behielte. Hat ein Gemeindeglied eine ernste Sünde begangen, wie Unzucht oder Ehebruch oder sogar Mord (was noch nie unter uns vorgekommen ist), dann würde ich Verrat an Gott und der Gemeinde üben, wenn ich darüber schwiege.

Geistlicher Hochmut

Die Bibel sagt, wir müssen unser Fleisch bekämpfen, worunter man gewöhnlich die sexuellen Triebe oder das unmäßige Essen und Trinken versteht. Das ist aber nicht die einzige Bedeutung von „fleischlicher Begier-

de". Gewiß ist sexuelle Unreinheit oder ein luxuriöser
Lebensstil „fleischlich", aber das gleiche gilt vom Egoismus, vom geistlichen Hochmut und von allem, was
nicht aus Christus ist.

Wir müssen Gott darum bitten, daß er alles Fleisch-
liche in uns absterben läßt, besonders den Hochmut.
Wenn wir stolz sind, kann Gott nicht zu uns kommen.
Hochmut ist die schlimmste Sünde, weil sie keinen
Raum für Gott im Herzen läßt.

Jesus warnt sehr scharf vor falscher Frömmigkeit, davor, als frommer oder guter Mensch vor anderen er-
scheinen zu wollen. Menschen, die nach solcher Anerkennung trachten, werden im Himmel keinen Lohn
empfangen. Sie haben ihren Lohn schon jetzt, indem
sie von anderen verehrt werden. Das gilt auch von den
Menschen, die ihre Liebestaten zur Schau tragen. Christus sagt, die linke Hand darf nicht wissen, was die
Mt 6,3   rechte tut.

Das Bedürfnis, von anderen anerkannt, respektiert
oder geehrt zu werden, liegt in jedem von uns. Jesus
warnt uns jedoch vor dieser Versuchung und sagt, daß
unsere Frömmigkeit nicht vor Menschen zur Schau gestellt werden darf. Gott sieht, was im Verborgenen ist,
und wird es belohnen.

Sobald wir meinen, etwas Besonderes zu sein oder etwas Besonderes vertreten zu müssen, sind wir in Gefahr, alle Gaben zu verlieren, die wir von Gott bekommen haben. Was immer wir auch mit Gott erfahren
haben - wir selbst bleiben geistlich arm. Die Worte Je-
Lk 6,24-25   su: „Wehe euch Reichen; wehe denen, die viel besitzen"
haben eine tief religiöse Dimension. Wenn wir nicht
an dem lebendigen Gott festhalten, sondern an unserer

eigenen Erkenntnis der Wahrheit, dann wird unsere Glaubenserfahrung wie ein kalter Stein in unserer Hand liegen.

Aus einem Brief: Lieber Bruder, du bist stolz auf deine Arbeit gewesen, du hast auf deine Brüder und Schwestern herabgesehen, und du hast in einer falschen Demut gelebt. Das ist die tödlichste Art von geistigem Dünkel. Es steht außer Frage, daß du begabt bist, daß du stark bist, daß du klug bist und viel leisten kannst – aber darum geht es nicht. Wir leben nicht in Gemeinschaft um dieser Gaben willen, die sind alle vergänglich. Was ewig bleibt, ist Demut und Liebe – die Liebe: der unvergängliche Schatz im Himmel, von dem Jesus in der Bergpredigt spricht.

Mt 5-7

Mt 11,18-19

Als Johannes der Täufer nicht aß, verachteten ihn die Leute, und als Jesus aß und trank, verachteten sie ihn auch. Wenn man die Brüder oder Schwestern wie unter dem Mikroskop betrachtet, um etwas an ihnen aussetzen zu können – das kann eine Gemeinschaft völlig zerstören. Laßt uns nicht von anderen verlangen, was wir nicht von uns selbst erwarten.

Aus einem Brief: Liebe Schwester, kehre dich ab von deinem Eigensinn und deiner Rechthaberei! Wieviel einfacher wäre es, wenn du ein demütiges offenes Ohr hättest. Wenn wir etwas zu sagen haben, dann müssen wir dem anderen gegenüber offen bleiben. Wir wollen uns miteinander austauschen und aufeinander hören. Müssen wir nicht alle einsehen, daß wir Steine des Anstoßes sind? Gott allein ist gut.

Aus einem Brief: Deine Art, Leute zu beurteilen, ob sie bedeutende oder unbedeutende, starke oder schwache

Persönlichkeiten sind, ist völlig unchristlich. Glaubst
du, die Apostel waren stark? Sie waren arm im Geist.
Ohne Zweifel war Petrus ein Feigling, als er Jesus dreimal verleugnete; seine Geschichte ist durch die Jahrhunderte hindurch berichtet worden; er hat sich nicht
geschämt, daß sein Verrat in den vier Evangelien festge-
halten wurde, obwohl er sein Leben lang dafür Buße getan hat. Du willst groß sein, du willst stark sein, aber
damit fügst du deinen Brüdern und Schwestern Unrecht zu. Wenn Jesus einem Menschen nahekommt,
sieht er, was in seinem Herzen ist. Er hat Erbarmen
mit dem Sünder, aber er beschönigt die Sünde niemals,
er verurteilt sie. Du mußt dein Herz von aller Kritik,
von aller Eifersucht, von allem Haß reinigen, und du
mußt aufhören, andere Menschen in Kategorien einzu-
ordnen. Ich denke in Liebe an dich.

Aus einem Brief: Du brauchst nicht zu befürchten, daß
du nicht von Stolz und Neid frei werden kannst. Du
kannst befreit werden! Aber zuerst mußt du dir klarwer-
den, daß Jesus unvergleichlich viel größer ist als alle
deine Sünden; dann erst kann er sie fortnehmen. Frage
dich einmal, was noch in dir ist, das Jesus daran hindert, dich völlig zu überwältigen. Wenn Jesus dein
Herz ganz erfüllen soll, mußt du es erst leermachen.
Lies die Seligpreisungen, sie beginnen mit den Worten:
Mt 5,3-12   „Selig sind, die geistig arm sind." Das bedeutet, völlig
leer und machtlos vor ihm zu stehen.

Aus einem Brief: Je tiefer du erkennst, daß dein Stolz
dich von Gott trennt, um so tiefer wird der Friede
sein, den du findest. Dein Stolz auf dein reiches Wissen ist dein größter Feind. Wenn du nur einsehen
könntest, wie armselig du in Wirklichkeit bist, lieber

Bruder, und wie elend in deiner Sünde! Ich wünsche dir ein reuiges Herz.

Aus einem Brief: Ich kann es nicht genug betonen: Dein geistlicher Hochmut – das Wort Gottes hören zu wollen, um dich daran aufzubauen, statt dich davon richten zu lassen und neues Leben zu finden – ist dem Weg Jesu völlig entgegengesetzt. Gib deine religiöse Eitelkeit auf. Sie ist tödlich.

Aus einem Brief: Ich glaube, deine Sündenverstrickung hat ihre Wurzeln in bösem Stolz und Selbstgerechtigkeit. Sobald du einen kleinen Fehler bei anderen entdeckst, kommst du dir geistlich besser vor. Es sollte umgekehrt sein: Als Christen sollen wir demütig sein und daran denken: „Wem viel vergeben ist, der liebt viel." Stolz ist eine giftige Wurzel, die die Liebe an sich zieht, weg von Jesus und den Brüdern. Wenn wir demütig sind, dann muß diese Wurzel absterben, denn dann findet sie weder Wasser noch Nahrung in unseren Herzen.

vgl. Lk 7,47

Zu Zeiten des Paulus gab es Gläubige, die Christus aus Neid und Streitsucht heraus verkündigten, also nicht mit guten Absichten. Das war verheerend, denn es kam daher, daß sie die Ehre von Menschen suchten. Wir wollen in Demut einsehen, daß alle Menschenehre Gott die Ehre raubt, dem sie allein gehört. Wir wollen niemanden ehren als Gott allein; wir wollen keinerlei Ehre für uns selbst beanspruchen.

Phil 1,15

Entscheidend ist, daß Gott in uns zur Wirkung kommt und unser Wollen und Tun anregt. Damit das geschieht, müssen wir uns ihm ganz hingeben und der eigenen Ehre entsagen.

Das Ego   Menschen, deren Gedanken nur um sich selbst krei-
sen, vergessen, daß das Christentum einen objektiven
Inhalt hat. Das Christentum ist eine Sache, für die der
Mensch sein kleines Ego vergessen muß. Wenn wir im
Mittelpunkt stehen, machen wir Gott sehr klein. Wir
müssen wissen, daß Gott auch ohne uns existiert. Seine Sache ist unendlich viel größer als unsere Existenz.
Wenn Gott uns für seine Sache gebrauchen kann, so
ist das wunderbar. Aber Gottes Sache besteht, auch
wenn wir nicht dabei sind.

Wer gar nichts erleben will, braucht nur ständig in
sich selbst hineinzuschauen. Je mehr wir nach außen
blicken und von uns selbst weg, um so mehr kann
Gott uns verändern. Manche Menschen – und die tun
mir sehr leid – neigen dazu, sich ständig selbst zu betrachten wie in einem Spiegel. Deshalb geraten sie oft
in innere Spannung und können nicht hören, was
Gott zu ihnen spricht.

Wir können uns nicht selbst erlösen oder uns aus eigenen Kräften bessern. Wir können nur uns selbst vollkommen Gott hingeben. Wenn wir das rückhaltlos
tun, dann hilft er uns. Das ist unser Glaube, unsere
Überzeugung und unsere Erfahrung. Es gibt keine
Selbsterlösung, und hier müssen wir die Grenzen der
Psychologie und Psychiatrie erkennen. Wir lehnen sie
nicht vollkommen ab, aber sie haben ihre Grenzen.
Gott ist der viel Größere.

Aus einem Brief: Wenn du dich aufrichtig prüfst, wirst
du Stolz, Unreinheit, Egoismus und andere böse Dinge
in dir erkennen. Schau nicht auf dich selbst, schau auf
Christus. In ihm wirst du den vollkommenen Charakter finden.

Aus einem Brief: Kehr dich ab von dir selbst, von deiner Angst vor Sünde und davor, möglicherweise gesündigt zu haben. Öffne dich für Gott und seine Gemeinde. Er ist nicht so unbarmherzig, daß du in ständiger Furcht leben müßtest.

Du neigst dazu, dich selbst zu analysieren und zu verurteilen in einer Weise, die dich nicht befreit. Man kann durch eine gewisse Art von Selbstkritik frei werden. Paulus sagt: „Wer sich selbst richtet, wird nicht gerichtet." Aber es gibt eine Art, sich selbst zu richten, die zu schlimmen Depressionen führt und von Gott wegführt. Es kommt darauf an, ob wir einen kindlichen Glauben an Jesus haben, der uns von aller Sünde befreien will. Prüfe dich selbst in diesem Glauben, dann wird ein Segen darauf liegen. So wie du dich jetzt selbst verurteilst, läufst du Gefahr, seelisch krank zu werden und völlig zusammenzubrechen.

1. Kor 11,31

Es mag sein, daß du eine starke Neigung zu dieser oder jener Sünde hast, aber diese Neigung steckt gewissermaßen in jedem Menschen, und jeder muß ihr absterben. Alles hängt von dem Glauben ab, daß Christus für unsere Sünden gestorben ist. Lies Hebräer 5,7-9 mit kindlich offenem Herzen:

Hebr 5,7-9

> „Er hat in den Tagen seines irdischen Lebens Bitten und Flehen mit lautem Schreien und mit Tränen dem dargebracht, der ihn vom Tod erretten konnte; und er ist auch erhört worden, weil er Gott in Ehren hielt. So hat er, obwohl er Gottes Sohn war, doch an dem, was er litt, Gehorsam gelernt. Und als er vollendet war, ist er für alle, die ihm gehorsam sind, der Urheber des ewigen Heils geworden."

Wenn du dies wirklich glaubst, dann wirst du Heilung finden.

Aus einem Brief: Wenn wir daran denken, was Jesus täglich für uns tut, so sollte uns das dazu aufrufen, ihn immer wieder treu zu suchen. Du meinst, du hast nichts, was du ihm dafür geben kannst. Selbst wenn du deinen Egoismus und Mangel an Liebe einsehen mußt, so denke ich doch, daß es nicht recht von dir ist, deprimiert zu sein.

Die Urchristen sagten: „Es gibt eine Traurigkeit, die zu Gott führt, und es gibt eine Traurigkeit, die zum Teufel führt." Denke einmal tief über diese Worte nach, dann wirst du dich von deiner Depression, die der Liebe im Weg steht, abkehren.

Aus einem Brief: Bitte höre damit auf, von anderen Liebe zu erheischen. Das hat nichts mit Christentum zu tun. In dem Gebet des hl. Franziskus heißt es: „O Herr, hilf mir, daß ich nicht danach verlange, geliebt zu werden, sondern zu lieben." Solange du danach trachtest, geliebt zu werden, wirst du keinen Frieden finden. Für deinen Neid wirst du immer Ausreden finden, aber die eigentliche Ursache ist Eigenliebe. Dein ständiges Bedürfnis, geliebt zu werden, wird dir zum Verderben. Du kannst dich ändern, es gibt keinen Grund zur Verzweiflung; aber du mußt lernen, deinen Nächsten wie dich selbst zu lieben.

REINHEIT

Mt 5,8

Aus einem Brief: Jesus sagt: „Selig sind, die reinen Herzens sind." Das ist die einzige Antwort auf deine Frage über Beziehungen zwischen jungen Männern und Frauen. Der Kampf gegen den Versucher spielt sich ständig überall ab. Jesus rät uns, lieber ein Auge auszureißen,

Mt 5,27-29

als eine Frau mit begehrlichen Blicken anzusehen. Nur durch eine solche Haltung können wir ein reines Herz erlangen, nicht aus eigener Anstrengung. Wenn unsere Haltung von Gott bestimmt ist, wird er uns zum Sieg verhelfen.

Die Reinheit des Herzens ist ein Geschenk von Gott, und die Gemeinde hat den Auftrag, sie zu behüten. Wir wenden uns gegen die sinnliche Begierde genauso wie gegen das Privateigentum und den Mordgeist. Die Reinheit entspricht dem Willen Gottes; jede Hochzeit in der Gemeinde muß davon Zeugnis ablegen und ebenso das Leben eines jeden Mitglieds. Die Reinheit ist ein Gnadengeschenk, und auf einem reinen Leben, innerhalb oder außerhalb der Ehe, liegt ein besonderer Segen.

Die Macht der unreinen Geister, die einen Menschen zur Sünde treiben kann, darf nicht unterschätzt werden. Wenn man sich auf unreine Dinge einläßt, liefert man sich Dämonen aus. Dann führt die Sexualität des Menschen, von Gott als ein wunderbares Erlebnis gewollt, zu einer schrecklichen, lebenzerstörenden Erfahrung. Das gilt nicht nur für die Prostitution, sondern ist ebenso gültig, wenn ein Mensch sich durch unreine Handlungen am eigenen Körper selbst befriedigt. Niemand soll denken, er könne der Versuchung zu masturbieren nachgeben, ohne an seiner Seele Schaden zu leiden. Er verletzt Gott und sich selbst damit. Er erlaubt bösen Geistern, in ihm zu wohnen – Dämonen, von deren grausamen Charakter er keine Ahnung hat –, und eine unreine Atmosphäre strahlt von ihm aus.

Die unverhohlene Darstellung von unreinem Verhalten, wie es im Fernsehen, in Zeitschriften und Filmen gezeigt wird, ist ein öffentliches Verbrechen, gegen das wir protestieren müssen. Es verdirbt die Seelen von Kindern und Jugendlichen. Alles ist erlaubt. Man denke z. B. an die Legalisierung homosexueller Beziehungen. Dadurch gerät die Reinheit der Jugend in Gefahr, und das Gewissen der Menschen wird abgetötet.

Letzten Endes führt die begehrliche Lust zum Mord. Man denke an die unzähligen Abtreibungen, die vorgenommen werden, seit sie gesetzlich erlaubt sind. Man denke an die seelischen Qualen der vielen jungen Mädchen und Frauen, die die Schuld auf sich laden, ihr ungeborenes Kind im Mutterleib zu töten, und an die vielen daraus resultierenden Depressionen. Die einzige Antwort auf all dies Elend ist Jesus. In einer Welt, die sehr dunkel geworden ist, müssen wir in Einheit zusammenstehen und für seinen Weg Zeugnis ablegen.

Wenn ein Mensch seinen sexuellen Drang am eigenen Körper befriedigt, fügt er seiner Seele, die nach dem Bilde Gottes geschaffen ist, Schaden zu. Wenn man Dinge, die zu einer heiligen Bestimmung geschaffen sind, für entgegengesetzte Zwecke benutzt, so entweiht man sie. Wie ein königliches Geschlecht durch Versklavung erniedrigt würde, so entwürdigt der Mensch seine edle Bestimmung als Ebenbild Gottes, wenn er seinen Körper mißbraucht.

Aus einem Brief: Lieber Bruder, es ist nicht nötig, daß du dich dein Leben lang im Kampf um persönliche Reinheit verkrampfst. Aber du mußt allem verborgenen Reiz zur Unreinheit absagen. Jesus kann dich völlig davon befreien. Wenn du nur erkennst, daß du völlig von ihm abhängig bist, dann gibt es Hoffnung für dich.

Aus einem Brief: Liebe Schwester, mir scheint, daß eine erotische Atmosphäre von dir ausgeht; ich möchte dich davor warnen. Es braucht uns nicht zu überraschen, daß Erotik und Sexualität Mächte sind, mit denen sich jeder Mensch auseinandersetzen muß. Da bist du nicht anders als alle anderen Menschen. Aber ich bitte dich inständig: Achte die Gabe der Reinheit, das Licht völliger Enthaltsamkeit und Jungfräulichkeit. Laß nicht den geringsten Schatten eines zu leichtfertigen Umgangs mit jungen Männern auf dein Leben fallen, auch nicht durch deine Kleidung oder durch deinen Gang. Bitte nimm diesen Rat an, er ist in Liebe gemeint.

Aus einem Brief: Lieber Bruder, du sagst, du hast der Versuchung nicht widerstanden, besonders nicht auf sexuellem Gebiet. Es ist ungemein wichtig, daß du um Jesu willen eine entschiedene Haltung einnimmst. Ich weiß, das ist oft schwer, besonders während der Zeit der Ausbildung, wenn du irgendwo in einer Stadt lebst. Weil aber die Moral immer mehr verkommt, muß man einen starken Charakter haben, der Nein sagen kann zu Dingen, die allgemein akzeptiert werden. Ich wünsche dir Mut dazu.

Aus einem Brief: Trachte nach einem reinen Herzen. Dann wirst du nicht mehr sündigen, wenn unreine Bilder oder deine eigene Phantasie dir zur Versuchung werden.

Du siehst zwar ein, daß du dich von diesen Dingen lösen mußt, aber gleichzeitig gibst du zu, daß du dich mit ihnen beschäftigt hast. Das ist bereits Sünde. Lauheit und Unentschiedenheit können deine Haltung der Versuchung gegenüber nur schwächen. Letztlich kommt es darauf an, ob dein Leben auf Jesus gegründet ist. Nur in ihm findest du ein reines Herz.

VERTRAUEN

Warum ist es so schwer, Christus völlig zu vertrauen?
Er will uns sein Leben und seinen Geist schenken.
Wenn wir auch nur einen Augenblick lang auf ihn
schauen, dann sagt uns unser Herz: Hier ist Einer,
dem wir vertrauen können. Und doch kennt jeder von
uns das Gefühl der Furcht und Bangigkeit. Etwas in
uns sehnt sich nach Christus; gleichzeitig aber ist etwas in uns, das dem Ego dienen will und nicht bereit
ist, sich ihm völlig hinzugeben. Das aber müssen wir
tun, denn das Evangelium sagt: Vertraue und glaube.

Joh 14,1

Es genügt nicht, Christus das Gute in uns anzuvertrau-
en oder ihm unsere Sünden zu bringen und unsere Bür-
den aufzuladen. Er will uns ganz. Wenn wir uns ihm
nicht rückhaltlos übergeben, wenn wir unsere Vorbehal-
te nicht aufgeben, dann werden wir niemals die innere
Freiheit und den Frieden finden, der uns im Evangelium verheißen ist.

Wir müssen Christus unser innerstes Sein weihen.
Oft sät die dunkle Macht Furcht in unsere Herzen
und hält uns ab von der völligen Hingabe an Gott. Als
Jesus in der Synagoge zu Kapernaum sprach: „Wenn

Joh 6,53

ihr mein Fleisch nicht eßt und mein Blut nicht trinkt,
so habt ihr kein Leben in euch", da fanden es sogar viele seiner Jünger schwer, seine Worte zu akzeptieren,
und viele verließen ihn. Aber als Jesus die Zwölf fragte:
„Wollt ihr auch weggehen?", da antwortete Petrus:
„Herr, wohin sollen wir gehen? Du hast Worte des ewigen Lebens; und wir haben geglaubt und erkannt: Du

Joh 6,67-69

bist der Heilige Gottes."

Dieser Glaube muß auch in uns leben – in unserem
Herzen, in unserer Seele, in unserem ganzen Sein. Er
muß immer wieder in uns zur Wirklichkeit werden:

nicht ein religiöses System, nicht eine Theorie, sondern die Gewißheit, daß wir Jesus völlig vertrauen und ihm alles überlassen können, unser ganzes Leben, in alle Ewigkeit. Es ist nicht notwendig, daß wir das mit unserem Verstand begreifen. Viel wichtiger ist es, im Herzen und mit unserem ganzen Sein zu erfahren, daß wir ihm vertrauen und glauben dürfen.

Nur bei Jesus finden wir Frieden: Wo er ist, da ist Gott. Sogar für diejenigen ist er da, die ihn verlassen, wie viele seiner Nachfolger. Sie fanden es zu schwer, seine Worte anzunehmen. Und deshalb beten wir: Hilf uns, Herr! Komm in unsere Welt! Wir brauchen dich – dein Fleisch, deinen Geist, dein Sterben und dein Leben – deine Botschaft für die ganze Schöpfung.

Weder unsere Feinde noch Verleumdung oder Verfolgung, die über uns kommen können, brauchen wir zu fürchten. Wir müssen Jesus ganz vertrauen. Auch er wurde verleumdet und verfolgt. Wir wollen es nicht besser haben. Wenn wir uns in völligem Vertrauen zu Jesus hinwenden, dann bin ich ganz sicher, daß Gott in seiner Liebe uns behüten wird.

Wir müssen daran glauben und darauf vertrauen, daß wir bei Jesus die Antwort für all unsere Ratlosigkeit, alle Probleme und Sorgen finden. Ich habe Jesus nicht immer genug vertraut, aber ich sehe heute mein mangelndes Vertrauen als Sünde an. Im Leben jedes Menschen gibt es Ratlosigkeit und Sorgen; wir aber wissen, wohin wir uns wenden können. Es ist sehr einfach: Wenn wir etwas nicht verstehen, müssen wir uns auf Jesus verlassen. Das ist nicht immer leicht, und manchmal kostet es einen inneren Kampf, von ganzem Herzen zu vertrauen. Doch Jesus sagt: „Vertraue auf Gott

Joh 14,1   und vertraue auch mir." Eine andere Antwort gibt es nicht.

Aus einem Brief: Ich rate dir, rätsele nicht zu viel über schwierige Glaubensfragen, zum Beispiel, warum Gott mitunter Menschen, die er doch liebt, als Werkzeuge seines Zorns gebraucht. Wir wissen nicht genug über Gottes Liebe. Die einzige Antwort auf solche Fragen ist ein völliges und bedingungsloses Vertrauen.

Aus einem Brief: Selbst dann, wenn wir uns in innerer Not befinden, heißt es, sich selbst vergessen und im täglichen Dienst für seine Mitmenschen dazusein. Dann wird Gott uns auch helfen. Es tut nicht unbedingt gut, immer über uns und unsere Probleme zu sprechen oder unsere Schwierigkeiten anzubringen. Gott weiß, was uns not tut, noch ehe wir ihn bitten. Vertraue ihm wie ein Kind, dann wird er dir helfen.

Sollten wir in Versuchung geraten, das Vertrauen zueinander zu verlieren, etwa als Folge von Kämpfen, die es zu bestehen galt, oder aus irgendeinem anderen Grund, dann brauchen wir als erstes die innere Stille. Wir brauchen eine Haltung vertrauender Hingabe an Jesus, die spricht: „Nicht mein Wille, sondern dein Wille." Nur so werden wir innerlich ganz still. Ich könnte nicht einen Tag existieren ohne dieses Vertrauen, das mir die nötige Kraft gibt. Der Bruderhof wird vergehen, wir alle werden vergehen; am Ende wird Jesus allein Sieger sein.

Aus einem Brief: Ich weiß von Müttern kleiner Kinder, daß sie mitunter die Angst packt vor den grauenvollen Dingen, die ihren Kindern in der heutigen Welt zustoßen könnten. Ich kann mich sehr gut in sie hineinversetzen. Meine beiden ältesten Kinder wurden während der Bombardierungen Englands im Zweiten Weltkrieg geboren, als die Bomber jede Nacht über uns hinwegflogen. Zweimal fielen Bomben ganz in der Nähe – eine auf unser Land und eine im nächsten Dorf. Aber größer als unsere Angst vor den Bomben war die Angst, daß Hitler England erobern könnte. Für uns Erwachsene hätte das den Tod bedeutet, und es brachte mich in große innere Not, wenn ich daran dachte, was dann mit unseren Kindern geschehen könnte.

Heute brauchen wir nicht in Angst vor Bomben zu leben, aber wir leben in einer Zeit unsäglicher Leiden und Todesnähe. Es ist absolut denkbar, daß viele von uns, auch Eltern kleiner Kinder, eines Tages für ihren Glauben leiden und sterben müssen. Ich bitte dich von ganzem Herzen, Gott völlig zu vertrauen. Es gibt in der Bibel viele furchterregende Stellen, besonders in der Offenbarung. Aber dort heißt es auch, daß Gott Offb 21,4 selbst alle Tränen fortwischen wird von den Augen derer, die gelitten haben. Wir dürfen es glauben: Jesus ist gekommen, nicht um das Gericht zu bringen, sondern die Erlösung.

Joh 3,16-17 „Denn also hat Gott die Welt geliebt, daß er seinen eingeborenen Sohn gab, damit alle, die an ihn glauben, nicht verloren werden, sondern das ewige Leben haben. Denn Gott hat seinen Sohn nicht in die Welt gesandt, daß er die Welt richte, sondern daß die Welt durch ihn gerettet werde."

Hier erkennen wir das unbeschreibliche Sehnen Gottes, die Menschheit zu retten. Am Ende werden wir eins sein mit Gott. Daran wollen wir glauben, auch für unsere Kinder, selbst wenn wir um Jesu willen leiden müssen.

Wie Sonnenschein über ein Tal breitet sich Gottes große Liebe über die ganze Welt aus. Es ist wahr, daß es viele grauenhafte Dinge in der Welt gibt, wie den Krieg: Kriege kommen, aber Gott ist größer, viel größer als der Mensch; und seine Liebe ist unvergleichlich viel größer als die der Menschen. Laßt uns nicht in Angst leben! Laßt uns über das Tal hinweg zu den Bergen aufblicken und an den großen Gott denken, der alle Dinge erschaffen hat und der jeden von uns in seiner Hand hält.

Solange wir Jesus und seiner Lehre entsprechend leben, haben wir keinen Grund zur Furcht. Wir wollen ihm treu sein und alle Furcht dahinten lassen.

Wir müssen es lernen, Jesus auch dann zu vertrauen, wenn wir etwas nicht verstehen können. Es wird oft Situationen im Leben geben, deren Hintergründe wir nicht begreifen. Dann ist die einzige Antwort, auf Jesus zu vertrauen.

Als Else von Hollander im Sterben lag, sagte sie zu uns: „Ihr werdet durch sehr schwere Zeiten gehen, aber vergeßt niemals, daß Gott der letzte Sieg gehört."[9] Das müssen wir immer glauben. Und wenn auch Himmel und Erde vergehen, es wird ein neuer Himmel und eine neue Erde entstehen.

Offb 21,1

---

9   Krankheit und Tod Else von Hollanders, Mitbegründerin des Bruderhofs, gest. 11.1.1932, war ein einschneidendes Erlebnis für die junge Gemeinschaft.

EHRFURCHT

Wir sollen Gott fürchten. Ebenso sollen wir uns davor fürchten, seine Schöpfung zu zerstören oder zu kränken. Aber wir brauchen keine Angst vor Gott zu haben. Die Bibel spricht von der Furcht Gottes, aber es gibt eine andere Furcht, die von Gott trennt und die Liebe erkalten läßt. Wehe uns, wenn wir die rechte Furcht mit der falschen verwechseln. Unsere Furcht muß aus unserer Liebe und Ehrfurcht entspringen.

Lk 5,8

Als Petrus erkannte, daß Jesus der Sohn Gottes ist, rief er aus: „Geh weg von mir! Ich bin ein sündhafter Mensch!" Als Sünder fürchtete er sich vor der Klarheit Jesu. Das ist richtig, solange es nicht zu einer Angst führt, die das Vertrauen und Zutrauen zerstört und uns die Kindlichkeit nimmt.

1. Joh 4,18

Mt 25,1-13

Mt 10,28

Aus einem Brief: Der Apostel Johannes schreibt, wer sich fürchtet, der ist nicht vollkommen in der Liebe. Das hat mir viel zu denken gegeben, denn manche Gleichnisse Jesu, wie das von den zehn Jungfrauen, könnten einem Furcht einflößen. Auch das Buch der Offenbarung kann furchterregend wirken. Und Jesus sagt, daß wir uns nicht vor Menschen zu fürchten brauchen, die den Leib töten können, sondern wir sollen uns vor dem fürchten, der Leib und Seele in der Hölle verderben kann. Es gibt also eine Furcht Gottes, die gut und richtig ist. Letzten Endes, solange wir in Gott bleiben, haben wir nichts zu fürchten außer Gott. So sollte jeder wahre Christ sein.

Wir haben uns immer davor gescheut, den Namen Gottes zu gebrauchen, nicht nur weil ein inneres Gefühl uns Vorsicht gebot, sondern weil es in den Zehn

2. Mose 20,7 Geboten heißt: „Du sollst den Namen des Herrn, deines Gottes, nicht mißbrauchen!" Deshalb ist es überaus wichtig, daß Eltern ihren Kindern Hochachtung vor Gott beibringen; dann wird es ihnen nicht einmal einfallen, seinen Namen zu mißbrauchen.

Wir Menschen neigen dazu, Gott und seine Liebe allzuschnell zu vergessen. Das ist das Schlimmste, was der Menschheit zustoßen kann: Wenn sich niemand mehr für Gott interessiert, wenn ihn niemand mehr kennen und für ihn Zeugnis ablegen will, so ist das schlimmer, als ihm feindlich gesinnt zu sein. Feindschaft zeigt wenigstens Interesse.

Lk 2,25-39 Wir sollten uns ein Beispiel an Simeon und Hannah nehmen. Sie erwarteten den Messias für das ganze Volk Israel. Selbst wenn es nur zwei sind, dann ist Gott auf dieser Erde noch nicht ganz vergessen. Wir sollten Gott lieben und mit Begeisterung für ihn Zeugnis ablegen und sein Kommen erwarten.

HINGABE

Allen Verhältnissen unserer Zeit zum Trotz müssen wir offen und frei für Gottes Zukunftswillen leben: für brüderliche Gemeinschaft und für das Reich Gottes. Wir müssen bereit und gewillt sein, unseren Widerstand gegen Gott aufzugeben, dann wird er durch seinen Heiligen Geist in uns wirken.

Gott ist immer bereit, immer gegenwärtig. *Wir* sind es, die für seine Sache nicht bereit sind. Wenn wir uns doch nur ganz der Autorität Gottes, dem Weg Jesu und der Macht seines Geistes unterwerfen würden, dann könnte das Feuer entzündet werden, das der ganzen Welt Licht gibt.

Wir kennen alle die Forderungen Jesu: „Verlasse alles, was du hast, und komm, folge mir nach! Verkaufe all dein Hab und Gut." „Warte nicht, um deinen Vater zu begraben." „Verlaßt eure Fischerboote und eure Netze und kommt mit mir!"

Auch die Jünger kannten die Forderungen Jesu. Auch sie wußten, daß der Mensch – jeder auf seine Art – „reich" genug ist, sich dagegen zu sträuben, weil er das Wenige, was er hat, behalten will und zu Jesus sagt: „Ich kann nicht kommen!" Und so fragten die Jünger voller Bestürzung: „Wer kann dann überhaupt gerettet werden?" Jesus antwortete: „Bei den Menschen ist es unmöglich; aber bei Gott sind alle Dinge möglich."

Wenn wir uns für das Wirken Gottes öffnen und unseren Eigenwillen aufgeben, so ist er immer bereit, uns Glauben und Liebe zu schenken.

Gott will, daß wir ihn um Hilfe bitten. Nicht etwa, weil er ohne unser Bitten nicht handeln könnte oder wollte; aber er wartet darauf, daß wir ihm unsere Her-

Mt 19,21

Mt 8,22

Mt 4,19

Lk 14,20

Mt 19,25-26

zen und unser Leben bereithalten, damit er – nur er – handeln kann.

Viele Menschen denken darüber nach, warum Gott so ist, warum er den Menschen seinen Willen nicht aufzwingt. Aber Gott wartet auf unsere Bereitschaft. Zwar bestraft er einzelne Menschen und ganze Nationen, um sie zur Umkehr zu bewegen, aber er zwingt ihnen seine Güte niemals auf. Bei Eltern, die ihr Kind am Kragen packen würden, um ihm ihre guten Absichten aufzuzwingen, würde das Kind instinktiv spüren: das ist keine Liebe. Aus demselben Grund zwingt Gott niemandem seinen Willen auf. So stehen wir vor einer folgenschweren Frage: Sind wir bereit, uns Gott freiwillig zu übergeben? Sind wir gewillt, die Fenster unseres Herzens zu öffnen, damit Gott in seiner Güte eintreten und unser Leben bestimmen kann?

Wir müssen uns Gott von ganzem Herzen hingeben, und wenn wir versagen, müssen wir es von neuem tun. Wir alle brauchen täglich die Vergebung für unsere Sünden und unser Versagen. Aber es geht darum, ob wir treu bleiben wollen – treu bis ans Ende unseres Lebens. Das bedeutet, alles hinzugeben – unseren Eigenwillen, unsere Hoffnung auf persönliches Glück, unser Privateigentum, sogar unsere Schwächen – und an Gott und Christus zu glauben. Das ist alles, was gefordert ist. Jesus verlangt keine Perfektion, aber er will unsere ganze Hingabe.

Aus einem Brief: Was ist wahre bedingungslose Hingabe? Ein Mensch kann sich einem stärkeren Menschen ergeben oder eine Armee einer stärkeren Armee. Man kann sich Gott ergeben, weil er allmächtig ist oder weil man sein Gericht fürchtet. All das ist keine völlige Hingabe. Nur wenn der Mensch erlebt, daß Gott gut ist,

daß nur Gott allein gut ist, kann er sich bedingungslos
mit ganzem Herzen, ganzer Seele und ganzer Kraft hingeben. Wenn ein Mensch sich mit Leib und Seele Gott
ergeben hat, dann wird er andere Menschen suchen, in
denen die gleiche Liebe lebendig ist, um sich ihnen hinzugeben. Aber er kann sich anderen Menschen nur an-
vertrauen, wenn er sich Gott zuerst anvertraut hat.

Aus einem Brief: Wenn wir je eine Gruppe finden würden – auch wenn sie viel kleiner als die unsere wäre –,
wo die Liebe Jesu völliger und klarer zum Ausdruck
kommt als unter uns, dann hoffe und glaube ich, daß
wir uns ihr anschließen würden, selbst wenn es den Verlust unserer Bruderhof-Identität zur Folge hätte.

Aus einem Brief: Gott muß uns dahin führen, daß wir
erkennen, wie elend und schwach, ja, wie geistig arm
und vollkommen hilflos wir sind. Wer sich auch nur
im geringsten stark fühlt, dem muß seine Schwachheit
offenbart werden. Wenn Gott uns einmal zeigt, wie
elend und schwach wir sind, dann fühlen wir uns vollkommen hilflos vor ihm, aber gerade dann steht er
uns bei in seiner Gnade und stärkt uns mit seiner unendlichen Liebe. Wir sind ganz und gar von Gott, von
Christus und seinem Heiligen Geist abhängig. Eine andere Hilfe gibt es nicht.

Sich dem Willen Jesu ergeben bedeutet, eins mit ihm
und mit einander zu werden. Jesus mußte so schwer
darum ringen, seinen Willen in den Willen des Vaters
zu geben, daß er Blutstropfen schwitzte. Böse Mächte
umringten ihn, um ihn zu Fall zu bringen, aber er
blieb treu. Seine Haltung war: „Dein Wille geschehe,
nicht mein Wille." Das sollte auch unsere Einstellung
in allen Dingen sein, selbst wenn wir um unseres Glau-

Lk 22,42

bens willen verfolgt werden. Was auch geschehen mag –
sei es Gefängnis oder sogar der Tod –, immer sollten
wir sagen: „Dein Wille, nicht mein Wille."

Unterwerfung Christus sagt: „Nicht ihr habt mich erwählt, nein, ich
habe euch erwählt und an euern Platz gestellt. Ihr sollt
Joh 15,16   nun hingehen und Frucht bringen und eure Frucht
soll bleiben." Das ist so wichtig: „Ich habe euch an euern Platz gestellt." Wenn jemand mit seinem Platz im
Leben nicht zufrieden ist, kann er großen Schaden anrichten. Aus dieser Unzufriedenheit entsteht Haß. Wir
sollen einander lieben und den Platz annehmen, an
den Gott einen jeden von uns gestellt hat.

Als Jesus am Palmsonntag zwei seiner Jünger aussand-
te, um ein Eselsfüllen zu holen, da hatten sie keine
Mt 21,1-7   wichtigere Aufgabe auf der ganzen Welt, als die, das
Füllen zu holen. Hätte ihnen jemand gesagt: „Ihr seid
zu größeren Dingen berufen; einen Esel holen kann jeder", und sie hätten ihren Auftrag nicht erfüllt, so wären sie ungehorsam gewesen. Aber in diesem Moment
gab es nichts Größeres für sie, als den Esel für Jesus zu
holen. Ich wünsche mir und uns allen, daß wir an jede
Aufgabe, groß oder klein, in diesem Gehorsam herangehen möchten. Es gibt nichts Größeres, als Christus gehorsam zu sein.

Demut Jesus ruft jeden von uns dazu auf, demütig zu sein.
Strebt ein Mensch nach persönlichem Erfolg, dann ist
eine christliche Gemeinschaft nicht der rechte Platz
für ihn. Jeder Mensch kann in diese Versuchung fallen,
aber wir müssen dagegen eine klare Stellung nehmen.

Aus einem Brief: Schwach zu sein ist nichts Schlechtes.
Unsere menschliche Schwäche ist kein Hindernis für

das Reich Gottes, solange wir nicht damit unsere Sünden entschuldigen. Lies 2. Korinther 12,7-9, wo Paulus schreibt, daß der Herr sich durch unsere Schwachheit in herrlicher Weise offenbaren will. Gewiß ist dies nicht die wichtigste Stelle für die Gemeinde als solche, aber es ist die wichtigste Stelle im Evangelium, was die persönliche Nachfolge betrifft.

Aus einem Brief: Beim Lesen des Markusevangeliums ist mir aufgefallen, daß Jesus betont, wie sehr wir die Demut nötig haben. Er ist nicht gekommen, um bedient zu werden, „sondern daß er diene und sein Leben gebe als Lösegeld für viele". Das ist auch unsere Bestimmung, selbst wenn wir sie nur unzureichend erfüllen.

Die Seligpreisungen fordern keine großartigen Menschen mit Heiligenschein, sondern bescheidene Leute.

Aus einem Brief: Wenn du weißt, daß du manchmal kritisch bist und es dir an Demut fehlt, dann suche sie. Die Demut ist eine Tugend, zu der man sich entschließen kann. Sie macht das Herz weich und macht den Menschen bereit für Gott. Kritik als solche ist nicht unbedingt falsch; sie kann positiv sein, kann aber auch zerstören.

Wir sollten nicht zu viel über unser kleines Herz und unseren schwachen Charakter nachdenken. Niemand ist rein und gut außer Jesus. Er allein ist wirklich vollkommen, und in seiner unendlichen Gnade kann er unser Herz für sein Vorhaben zubereiten. Wir müssen uns ihm hingeben, dann kann er uns führen und gebrauchen, so wie er will. Wir wollen uns von der Versuchung Kains abwenden, der seinen Bruder um dessen Nähe zu Gott beneidete. Laßt uns einfach froh sein,

2. Kor 12,7-9

Mk 10,45

Mt 5,3-12

1. Mose 4,5

daß wir Jesus angehören, und bereit sein, daß er uns an den Platz stellt, wo wir die meiste Frucht zur Ehre Gottes bringen können.

Aus einem Brief: Wenn wir die Begrenztheit unserer Existenz so akzeptieren, daß sie uns demütig macht vor Gott, dann werden wir einsehen, daß unsere Hilfe in völliger Abhängigkeit von ihm besteht. Diese Einsicht kann sehr schmerzlich sein, aber wir werden das Leben gewinnen.

Paulus sagt: „Tut nichts aus Eigennutz oder um eitler Ehre willen." Damit meint er nicht nur äußere Eitelkeit – die auch unchristlich ist –, sondern die religiöse Eitelkeit von Menschen, die von anderen verehrt werden wollen. Solche Eitelkeit darf es bei uns nicht geben. Paulus fährt fort:

Phil 2,3

„In Demut achte einer den anderen höher als sich selbst." Das ist das Gegenteil davon, die Brüder und Schwestern in den Schatten zu stellen. Wie können wir uns großtun oder wichtignehmen, wenn wir Jesus nachfolgen wollen? „Jesus erniedrigte sich selbst und ward gehorsam bis zum Tod, ja zum Tode am Kreuz."

Phil 2,8

AUFRICHTIGKEIT

Sehr viel hängt davon ab, daß unser Leben echt ist
und bleibt und daß wir in jeder Situation nicht mehr,
aber auch nicht weniger tun als das, was Gott von uns
fordert. Es besteht eine Gefahr darin, zur intellektuel-
len Erkenntnis einer Wahrheit zu gelangen und sein Leben nach ihr auszurichten, solange Gott selbst Herz
und Seele noch nicht mit dieser Wahrheit erfüllt hat.

Wir sollten niemals fromme Worte gebrauchen, wenn
wir sie nicht selbst ernst nehmen. Wenn wir hochtra-
bende Reden über die Nachfolge halten, uns aber wei-
gern, ihren Forderungen nachzukommen, wird unser
inneres Leben Schaden leiden. Laßt uns zurückhaltend
sein mit frommen Phrasen und Redensarten über den
Glauben. Wenn wir sie benutzen, ohne sie ernst zu nehmen, so wird uns das zerstören. Unsere Heuchelei wird
sich besonders an unseren Kindern rächen.

Mt 6,5

Jesus warnt mit aller Schärfe davor, fromm erschei-
nen zu wollen. Wir wollen natürlich sein und das sagen, was wir wirklich denken; es ist besser, einmal etwas Verkehrtes zu sagen, als immer die „richtigen"
Worte zu gebrauchen, ohne sie ernst zu nehmen.

Aus einem Brief: Nach altjüdischer Tradition benutzt
der Hohepriester den Namen Jehovas nur einmal im
Jahr – am Versöhnungstag – und dann nur im Allerhei-
ligsten des Tempels. Für uns ist diese Ehrfurcht beim
Gebrauch frommer Worte ein wichtiger Ausdruck religiöser Zurückhaltung. Wir gehen sehr vorsichtig mit
dem Namen Gottes um.

Aus einem Brief: Für dich ist es wichtig, daß du wahrhaftig bist und deine wahren Gefühle offen aus-
sprichst. Sei lieber zu schroff als übertrieben taktvoll,
lieber unverblümt als zu liebenswürdig. Sage lieber ein
unfreundliches Wort, das wahr ist, als eins, das „nett",
aber unwahr ist. Ein unfreundliches Wort kann dir hin-
terher leid tun, aber Heuchelei verursacht bleibenden
Schaden, der nur durch besondere Gnade behoben werden kann.

Die Jugendbewegung, in der die Bruderhof-Gemeinschaft ihre Wurzeln hat, war von der Suche nach Echtheit und Natürlichkeit gekennzeichnet. Etwas von Jesus war in ihr lebendig.[10] An erster Stelle stand nicht
die Frage, ob etwas richtig oder gut oder wahr sei, sondern ob es *echt* sei. Man hatte es lieber, wenn jemand
harmlos etwas Ungeschicktes oder Verkehrtes sagte, als
sich fromme Reden anhören zu müssen. Man lehnte eine nachgeplapperte Religiosität ab; man rang darum,
die Wahrheit zu finden.

Aus den Tiefen der jugendlichen Herzen bahnte
sich eine neue Einstellung zum Leben an; ein neues Le-
bensgefühl fand seinen Ausdruck auf verschiedenste
Art und Weise. Ein innerer Drang führte zu Gemein-
samkeit im Wandern, Singen und Volkstanzen, bis hin
zum Aufbau von Gemeinschaftssiedlungen. Das Beisammensein um ein loderndes Feuer wurde zum inne-

---

10   Jugendbewegung: Sammelbegriff für eine um die Jahrhun-
     dertwende im deutschsprachigen Raum entstandene, aus vie-
     len verschiedenen Gruppen (z. B. „Wandervogel") hervorge-
     gangene Bewegung, die die herkömmlichen bürgerlichen
     Werte ablehnte und nach einer neuen, individuellen Lebens-
     gestaltung in Einfachheit und Naturnähe suchte. Hauptakti-
     vität: 1913-1933. Nach 1933 wurde die Jugendbewegung vom
     Nationalsozialismus durchsetzt; Gruppen, die sich nicht
     „gleichschalten" ließen, wurden verboten und aufgelöst.

ren Erlebnis, und in der rhythmischen Bewegung des Kreistanzes fand eine tiefe Sehnsucht der Herzen ihren Ausdruck. Man strebte danach, nur dem Gestalt zu geben, was wirklich echt war. Das bedeutete, daß man alles Unnatürliche, Gekünstelte – auch die Mode – ablehnte. Die innere Erfahrung war das Wesentliche. Sie durchdrang alle Lebensgebiete.

Aus einem Brief: Es ist nicht der offenkundige Sünder, der Gott im Wege steht. Die größten Feinde Gottes sind diejenigen, die den Ruf Christi zur Nachfolge annehmen und dauernd fromme Worte machen und trotzdem fortfahren, dem Teufel zu dienen.

Von solchen Leuten handeln die meisten Gleichnisse Jesu, nicht von den Ungläubigen. Nur zwei Beispiele: Alle zehn Jungfrauen in Matthäus 25 machen sich auf, den Bräutigam zu suchen, aber fünf von ihnen schlafen ein. In Matthäus 24,48-49 wird der Diener von seinem Herrn beauftragt, aber er ist untreu. Das ist es, was das Reich Gottes am meisten hindert: Wenn Menschen, die den Ruf gehört und beantwortet haben, sich in den Dienst Satans stellen, während sie noch christliche Worte gebrauchen.

Wenn wir in der Nähe Jesu bleiben, finden wir die Echtheit in ihrer reinsten Form. Wie scharf wendet sich Jesus gegen eine Frömmigkeit, die versucht, von außen zu reinigen, und wie klar sagt er uns, daß zuerst das Innere gereinigt werden muß!

Mt 25

Mt 24,48-49

Mt 23,26-28

DIE GEMEINDE

DIE GEMEINDE

Die Menschheit ist gequält und zerrissen; das ist uns bewußt. Zum Teil ist es die Einsamkeit der Menschen, die nur durch die Erfahrung lebendiger Gemeinde überwunden werden kann. Gemeinde ist nicht identisch mit irgendeiner bestimmten Gruppe oder Organisation. Aber sie ist da: Sie lebt, und sie kommt dort herab, wo Menschen sie gemeinsam in Demut suchen. Daß die Gemeinde da ist, ist die wesentlichste Tatsache auf dieser Erde. Wenn Gott in das Innerste unseres Herzens spricht, wird alle Einsamkeit und sündhafte Entzweiung überwunden; dann erleben wir innere Gemeinschaft mit allen Brüdern und Schwestern.

Wir können nicht sagen, die Gemeinde ist hier oder sie ist dort. Die Gemeinde kommt vom Himmel herab zu denen, die geistlich arm sind. Sie kommt zu denen, die um Christi willen alles aufgeben, auch ihre eigenen Ideen und Ansprüche. Das kann überall geschehen; wenn es geschieht, dann entsteht Einmütigkeit unter den Menschen.

Die Urchristen waren davon überzeugt, daß die Gemeinde bereits vor der Schöpfung da war. Sie besteht im Heiligen Geist. Wo zwei oder drei in seinem Namen versammelt sind, dorthin sendet Christus die Gemeinde – dort, wo jeder sich ganz und gar mit seinem Eigentum, seinem Vorrecht und seiner Macht um Christi willen aufgibt.

Wenn man uns fragt, ob wir *die* Gemeinde seien, so müssen wir antworten: „Nein, wir sind nicht *die* Gemeinde." Werden wir jedoch gefragt, ob die Gemeinde zu uns kommt, so müssen wir bezeugen: Ja, sie kommt zu uns, wenn wir arm und gebrochen vor Gott stehen.

Je ärmer im Geist ein Kreis von Menschen ist, desto
mehr naht sich ihm die Gemeinde. Unsere eigenen Vorstellungen müssen vollständig aufgegeben werden, besonders der Gedanke, Macht oder Einfluß auf andere
auszuüben. Wir müssen wie Bettler arm vor Gott werden.

Wenn wir von der wahren Gemeinde sprechen, meinen wir gewiß nicht den Bruderhof. Wir meinen alle
die Menschen, die ein Leben in völliger Einheit mit
Christus führen. Nur die Früchte werden zeigen, wo
das der Fall ist.

In den Schriften der Urchristen, zum Beispiel im „Hirten" des Hermas[11], finden wir wiederholt den Gedanken, daß die Gemeinde da war, ehe irgend etwas erschaffen wurde. Das ist ein tiefer und merk-würdiger
Gedanke, ganz entgegengesetzt dem Begriff einer kleinen Glaubensgemeinschaft, selbst einer großen Vereinigung von Millionen von Menschen, die sich Kirche
nennt.

Wenn wir vom Bruderhof oder von der Hutterischen Gemeinde sprechen, dann wollen wir damit kei-
nesfalls behaupten, dies sei *die* Gemeinde. Die Gemeinde ist etwas viel Größeres. Sie geht zurück zum
Ursprung aller Dinge vor der Erschaffung der Welt.
Aber wir sehnen uns danach, daß sie auch heute unter
uns wirksam sei.

Peter Riedemann, ein Täufer aus dem 16. Jahrhun-
dert, vergleicht die Versammlung der Gläubigen in der
Gemeinde mit einer Laterne. Eine Laterne ist unbrauch-
bar, wenn kein Licht darin ist. Das gilt auch für eine

---

11   Eberhard Arnold (Hrsg.), Am Anfang war die Liebe,
      Coprint Verlag, Wiesbaden, 1986, S. 226.

Glaubensgemeinschaft. Sie kann alle Güter gemeinsam halten und ohne jegliches Privateigentum die gegenseitige Liebe und völlige Gemeinschaft praktizieren – das ist noch keine Garantie, daß sie lebendig ist. Die Gemeinde ist ein Geschenk Gottes. Sie kommt zu den geistlich Armen und wird vom Heiligen Geist vereinigt und belebt.

Aus einem Brief: In dieser Weltstunde der Not und Verzweiflung ist nichts wichtiger, als in brüderlicher Einheit und Liebe zu leben. Im Vergleich zur ganzen Weltnot mag solch ein Lebensversuch noch so klein, ja fast unsichtbar sein – er wird nicht ohne Einfluß bleiben.

Die Menschen von heute brauchen keine langen Predigten. Der Weg der Nachfolge muß ihnen praktisch vorgelebt werden. Unsere Zeit braucht ein greifbares Beispiel dafür, daß Gott stärker ist als Haß, Not, Sünde und Uneinigkeit. Gott braucht ein Volk, in dem jeder sein Leben ohne Vorbehalt für Gottes Sache einsetzt. Es müssen Menschen sein, die nicht an erster Stelle ihr eigenes Heil im Sinn haben – Menschen, die im Gebet für die Nöte ihrer Mitmenschen eintreten – Menschen, die an den Sieg Gottes glauben.

Eine wahre Gemeinschaft kann nicht einen einzigen Tag bestehen ohne die Gabe des Heiligen Geistes. In jedem Beisammensein, im gemeinsamen Schweigen oder im gemeinsamen Singen – immer erwarten wir die Gabe, die Gott uns durch den Tod Jesu Christi angeboten hat.

Apg 4,32

Es wird berichtet, daß die Jünger der Urgemeinde ein Herz und eine Seele waren. Auch ohne organisierte Körperschaft waren sie doch ein Herz und eine Seele. Sie waren von dem Geist bewegt, der von oben kommt. Durch diese Bewegung geschah es, daß sie alles gemeinsam hielten und niemand etwas sein eigen nannte. Dabei handelte es sich nicht um ein starres Gesetz, nicht um organisierten Kommunismus – nein, es ging um bewegte Herzen.

Aus einem Brief: Nicht wir können Bruderschaft aufbauen, nicht wir können eine Gemeinde gründen oder einen einzigen Menschen verändern. Wir alle sind ganz und gar abhängig von der Atmosphäre, von dem Geist Gottes, der unter uns herrscht. Doch beeinflussen wir alle diese Atmosphäre. Deshalb ist jeder einzelne dafür verantwortlich, daß kein Geist, der Gott widerstrebt, in unser Leben eindringen kann.

Sind wir Jesus treu, dann werden wir auch einander treu sein. Wir gehören zusammen. Wer sich Jesus hingibt, wird mit anderen Gläubigen zu einem Leib vereinigt. Es ist wie beim menschlichen Körper: Wenn das Auge durch etwas bedroht wird, so wird der Arm es mit einer schnellen Bewegung zu schützen suchen, selbst wenn er dabei verletzt würde. Das geschieht wie von selbst, gleichsam aus Liebe. So ist es unter denen, die Christus und einander die Treue gelobt haben. Jeder sollte bereit sein, für den anderen zu leiden – der Stärkere für den Schwächeren.

Aus einem Brief: In Jesus und in seinem Geist werden wir alle eins – eins mit der Oberen Gemeinde, eins mit den Aposteln und Märtyrern, eins mit all denen, die mit Jesus eins waren und sind. Weicht unsere Liebe jedoch ab von Jesus, dem Erlöser der Welt, dann wird sogar unser Glaube an die Gemeinde zur Abgötterei.

1. Kor 12,12-27

Es ist paradox: Wir müssen uns von unserer verdorbenen Generation lossagen, und diese Trennung kann
nicht scharf genug sein; gleichzeitig aber wollen wir
uns mit Christus vereinigen, der für jeden einzelnen
auch dieser Generation gestorben ist. Als Gemeinde
brauchen wir es am nötigsten, den gekreuzigten Christus zu finden, das Lamm Gottes, das für die Sünden
der Welt gestorben ist. Wenn wir mit Christus vereinigt
sind, dann können wir nicht kaltherzig sein – nicht gegen eine Frau, die abgetrieben hat, oder gegen irgendei-
nen Menschen, der sich versündigt hat. Wir werden
barmherzig sein.

Aus einem Brief: Der Bruderhof hat gewisse charakteri-
stische Merkmale, die ihren Ursprung in seiner
europäischen Herkunft und deren geschichtlichem
Hintergrund haben. Das gleiche gilt für die *Church of
the Brethren,* für die Quäker und für andere religiöse Bewegungen. Ich kann gut verstehen, daß man eine gewisse Liebe und Anhänglichkeit zu seiner Kultur und zu
Menschen seiner eigenen Herkunft hat. Aber laßt uns
einmal an die „Gemeinschaft der Gläubigen" denken,
an den Leib Christi, der durch alle Jahrhunderte weiter-
lebt. Was bedeutet demgegenüber der Bruderhof mit seiner Kultur? Was immer Gutes daran sein mag, ist nur
solange von Bedeutung, wie er von diesem Lebens-
strom erfaßt ist. Die Bruderhofgemeinschaft wird vergehen, so wie viele Bewegungen vergangen sind, aber der
Strom des Lebens, an dem sie Anteil hat, kann niemals
vergehen. Darauf kommt es an.
 Hätten wir uns vorgenommen, eine christliche Gemeinschaft mit deutscher Kultur zu sein, um gerade
nur solchen Menschen zu dienen, die aus dem Milieu
der Jugendbewegung kommen, so wären wir in Gefahr
gewesen auszutrocknen, noch ehe wir begonnen hät-

ten. Wir wollen unser Leben vollkommen hingeben und uns dort gebrauchen lassen, wo Gott die Herzen der Menschen bewegt. Wir wollen offen sein für alles, was Gott gibt; sonst laufen wir Gefahr, die göttliche Wahrheit einzuengen.

Unser Kreis ist schwach und oft nur allzu menschlich. Unser Auftrag kann jedoch niemals eingeschränkt werden. Gott kennt keine Schranken.

Je älter ich werde, desto unwichtiger erscheint mir der Bruderhof. Wesentlich ist, daß es die betende Gemeinde Gottes auf dieser Erde gibt. Dazu wollen wir unser Leben hergeben, dafür wollen wir leben.

Wir müssen eine Dringlichkeit im Innern verspüren: Wir dürfen das Leben nicht vorübergehen lassen, ohne uns der Gemeinde völlig hinzugeben. Die Gemeinde war in Gott, ehe die Welt erschaffen wurde, und sie ist jetzt als die Obere Gemeinde bei Gott im Himmel, als die Wolke der Zeugen von allen Enden. Diese heilige Tatsache darf uns nicht unbeteiligt lassen.

Aus einem Brief: Sind wir als Gemeinde so hingegeben, ist unser Gemeinschaftsleben so wahrhaftig, ist unser Zeugnis so voller Salz, daß es eine Wirkung auf die ganze Welt hat, so wie eine Prise Salz einen ganzen Teller Suppe würzt? Es genügt nicht, in Gemeinschaft zu leben, die andern zu lieben und sich gegenseitig Freude zu machen – Marmelade für die Nachbarn zu kochen, die dann Marmelade für ihre Nachbarn kochen. Mehr wird verlangt.

Ich glaube, wir leben in der Endzeit. Es ist eine entscheidende Stunde. Alles hängt davon ab, ob unsere Lampen gerüstet sind und ob wir bereit sind, dem Bräutigam entgegenzugehen. Jesu Abschiedsreden im Johannesevangelium machen es eindeutig klar: die Ge-

Mt 25,1-13

Joh 17,21 meinde muß einig sein, damit die Welt erkennt, daß Jesus vom Vater gesandt wurde. Was mich zutiefst erschüttert, ist die Frage: Kann die Welt dies an uns erkennen?

GEMEINSCHAFT

Es ist an uns, allem Privateigentum, allem Sammeln
von Dingen abzusagen. Die Begierde nach irdischen
Gütern, sei es für sich selbst, für die eigene Familie
oder für die Gemeinschaft, führt zum geistlichen Tod,
denn sie isoliert das Herz von Gott und den Mitmenschen. Deshalb wollen wir alles miteinander teilen und
gleichzeitig vermeiden, in die Sünde des kollektiven
Reichtums zu fallen. Unsere Tür steht jedem offen, der
Gott und seine Wahrheit sucht. Wenn die Gemeinde
die Güter verwaltet, stehen sie allen zur Verfügung, die
sie brauchen.

Mt 19,21   Der Weg Jesu bedeutet völlige Besitzlosigkeit. Diesen
Weg haben wir gewählt, und unsere Kinder müssen das
von frühester Kindheit an erfahren. Sie sollen wissen,
daß unser Geld Gott gehört und nicht uns. Jesus sagt,
wir sollen uns keine Schätze auf Erden sammeln, son-
Mt 6,19-20   dern unseren Schatz im Himmel suchen.

Aus einem Brief: Du fragst, wie wir als einzelne oder als
Familie Teil eines Ganzen werden können. Das muß
durch den Geist Jesu gegeben werden. Damit das geschehen kann, müssen wir unseren eigenen Vorstellungen
und Wünschen ganz entsagen und nur für Jesus und
seinen Geist offen sein.

Aus einem Brief:[12] Für das Erleben wahrer christlicher
Gemeinschaft, für die Bewegung des Geistes Gottes,
für die Einheit der Gläubigen in der Gemeinde, gibt es

---

12   Es handelt sich um die Antwort an eine Quäkerin aus dem
Jahr 1956. In diesem Auszug werden nur einige ihrer zahlrei-
chen Fragen angesprochen.

keinerlei Ersatz. So schreibe ich das Folgende in dem Bewußtsein, daß Worte niemals den Geist der Liebe Gottes festhalten können, der überall dort weht, wo Menschen sich ihm bedingungslos hingeben.

Auf Ihre Frage nach der biblischen Grundlage für unser Leben finden wir in Lukas 14,33 die deutlichen Worte Christi, daß nur diejenigen seine Jünger sein können, die sich von allem, was sie haben, lossagen. Und weiter heißt es in Johannes 16,13: „Wenn der Geist der Wahrheit kommen wird, wird er die Menschen in alle Wahrheit leiten." Das geschah zu Pfingsten, als die Nachfolger Jesu ein Herz und eine Seele waren und all ihren Besitz als gemeinsames Eigentum betrachteten. Siehe auch 1. Korinther 12, besonders die Verse 25 und 26.

In einer Kirche, in der man nicht gemeinschaftlich lebt, ist es schwer, diese Passage in ihrer vollen Bedeutung zu erfassen. Das gilt auch für 2. Korinther 8,13-15.

Die Herzen aller, die zu Pfingsten vom Geist bewegt waren, strömten über vor Liebe: Die Gläubigen wurden von einer brennenden Liebe zu Gott und zueinander erfaßt. Ich glaube, auch Sie würden nicht bestreiten, daß „große Gnade bei ihnen allen war". Die Folge dieser Gnade und Liebe war die Gütergemeinschaft. Das heutige Christentum ist von einer solchen Gemeinschaft der Liebe weit entfernt, wenn beispielsweise jemand im Kirchenblatt dankbar bezeugt, wie wunderbar Gott sein Geschäft aufblühen ließ, seit er begann, den Zehnten abzugeben.

Zu behaupten, das Teilen von Geld und Besitz sei die wesentliche Grundlage unseres Glaubens, wäre eine Entstellung der Tatsachen. Es ist eine Auswirkung unseres Glaubens, nicht seine Grundlage. Es ist die Frucht der völligen Hingabe an Christus und seine Liebe. Alles, was Gott uns gegeben hat – unseren Besitz, unsere

Marginalien: Lk 14,33 / Joh 16,13 / Apg 2,44 / Apg 4,32-34 / 1. Kor 12,25+26 / 2. Kor 8,13-15 / Apg 4,33

Begabungen, unser ganzes Leben – geben wir ihm zurück, damit er allein es durch seinen Geist verwalte.

Auf Ihre Frage, ob Gütergemeinschaft dazu hilft, Seelen für Christus zu gewinnen, können wir nur nein sagen. Das bloße Teilen der Güter an sich führt keineswegs zu Christus. Ist es aber das Ergebnis überströmender Liebe, dann kann es zu Christus führen.

Viele von uns auf dem Bruderhof sind in nichtchristlichen Verhältnissen aufgewachsen. Was uns anzog, war die *gelebte* Liebe und Bruderschaft. Wir waren der Worte müde; Worte sind billig, man kann sie fast überall hören. Denn wer würde behaupten, er sei gegen Liebe und Brüderlichkeit? Wir suchten Taten statt Worte, Brot statt Steine. Das ist das Angebot Christi an uns: ein neues Leben, in dem die Liebe in Wort und in Wahrheit alles regiert.

Sie fragen, wieviel Gelegenheit ein neu Hinzugekommener hat, das wahre Evangelium, nicht ein „Bruderhof-Evangelium" zu verkündigen. Was verstehen Sie unter Evangelium? Was ist die „gute Nachricht", wenn sie nicht bedeutet, daß es einen anderen Weg geben muß als den des Todes und der Verzweiflung, der heute in der Welt vorherrscht? Was ist die „gute Nachricht", wenn nicht die, daß Menschen als Brüder und Schwestern zusammenleben können in Frieden und völligem Vertrauen und Liebe zueinander, als Kinder eines Vaters? Das Evangelium ist mehr als Worte; es bedeutet Tat und Wahrheit, es ist der Ausdruck einer lebendigen Erfahrung, einer ganz neuen Lebensweise, die Christus gebracht hat. Wir rufen die Menschen nicht dazu auf, sich dem Bruderhof anzuschließen, sondern in Brüderlichkeit zu leben. Wir wollen dem Evangelium nichts hinzufügen, aber wir dürfen auch bestimmt nichts von seinem Inhalt wegnehmen, sondern müssen uns jeder seiner Forderungen stellen.

Sie fragen, warum wir uns als Gemeinschaft isolieren, um *in* der Welt, aber nicht *von* ihr zu sein. Wir leben lediglich in dem Sinne abseits, daß wir uns von der bösen Wurzel des Eigennutzes, der Habsucht und der Ungerechtigkeit loslösen wollen. Die heutige Gesellschaft ist im wesentlichen nicht anders als zu Jesu Zeiten. Die Menschen sind ebenso ichbezogen und stolz, sie sind auf ihren eigenen Gewinn erpicht, sie trachten nach Macht und Position. Die Früchte dieses Übels durchsetzen die Gesellschaft in vielerlei Form: als Unreinheit, Haß, Alkoholismus, Armut, Jugendkriminalität, seelische Krankheit und Depressionen, Gewaltverbrechen und schließlich als Krieg. Das sind die Früchte des Mammon in einer unchristlichen Gesellschaft, die Früchte der heutigen Weltordnung. Das ist die Welt, aus der Christus uns herausgerufen hat und noch immer ruft. Er ruft uns heraus und bringt uns zusammen, um die Stadt Gottes zu bauen, in der allein sein Geist herrscht – die Stadt auf dem Berge, die sich nicht verbergen kann, sondern in die Welt hinaus leuchtet.

Das Evangelium lehrt uns, daß ein Baum – eine Person, eine Gruppe – an den Früchten zu erkennen ist,

Mt 7,16-18   denn ein guter Baum kann keine schlechten Früchte hervorbringen und ein schlechter Baum keine guten. Ein Leben, das auf Christus gegründet ist, besteht

Mt 7,21   nicht nur aus Worten. Auf unsere Taten kommt es an. Christus will, daß alle Menschen uns als seine Jünger

Joh 13,35   erkennen, und zwar an der Liebe, die wir füreinander haben, nicht am Reden über die Liebe zueinander. In seinem letzten Gebet ging es ihm um die Einheit unter seinen Jüngern: „... damit sie alle eins seien. Wie du,

Joh 17,21   Vater, in mir bist und ich in dir, so sollen auch sie in uns sein, damit die Welt glaube, daß du mich gesandt hast." Die Gemeinde soll also in der Welt sichtbar sein.

Zur Ehre Gottes soll das Licht des einmütigen Leibes der Gläubigen in die Dunkelheit hinausstrahlen.

Sie fragen: „Wenn man sich genug verleugnet, um den Weg Jesu zu gehen, kann man dann nicht auch außerhalb einer ‚Organisation von Brüdern' ein sinnvolles Leben unter den Menschen führen?" Diese Frage müssen Sie für sich selbst beantworten. Wir sind hier, weil wir erkannten, daß ein sinnvolles Leben nicht genügt. Christus verlangt mehr von uns: Er will den ganzen Menschen. Wir sind keine „Organisation von Brüdern"; wir sind nichts anderes als eine kleine Schar von Menschen, die danach trachtet, in der Gegenwart Gottes zu leben. Wir wollen Jesu Bergpredigt wörtlich nehmen und an ihr gemessen werden. Das ist nur möglich, wenn wir unser Leben ganz in seinen Willen geben in dem Glauben, daß er uns in die Wahrheit führt.

Aus einem Brief: Unser gemeinsames Leben bedeutet Kampf. Immer wieder müssen wir darum ringen, uns von allem loszubrechen, was uns von Gott und den Geschwistern trennt. Dieses Losbrechen, dieses Sich-selbst-Absterben, tut oft sehr weh. Wir glauben, daß absolut alles von uns gefordert wird: aller Stolz, aller Eigenwille muß verschwinden; das ganze Gerüst unseres Lebens und Denkens, in dem wir unsere Sicherheit zu finden wähnten, muß zusammenbrechen.

Das geschieht nicht durch ein plötzliches Hereinbrechen des Lichts; es geschieht Schritt für Schritt. Im Zusammenleben wird es klar, daß es gewisse Dinge gibt, die uns voneinander trennen, wie z. B. Stolz, Selbstmitleid, frommes Gehabe. Von diesen Übeln müssen wir uns abkehren, sobald sie uns bewußt werden. Schwach werden wir immer bleiben, aber die Quelle der Kraft zu finden, die in jedem Kampf zum Siege führt – das ist unsere Freude.

Aus einem Brief: Das gemeinsame Leben mit Brüdern und Schwestern ist ein großes Geschenk. Keine Schwierigkeit ist zu groß, kein Kampf ist zu schwer, wenn die Liebe Gottes in uns brennt und uns zusammenschweißt. Es sollte eine Erleichterung sein zu entdecken, daß ein Leben in der Nachfolge nicht einfach erlernt werden kann, nicht einmal durch harte und schmerzhafte Kämpfe. Vielmehr handelt es sich um eine ständig neue Erfahrung der Gnade. Es ist paradox: Der Gott Abrahams, Isaaks und Jakobs war und ist immer der gleiche und wird immer der gleiche bleiben; und doch ist gerade er es, der uns von Eintönigkeit und Gesetzlichkeit befreit. In ihm wird jedes Erlebnis neu, gewissermaßen erstmalig.

Die Gefahr des Materialismus muß uns als Bedrohung für unser Innenleben ständig vor Augen stehen, sei es als Herrschaft des Geldes oder irgendwelcher anderer Dinge. Jesus sagt: „Ihr könnt nicht zwei Herren dienen; ihr könnt nicht Gott dienen und dem Mammon." Die materiellen Dinge an sich sind nicht der Feind, sie gehören zum Leben, aber sie müssen für den Auftrag der Gemeinde eingesetzt werden. Letztlich geht es um unsere Einstellung. Der Verfall unserer Seele führt zur Zerstörung des Lebens durch materielle Dinge. Wenn aber unsere Beziehung zu Jesus und der Gemeinde lebendig ist, dann können wir die Dinge benutzen, ohne uns von ihnen beherrschen zu lassen.

Mt 6,24

Aus einem Brief: Es liegt uns nicht daran, Menschen durch glatte Worte zu gewinnen. Dafür stellt das gemeinsame Leben zu hohe Anforderungen. Heute haben wir Haus und Hof, Arbeit und tägliches Brot. Aber die Geschichte der Täufer, der Quäker und anderer radikaler Bewegungen zeigt, daß wir nicht wissen, was morgen geschieht.

Mt 6,21

Eine ungeheure Gefahr für ein gottgefälliges Leben, ob man in Gemeinschaft oder anders lebt, ist das Geld – der Mammon. Jesus sagt es deutlich: „Wo dein Schatz ist, da ist auch dein Herz." Der urchristliche Prophet Hermas spricht von der Gefahr, Äcker, Häuser oder irgendwelche andere irdische Werte zu besitzen. Er ruft aus: „Törichter, zwiespältiger, unseliger Mensch: Bedenkst du nicht, daß alle diese Dinge hier dir gar nicht gehören und daß sie unter einer dir wesensfremden Macht stehen?"[13] Auch wenn wir in Gütergemeinschaft leben und eine gemeinsame Kasse führen – die Gefahr des Mammons bleibt bestehen. Jesus sagt von sich selbst: „Die Füchse haben Gruben, und die Vögel unter dem Himmel haben Nester; aber der Menschensohn hat nichts, wo er sein Haupt hinlege."

Lk 9,58

Wenn unsere Novizen ihr Versprechen ablegen, fragen wir sie, ob sie bereit sind, sich bedingungslos an Gott, an Jesus Christus und an die Geschwister zu binden. Kann man sich an eine Gruppe von Menschen binden? Ich habe viel über die Bedeutung der Hingabe nachgedacht, von der hier die Rede ist: Hingabe an Gott, an Christus und an die Brüder und Schwestern. Wir kennen das erste Gebot: Du sollst keine anderen Götter haben neben dem einen Gott; und das Gebot Christi, unseren Nächsten wie uns selbst zu lieben. Und wenn einer sagt, er liebe Gott, aber seinen Bruder

Mt 22,39

1. Joh 4,20

---

13   Eberhard Arnold (Hrsg.): Am Anfang war die Liebe, Coprint, 1986.

haßt, so ist er ein Lügner. Wir dürfen also unsere Bindung an Gott nicht trennen von unserer Verpflichtung denen gegenüber, die auch Gottes Geboten folgen wollen.

Andererseits könnte es gefährlich sein, sich bedingungslos an Menschen zu binden oder – wie es hier steht – sich an die Brüder und Schwestern zu binden. Was geschieht, wenn diese fehlgehen, sei es auch ganz unmerklich? Es kann geschehen, daß Glaubensgemeinschaften nach der ersten oder zweiten Generation in gewissen Punkten erstarren. Wenn bestimmte Dinge, die an sich durchaus richtig sind, zum Gesetz gemacht werden, dann wird das innere Leben abgetötet.

Wenn man diese Gefahr erkennt, dann fragt man sich tatsächlich: Wie können wir uns dann noch aneinander binden? Nur im Glauben an den Geist Christi kann eine Antwort auf diese Frage gegeben werden.

Aus einem Brief: Ich bin dankbar, daß du offen deine unguten Gedanken über andere Gemeindeglieder bekannt hast. Gott ist stärker als deine Sympathien und Antipathien. Er schenkt uns die Liebe, er schenkt uns die Gemeinschaft, in der Sympathie und Antipathie überwunden werden können.

Aus einem Brief: Wie gut kann ich verstehen, daß unsere Gemeinschaft dich enttäuscht hat. Auch ich denke mit Schaudern an vieles, was in unserer Geschichte vorgekommen ist. Aber im Grunde haben wir uns ja nicht einer Gemeinschaft oder Gemeinde versprochen, auch wenn wir den Brüdern und Schwestern die Treue geloben, sondern wir haben uns Jesus übergeben. Er mußte Verrat hinnehmen. Er mußte es ertragen, von all seinen Jüngern verlassen zu sein. Er mußte Gottverlassenheit erfahren. Und doch war ihm der Wille

Mt 12,30

des Vaters ein und alles. Daran halte ich ganz fest und rufe dich auf, auch daran festzuhalten. In dieser Stunde, in der der Feind so viele zerstreut hat, müssen wir uns Jesu Worte zu Herzen nehmen: „Wer nicht mit mir sammelt, der zerstreut." Ich möchte meine Treue zu Jesus und zu den Brüdern und Schwestern darin beweisen, daß ich mit ihnen sammle.

Wenn wir in Gemeinschaft leben wollen, dann können wir es nur um der Sache Gottes willen tun, sonst werden wir, auch wenn wir den besten Willen haben, Schmarotzer am inneren Leben der Gemeinde sein. Selbst wenn wir mehr Stunden als andere arbeiten, selbst wenn wir mehr Einnahmen als andere erwirtschaften, wird unsere persönliche Anstrengung wie eine schwere Last auf dem Rest der Gemeinschaft liegen. Die Tür der Gemeinde steht allen Menschen offen. Aber wir erwarten von jedem, der bei uns bleiben möchte, daß er den Aufruf zur völligen Nachfolge annimmt. Sonst wird unsere Gemeinschaft bald zerfallen.

Unser Zeugnis für ein Leben in völliger Gemeinschaft – für die Tatsache, daß Jesus Menschen sammelt und vereinigt – steht in vollem Einklang mit seinen Worten und mit seinem Wesen. Gemeinschaft an und für sich ist nicht das Entscheidende, das Entscheidende ist die Liebe. Arbeitsgemeinschaft, Gütergemeinschaft, Tischgemeinschaft – das alles sind lediglich Früchte dieser Liebe.

Aus einem Brief: Wir sind stets dankbar, wenn Gott unsere Gemeinschaft stärkt, indem er uns neue Mitglieder schenkt. Aber wir wollen niemanden mit schönen Worten dazu überreden, wir wollen niemanden überzeugen, sich uns anzuschließen, indem wir einen guten

Eindruck machen. Das gemeinsame Leben bringt viel Schweres mit sich, und niemand kann den Kämpfen standhalten, der nicht völlig auf die Kraft Gottes vertraut. Aus uns selbst haben wir keine Kraft: Gott ist die Quelle unserer Kraft.

DIE LEITUNG DER GEMEINDE

Eine wirklich christliche Gemeinde ist nur dann ein lebendiger Organismus, wenn eine klare Leitung vorhanden ist. Das Schiff der Gemeinde braucht einen Steuermann, der sich in aller Demut von oben her führen läßt. Er muß die Bruderschaft, die er leitet, achten und respektieren. Er muß auf die Stimme des Heiligen Geistes horchen, wie dieser in der versammelten Gemeinde spricht. Er darf sich nicht isolieren. Durch enge Zusammenarbeit mit allen Mitgliedern kann in jeder Angelegenheit eine klare Richtung gefunden werden. Das gilt für Fragen des Glaubens, für alle praktischen Belange und für die innere Haltung der Gemeinde.

Das Amt der Gemeindeführung sollte, wie jeder echte Dienst in der Gemeinde, von einem Organ des Leibes ausgeführt werden. Und dieser Dienst muß liebevoll, aufrichtig und in kindlicher Weise ausgeübt werden. Wer eine besondere Verantwortung trägt, ist nicht höher als jeder andere in der Gemeinde. Keiner ist bedeutender, keiner ist geringer: wir alle sind Glieder eines Leibes.

Wahre Gemeindeführung bedeutet Dienst. Deshalb ist es verhängnisvoll, wenn sie als Machtstellung über andere mißbraucht wird. In einer Glaubensgemeinschaft, in welcher die Brüder und Schwestern sich freiwillig in offenherzigem Vertrauen der Gemeinde hingeben, ist solch ein Mißbrauch besonders verheerend.

Unter einer diktatorischen Herrschaft gehorcht das Volk den Machthabern, auch wenn es ihr Vorgehen innerlich als verderblich ablehnt. In einer Bruderschaft von Gläubigen aber, die Vertrauen zu ihren Führern haben, wird der Mißbrauch der Autorität zum Seelenmord.

Wenn wir Brüder mit der Leitung der Gemeinde beauftragen, dann müssen wir darum bitten, daß ihnen durch Gottes Geist viel gegeben werde. Wir müssen sie aber auch so sein lassen, wie Gott sie geschaffen hat. Sie sollen sich nichts anmaßen, sondern nur das zum Ausdruck bringen, was ihnen von Gott her gegeben wird. Mehr erwarten wir nicht. Es würde einen unglücklichen Ausgang haben, wenn sich jemand in eine Rolle hineingezwängt fühlt, die nicht eigentlich die seine ist. Von einem Ohr erwarten wir nicht, wie ein Auge zu sein.

Wenn von Autorität oder Vollmacht in der Gemeinde die Rede ist, so ist damit niemals Macht über Menschen gemeint. Das sollte ganz klar sein. Jesus gab seinen Jüngern Vollmacht, aber er gab ihnen Vollmacht über Geister, nicht über Menschen. In gleicher Weise wird denen, die zur Leitung der Gemeinde eingesetzt werden, Vollmacht gegeben, aber niemals über Menschen. Das wird allzuleicht vergessen: wir müssen immer wieder zur wahren Demut zurückkehren.

Ein Diener am Wort[14] steht immer in Gefahr, etwas Falsches zu lehren oder einen Teil der Wahrheit zu verschweigen. Davor habe ich große Furcht, und ich bitte euch, für uns alle, die wir in diesem Dienst stehen, im

---

14   Diener am Wort: ein Bruder, der durch einstimmigen Beschluß von der Gemeinde beauftragt ist, für das innere und äußere Wohl der Geschwister zu sorgen. Der Begriff spiegelt die Auffassung wider, daß in der christlichen Gemeinschaft das Amt der Leitung als Dienst verstanden werden soll.

2. Tim 3,10-11
2. Tim 4,7+17

Gebet einzutreten. Paulus konnte sagen, daß er nichts vernachlässigt, sondern in seinem Dienst als Apostel in der Gemeinde alles getan hat. Das trifft mich sehr tief. Betet, daß jeder Diener am Wort das ganze Evangelium immer wieder neu der Gemeinde nahebringt, ohne das Geringste zu ändern oder zu verdrehen.

Lk 12,48

Jesus sagt es deutlich: „Wem viel gegeben ist, von dem wird man viel fordern." Ein Diener am Wort muß wissen, daß von ihm mehr als von anderen gefordert wird. Sein Amt bedeutet kein Vorrecht.

Auch einen leitenden Bruder in der Gemeinde soll man ermahnen, wenn empfunden wird, daß er einen Fehler begangen hat. Ich weiß noch, wie dankbar ich war, als ein Bruder mich einmal nach einer Mitgliederversammlung zur Seite nahm (ich hatte ärgerlich auf jemanden reagiert) und mich fragte: „Bist du ganz sicher, daß dein Ärger vom Heiligen Geist war?" Ich mußte zugeben, daß das nicht der Fall gewesen war. So rief ich die Geschwister wieder zusammen, um die Sache in Ordnung zu bringen. Wenn jemand das Gefühl hat, daß ich oder ein anderer unsere Autorität mißbrauchen, dann bitte ich darum: Tut mir den großen Gefallen, es offen auszusprechen.

Wir wollen keine Bruderschaft, die an einen Menschen gebunden ist. Nichts fürchte ich so sehr wie einen Dienst in der Gemeinde – sei es der Dienst der Lehre, der Seelsorge oder ein anderer Dienst –, durch den ein Mensch seelisch an einen anderen gebunden wird. Das ist schrecklich, und ich will damit nichts zu tun haben. Gemeinsam wollen wir an Christus gebunden sein.

Ich verabscheue es, wenn ein Mensch Macht über die
Seelen und Leiber anderer hat, besonders in einer
christlichen Gemeinschaft. Ich habe mir gelobt, dieses
Übel bis an mein Lebensende zu bekämpfen. Und
wenn mir jemand zeigen kann, wo ich Macht über einen Menschen ausgeübt habe, selbst wenn es mir nicht
bewußt war, dann will ich dafür tiefe Buße tun.
Menschliche Macht ist der ärgste Feind einer lebendigen Gemeinde.

Jesus stellte ein Kind in die Mitte seiner Jünger und
sagte: „Wenn ihr nicht umkehrt und werdet wie die
Kinder, so werdet ihr nicht in das Himmelreich kommen. Wer nun sich selbst erniedrigt und wie ein Kind
wird, der ist der Größte im Himmelreich." An diesen
Worten sehen wir, wie sehr Jesus das kindliche Wesen
liebt. So sollte es auch unter uns sein: In der Ehe sollten beide, Mann und Frau, danach trachten, den niedrigsten Platz einzunehmen. Und in einer Gemeinde
sollte jedes Mitglied – ob Ältester, Haushalter oder wer
es auch sei – der Geringste sein wollen.

Mt 18,3-4

Die Verkündigung der Wahrheit ist Sache eines jeden
leitenden Bruders in der Gemeinde. Sie ist eine Gabe,
die nicht nur gescheiten oder hervorragenden Persönlichkeiten gegeben ist. Wäre das der Fall, dann hätten
die meisten Menschen Grund zur Angst, Nachfolger Jesu oder gar Gemeindeleiter zu sein. Nicht der Verstand
des Menschen ist es, der für die Wahrheit empfänglich
ist, sondern der kindliche Geist. Jesus sagt: „Wenn ihr
nicht werdet wie die Kinder, so werdet ihr nicht ins
Himmelreich kommen." Der kindliche Geist ist und
bleibt *Geist,* und deshalb ist er Vollmacht und Offenbarung. Die Erkenntnis, daß die Wahrheit Kindern und

Mt 18,3

Mt 11,25

Menschen mit einfältigen Herzen offenbart wird, ist
für die Nachfolge Jesu entscheidend.

Aus einem Brief: Für dein Anliegen betreffs unserer letzten Mitgliederversammlung war ich sehr dankbar. So
viel stand auf dem Spiel, und doch haben wir uns in
belanglosem Gerede verloren. Die Leitung, die ich als
Ältester hätte geben sollen, muß gefehlt haben. Das ist
immer eine Spannung: Man möchte niemandem etwas
aufzwingen, aber wenn jeder nur redet, wie er will, ist
es auch nicht gut, denn dann kann Gottes Geist nicht
sprechen.

Wer von der Gemeinde mit einem besonderen Amt beauftragt ist – z. B. als Diener am Wort, Hausmutter,
Haushalter, Arbeitszuteiler, Vorarbeiter in der Werk-
statt –, wird entweder in Demut dienen oder aber über
die anderen herrschen, als wären sie seine Untertanen.
Diese Gefahr besteht auch für Erwachsene, die mit Kindern arbeiten. Alle Menschen neigen dazu, wichtig sein
zu wollen. Und auch wenn es nur darum geht, gern
den Ton angeben zu wollen, ist es doch der Anfang eines viel größeren Übels, welches am Ende viel Leid ver-
ursachen wird.

Man glaubt es kaum, wieviel Kummer verursacht
wird, wenn jemand, der eine besondere Verantwortung
trägt, seine Autorität fühlen läßt und die Brüder und
Schwestern wie Untertanen behandelt. Wenn ein Diener am Wort autoritär auftritt, braucht es einen gewissen Mut zu protestieren. Aber diesen Mut wünsche ich
allen Geschwistern. Jesus allein ist unser Meister, und
wir alle sind Brüder.

Kein Gemeindeleiter hat ein Verfügungsrecht über die
ihm anvertrauten Seelen. Wie hat Jesus seine Herde

Joh 21,15-17

dem Petrus anvertraut? Er gab ihm keinerlei Recht
über die Lämmer, sondern fragte ihn nur: „Liebst du
mich?" Und dann sagte er: „Weide meine Schafe."

Es ist eine schreckliche Sünde, einem Mord ver-
gleichbar, wenn ein mit dem Hirtendienst Beauftragter
glaubt, er habe das Recht, über Seelen zu herrschen.
Dasselbe betrifft auch diejenigen, die Kinder betreuen.

Mit Menschenehre will ich nichts zu tun haben. Ich
bitte euch, niemals einen Menschen zu verehren, wer
immer er sei, sondern nur Christus in ihm. Wir lehnen es völlig ab, Menschen zu verehren, weil das in Sek-
tierertum endet. Es ist bezeichnend für eine Sekte, daß
ihr Führer sich für bedeutend hält. Darin liegt eine
fürchterliche Täuschung. Wir wollen Christus in unseren Brüdern und Schwestern ehren; wir wollen einander lieben, wie Christus es uns geboten hat. Aber wir
lehnen den Gedanken menschlicher Größe ab, denn er
ist Torheit vor Gott.

Wir haben das tiefe Verlangen, daß Jesus Christus
seine durchbohrten Hände auf einen jeden von uns lege und daß alle anderen Mächte ihm weichen. Möge er
stets in unserer Mitte sein, und mögen wir bereit sein,
ihm nach allen Kräften zu dienen. Möge alles Ober-
flächliche in uns und alles, was uns hinderlich ist oder
furchtsam macht, hinwegschmelzen. Seine Herrschaft
allein wollen wir anerkennen. Ja, alles ist in seiner
Hand, er ist Herrscher über alle Mächte und Gewalten,
er ist das Haupt der Gemeinde, der Weinstock, an dem
wir nur Reben sind.

Die Offenbarung Jesu Christi duldet keinen menschlichen Glanz neben sich. Jeder menschliche Glanz, aller
Stolz und alle Anmaßung in einem Diener am Wort
muß ausgelöscht werden. Nur Jesu Licht darf in der Ge-

meinde leuchten. Gott braucht kein menschliches
Licht. Er braucht Männer und Frauen, die in der Dunkelheit auf sein Licht warten, die nach der Wahrheit
hungern und nach lebendigem Wasser dürsten. Wer
das Evangelium predigt, um Ehre zu erheischen, und
nicht anerkennt, daß er ohne Gott machtlos ist, der ist
ein Dieb. Er stiehlt die Worte Jesu und benutzt sie zu
seinem eigenen Ruhm.

Kein Mensch, keine Gemeinschaft kann Frucht bringen, ohne mit Christus vereinigt zu sein. Wer sich einmal entschieden hat, Jesus nachzufolgen, wird wie eine
Rebe am Weinstock und kann nicht mehr für sich
selbst leben. Sich aus Stolz und Selbstgefälligkeit von
anderen zu isolieren – das ist der Weg des Teufels, und
der endet im Tod. Es ist mein Wunsch für jedes Glied
der Gemeinde und besonders für ihre Leiter, daß sie in
Joh 15,4   Jesus bleiben – aber noch mehr, daß Jesus in ihnen
bleibt.

GABEN

Aus einem Brief: Vergiß niemals, daß ein Liebesdienst die wichtigste Tat des Tages ist. Alles andere hat keinen Wert vor Gott. Es kann uns sogar von ihm wegführen und von den Geschwistern trennen. Wie eindringlich prägt Jesus uns das in seinem prophetischen Wort über das letzte Gericht ein! Die Frage ist nicht, ob alles gut organisiert ist, ob wir korrekt handeln, sondern ob wir die Hungrigen speisen, die Fremden aufnehmen, die Nackten kleiden, die Kranken und Gefangenen besuchen. Mit anderen Worten: ob wir aus Liebe und Barmherzigkeit handeln. Mögen wir nie an der Not eines anderen vorübergehen. Mögen wir nie unterlassen, das zu sagen und das zu tun, was der Liebe entspricht.

Niemand ist so unbegabt, daß Gott ihn nicht gebrauchen könnte, und niemand ist so hochbegabt, daß er für einfache Handarbeit zu gut wäre. Wir müssen bereit sein, jeden Dienst zu tun, der von uns verlangt wird – bereit, am niedrigsten Platz zu dienen. Wenn es dem Begabtesten in einer Gemeinschaft an Demut mangelt, wenn sein Herz nicht vom Geiste Jesu bewegt ist, wird sein Leben keine guten Früchte tragen.

Das Gleichnis von den anvertrauten Talenten ist wohl am besten im Zusammenhang mit der Gemeinde zu verstehen: die Talente oder Goldstücke sind die Gaben, die den verschiedenen Brüdern und Schwestern gegeben sind. Der eine empfängt Weisheit, ein anderer Erkenntnis, wieder andere Glauben, die Gabe der Heilung, der Prophetie, der Unterscheidung, des Zungenredens und dessen Auslegung. Alle diese Gaben werden in der Gemeinde für die verschiedenen Aufga-

Mt 25,31-46

Mt 25,14-30

1. Kor 12,8-10

ben gebraucht, für die Gemeindeleitung wie für alles andere. Es besteht kein Wertunterschied zwischen ihnen. Sie gehören alle zum Leib der Gemeinde: das Auge ist nicht wertvoller als das Ohr, es sind einfach zwei verschiedene Sinnesorgane.

Manche Leute meinen, wenn es keine Unterschiede zwischen den Menschen gäbe, wenn alle Menschen gleich beschaffen wären, dann wäre wahre Gerechtigkeit hergestellt. Aber das ist nicht das Evangelium Jesu.

Mt 25,24-30 · Im 25. Kapitel des Matthäusevangeliums lesen wir von einem Mann, dem nur wenig gegeben war, und weil er sich ungerecht behandelt glaubte, haßte er seinen Meister. Er unternahm nichts mit seinem Anteil, sondern verhärtete sein Herz. Es fehlte ihm nicht nur an Liebe, sondern er war von Haß erfüllt, denn er sagte: „Meister, ich wußte, daß du ein harter Mann bist."

Wehe dem unter uns der meint, ihm sei nicht sein gerechter Anteil gegeben worden, andere hätten mehr von Gott erhalten. Wenn wir solchen Gedanken nachgehen, werden wir so lieblos und neidisch und sondern uns so ab vom Leib der Gemeinde, daß wir überhaupt nichts mehr zur Sache beitragen. In unserem Gleichnis sagt der Meister: „Du hättest mein Geld wenigstens auf die Bank bringen können", was soviel heißt wie: Tue zumindest das Wenige, zu dem du fähig bist!

Ein Mensch mag überaus intelligent sein, ein anderer geschickt mit den Händen, ein dritter vielleicht musikalisch besonders begabt. Das sind natürliche Gaben, die man nicht vergraben sollte, obgleich sie um der Gemeinde willen oft geopfert werden müssen. Aber es wäre falsch, wenn einer, der intellektuell begabt ist,

Mt 25,18 · dächte, er könne nur geistige Arbeit tun, sonst würde er seine „Talente vergraben", oder wenn einer, der ausgesprochen musikalisches Talent hat, meinte, es wäre Verschwendung, wenn er niedrige Arbeiten verrichtet.

Wir müssen bereit sein, für das Gesamtwohl der Gemeinde unsere natürlichen Talente zu opfern.

Aus einem Brief: Du schreibst, du seist nicht sehr begabt. Das schadet nichts. Niemand hat so wenige Gaben, daß Gott ihn nicht gebrauchen könnte. Aber es kommt darauf an, daß die Gaben, die du besitzt, von Gott in Bewegung gebracht werden können. Das Problem ist niemals ein Mangel an Gaben, sondern der Mangel an Bereitschaft, von Gott gebraucht zu werden.

1. Kor 12+13   Im 1. Korintherbrief (Kap. 12 und 13) spricht Paulus von vielerlei Gaben: von der Gabe der Prophetie, des Lehrens, der Heilung, des Zungenredens. Aber er fügt hinzu: ohne die Liebe sind alle diese großen Gaben nichtig. Unser gemeinsames Leben ist auch eine Gabe, aber wenn Gott uns nicht immer wieder neue Liebe schenkt, wird die Gemeinschaft leblos wie eine Maschine.

Die Gabe der Unterscheidung der Geister ist lebensnotwendig für eine lebendige Gemeinde. Sie kann nicht erlernt werden – sie muß uns von Gott geschenkt werden. Sobald wir als einzelne oder als Gruppe meinen, weitherzig zu sein, indem wir eine Vermischung der Geister in unserer Mitte dulden, verlieren wir den Kontakt mit dem Geist Gottes. Andererseits müssen wir uns davor hüten, mit menschlichem Eifer gegen falsche und unreine Geister zu kämpfen und einander dauernd kritisieren oder korrigieren zu wollen aus lauter Angst, etwas Falsches könne in die Gemeinde eindringen. So wichtig es ist, die Geister zu unterscheiden, so wenig ist es eine Hilfe, sie auf menschliche Weise zu scheiden.

Mt 13,24-30   Das Gleichnis vom Weizen und vom Unkraut, die zusammen auf einem Feld wachsen, zeigt uns, welchen

Schaden wir anrichten können, wenn wir versuchen, selbst „das Feld zu säubern". Die Jünger waren voller Eifer, aber Jesus mahnte sie zur Vorsicht, indem er sagte: „Wartet, damit ihr nicht zugleich den Weizen mit ausrauft, wenn ihr das Unkraut ausjätet." Es besteht immer die Gefahr, sich gegenseitig zu viel zu korrigieren, sich gegenseitig zu oft zu ermahnen. Nur in völliger Abhängigkeit von Gott finden wir auch hier das richtige Verhalten.

Mt 13,29

Apg 2,4

Die Gabe des Zungenredens wurde zu Pfingsten durch die Ausgießung des Heiligen Geistes geschenkt. Es war durchaus ein göttliches, heiliges Erlebnis, vor dem wir nur tiefe Ehrfurcht haben können. Ich glaube, auch heute können solche heiligen Momente geschenkt werden, aber wir müssen vor dem Geist des Irrtums auf der Hut sein. Es wird zu leichtfertig davon gesprochen, daß man „vom Geist erfüllt" ist und „Gaben des Geistes" besitzt. Solche Ausdrücke werden oft im Zusammenhang mit dem Zungenreden gebraucht, aber im Neuen Testament werden sie in den wenigsten Fällen darauf bezogen; meist wird das Zungenreden gar nicht erwähnt. Wer wollte behaupten, ein Mensch könne nur mit dem Heiligen Geist erfüllt sein, wenn er zum Beweis dafür in Zungen redet? Dreißig Jahre vor Pfingsten waren Elisabeth und Zacharias „mit dem Heiligen Geist erfüllt". Seitdem gibt es unzählige Beispiele, wie Menschen zum Heil gebracht wurden, ohne in Zungen zu reden.

Lk 1,41+67

In der Urgemeinde war das Zungenreden eng mit der Buße verbunden. Jesus begann seine Verkündigung mit einem Aufruf zur Buße; und auch der Apostel Petrus beginnt seine Mission mit den Worten: „Tut Buße, und ein jeder lasse sich taufen zur Vergebung eurer Sünden." Wenn wir nicht aufrichtig Buße getan und

Apg 2,38

unseren Glauben auf Jesus Christus gesetzt haben,
dann haben wir auch den Heiligen Geist nicht empfangen. Leider findet man wenig Bereitschaft zur Buße in
vielen der heutigen Bewegungen; eher glauben sie, am
Zungenreden das Erfülltsein mit dem Heiligen Geist
zu erkennen.

Es ist nicht ratsam, das Empfangen des Heiligen
Geistes mit einem Überschwang besonderer Emotionen gleichzusetzen, als ob der Geist nur auf solche Weise wirken würde. Sein Innewohnen hängt nicht von unseren Emotionen ab, wohl aber von unserer Vereinigung mit Christus. Die biblischen Voraussetzungen
für den Empfang des Heiligen Geistes sind Buße, Glaube an Jesus und die Vergebung unserer Sünden.

Apg 2

1. Kor 12

1. Kor 13

Mt 6,6

Aus einem Brief: Vor der Gabe des Zungenredens, wie
sie in Apostelgeschichte 2 und 1. Korinther 12 geschil-
dert wird, müssen wir tiefe Achtung haben. Es ist jedoch falsch und ungesund, eine Lehre oder eine Religion daraus zu machen. Im 13. Kapitel des 1. Korin-
therbriefs heißt es, wir sollen um die höheren Gaben
bitten: Glaube, Hoffnung und Liebe, von denen die
größte die Liebe ist. Die Gabe der Liebe führt zu Jesus
Christus, zur Gemeinschaft, zur Verkündigung, zur
Mission; sie führt nicht zum Reden über die eigenen
Geistesgaben. Sind wir mit Liebe erfüllt, so kann es
geschehen, daß wir in Zungen sprechen; wir brauchen
aber nicht darüber zu reden. Jesus sagt: „Geh in deine
Kammer, schließ die Tür zu und bete zu deinem Vater,
der im Verborgenen ist; und dein Vater, der in das Verborgene sieht, wird dir's vergelten."

Die charismatische Bewegung legt zu großen Wert
auf das Zungenreden. Sie beruht auf einer falschen Lehre, die zur Spaltung führt, denn sie bringt nicht Gott,
sondern den Menschen Ehre und Ruhm. Wenn jemand

zu mir käme und sagte, er könne in Zungen sprechen,
so würde ich ihm den Rat geben, darüber zu schweigen
und lieber die Früchte des Geistes vorzuzeigen, wie sie
in der Bergpredigt beschrieben sind. Jesus lehrt uns
nicht, in Zungen zu sprechen, sondern unsere Frömmigkeit nicht zur Schau zu stellen und den Weg der Demut, der Liebe und der Einheit zu gehen.

1. Kor 12+13   Um die Gaben der Prophetie, der Heilung und die anderen Gaben, die Paulus im 1. Korintherbrief (Kap. 12
und 13) aufzählt, können wir Gott nur bitten, wenn
wir es nicht um der eigenen Ehre willen tun. Nicht für
uns selbst sollen wir um diese Gaben bitten, aber im
Auftrag des ganzen Leibes Christi auf Erden dürfen
wir es tun. Für uns selbst sollten wir um ein reines
Herz, um Weisheit, Glaube, Hoffnung und Liebe bitten, um größere Geduld und um mehr Barmherzigkeit.

Nicht die Entwicklung des Menschen wird den Lauf
der Geschichte ändern, sondern allein das Eingreifen
des lebendigen Gottes in das menschliche Leben. Wenn
Gott uns berührt hat, dürfen wir auf eine Änderung
der Herzen hoffen, auf den Geist und auf das Hereinbrechen des Reiches Gottes. Der Geist bringt göttliche
Freude: Freude an der Liebe, Freude am Teilen mit
Schwestern und Brüdern, Freude an einer reinen Beziehung zwischen Männern und Frauen, an Gerechtigkeit
und Frieden unter den Völkern und Nationen. Auf uns
selbst gestellt, bleiben wir immer arm, hilflos und geplagt. Aber wir dürfen es glauben, daß die Freude an
Gott und an seinem Reich Himmel und Erde verändern kann!

VERGEBUNG

Mt 6,15

Es sollte gar nicht in Frage kommen, daß jemand am Gemeindegebet teilnimmt, der nicht seinem Bruder, seiner Schwester, seinem Nächsten oder sogar seinem Feind vergeben hat. Jesus sagt es deutlich: „Wer nicht vergibt, dem wird nicht vergeben." An dieser Wahrheit dürfen wir kein Jota verändern. Inneren Frieden in Christus werden wir niemals anders als durch Frieden mit unseren Geschwistern erlangen. Nachtragende Gefühle oder Gedanken führen zu Trennung, und Trennung bringt inneren Schaden und schließlich inneren Tod. Vollkommener Friede verlangt vollkommene Aufrichtigkeit. Erst dann werden wir mit unseren Geschwistern in Frieden leben, wenn unser Herz wahrhaftig und unsere Liebe aufrichtig ist.

Eph 1,7
Kol 1,14

Aus einem Brief: Wahre Sündenvergebung ist nur in Jesus möglich. Viele Menschen verzeihen sich gegenseitig, aber sie lassen Jesus dabei aus. Dann ist wirkliche Hilfe nicht möglich. Im Reformationszeitalter wurde von der Katholischen Kirche, die großen Einfluß auf die Menschen hatte, Sündenvergebung durch den Verkauf von Ablaßbriefen gewährt. Heute sind es die Psychologen und Psychiater, die „Sünden vergeben". Sie sagen zu ihren Patienten: „Sie haben nicht gesündigt – Ihr Benehmen ist ganz normal – Ihnen fehlt gar nichts – Sie brauchen kein schlechtes Gewissen zu haben, denn Sie können nichts dafür." So vergibt die Welt Sünden.

Mt 5,23-24

In vielen Kirchen und christlichen Gemeinschaften werden Jesu Worte „Versöhnt euch miteinander, ehe ihr eure Gaben am Altar niederlegt" nicht mehr ernst genommen. So hat Jesus es selbst gesagt, und uns als seinen Nachfolgern ist das Zeugnis seiner Worte anvertraut. Für uns bedeutet das, vom Gemeindegebet fernzubleiben, auch nicht am Abendmahl teilzunehmen, wenn nicht völliger Frieden unter uns ist. Allzu oft geschieht es, daß Menschen zusammen beten, die vorher nicht miteinander ins reine gekommen waren. Aber weder das gemeinsame Leben noch eine Ehe wird auf diese Weise Bestand haben. Alles muß bereinigt werden, und immer wieder müssen wir einander vergeben.

Mt 6,15

Sobald ich jemandem etwas nachtrage, ist die Tür zu Gott verschlossen. Jeglicher Zugang zu ihm ist mir dann verwehrt. Nur wenn ich anderen vergebe, wird Gott mir vergeben. Ich bin davon überzeugt, daß viele Gebete nicht erhört werden, weil der Beter einen Groll gegen jemanden hat, auch wenn es ihm nicht bewußt ist. Mehr als einmal sagt Jesus, daß wir vergeben sollen, bevor wir zum Gemeindegebet kommen. Wer Jesus will, muß vergeben können.

Mt 16,19
Mt 18,18

Mt 6,14-15

Wie zur Zeit der Apostel hat die Gemeinde Jesu Christi die Vollmacht, sein Reich jetzt und hier zu vertreten. Sie hat die Vollmacht zu lösen und zu binden, Sünden zu vergeben oder unvergeben zu lassen. Kein Gewissen kann leben ohne Sündenvergebung; und ohne sie kann niemand ins Reich Gottes gelangen. Doch wenn wir nicht erst anderen vergeben, können wir keine Vergebung empfangen.

Jak 5,16

Im Jakobusbrief lesen wir, wir sollen unsere Sünden einander bekennen, damit sie vergeben werden können. Das ist aber nur dann möglich, wenn Jesus in uns lebt. Ohne ihn gibt es keine Vergebung.

Sofern die Vergebung der Sünden nicht in der Gemeinschaft mit Jesus, durch seinen Heiligen Geist ausgesprochen wird, bedeutet sie nichts. Es ist Jesus, der verspricht, im letzten Gericht unser Fürsprecher zu sein; er ist es, der an jenem Tag die Dämonen und Teufel endgültig überwinden wird. Aus eigener Kraft können wir das Böse nicht besiegen, auch wenn wir in Bruderschaft leben oder uns als Märtyrer verbrennen lassen. Lebt Jesus nicht in uns und wir nicht in ihm, sind alle unsere Anstrengungen vergebens.

Offb 1,5-6

Die Worte „Dem der uns liebt und uns erlöst hat von unseren Sünden ... sei Ehre und Macht von Ewigkeit zu Ewigkeit" weisen darauf hin, daß nicht wir es sind, die Sünden vergeben können. Vergebung der Sünden ist nur möglich durch Christus, der uns liebt und uns durch sein Blut erlöst hat.

In der einigen Gemeinde sprechen wir die Vergebung der Sünden aus. Doch diese Vergebung kommt vom Himmel herab, denn von uns aus haben wir keine Vollmacht. Hier darf nichts menschlich Gemachtes am Werke sein; die Gnade des Kreuzes muß gegenwärtig sein.

Wie eine brennende Kerze sich verzehrt, um Licht zu spenden, so erstrahlt über uns das Licht des auferstandenen Christus durch seinen Tod. Wenn Christus in uns aufersteht, wenn die Sonne aufgeht, ist die Nacht durch den Tag besiegt. So ist es mit der Sündenvergebung. Haben wir einmal erfahren, was es bedeutet, mit Sünden beladen zu sein und dann befreit zu werden, dann geht uns durch die Vergebung unserer Sünden die Sonne Christi neu auf.

Die erlösende Macht der Vergebung, die allein in Jesus geschenkt wird, muß das Zentrum der lebendigen Ge-

meinde und unserer Zukunftserwartung für die ganze
Welt bleiben.

Vergebung bedeutet persönliche Erlösung und Befreiung. Sie muß jedoch immer in dem weit größeren
Zusammenhang der Erlösung der ganzen Welt gesehen
werden. Unsere Erwartung soll darauf gerichtet sein,
daß durch die Vergebung das Reich des Friedens sich
über alle Nationen und alle Menschen ausbreitet. Diese Erwartung, die aus jedem Blatt des Neuen Testaments spricht, kommt von Jesus. Sie muß in uns lebendig sein, nicht einfach als etwas, woran wir glauben,
sondern als eine brennende Sehnsucht in unseren Herzen.

Sogar ein Mörder kann in Jesus Vergebung finden.
Weil Jesus für uns gestorben ist, spricht sein Blut lau-
ter als das Blut Abels, der den unschuldig ermordeten
Menschen symbolisiert; lauter als alles anklagende
Blut, das von Menschenhand vergossen wird.

Wir haben das wunderbare Versprechen Christi: wenn
wir vergeben, so kann uns Vergebung widerfahren. Dazu gehört jedoch die scharfe Warnung: wenn wir nicht
vergeben, so wird auch uns nicht vergeben. Laßt uns
einander mit neuen Augen ansehen und einander als
Gabe Gottes betrachten, obwohl jeder die Schwächen
des anderen kennt.

Kol 3,15   Paulus schreibt an die Kolosser, daß sie berufen sind,
im Frieden Christi als Glieder eines Leibes zu leben.
Wir dürfen uns nicht damit begnügen, den Frieden
Gottes um uns her wahrzunehmen – in unseren eigenen Herzen muß er wohnen. Die Seele des Menschen
lechzt nach Frieden. Deshalb sagt Jesus in seiner letz-

Joh 14,27 ten Nacht zu den Jüngern: „Meinen Frieden gebe ich euch. Es ist nicht der Frieden, wie ihn die Welt gibt."

Von Natur aus haben wir keinen Frieden; wir sind gespalten. Aber wir sind dazu berufen, Versöhnung mit Gott in Jesus zu finden. Er bietet uns die Vergebung unserer Sünden an, damit wir Einheit und Frieden mit ihm und miteinander finden. Es ist nicht genug, nach Frieden für uns selbst, für unsere eigene Seele zu trachten. Für den ganzen Leib der Gemeinde, ja für die ganze Schöpfung müssen wir Frieden erhoffen.

Groll

Lk 23,46

Aus einem Brief: Jeder ernste Christ erlebt Stunden der Gottverlassenheit, selbst Jesus wurde das nicht erspart. Dann hilft nur eines: „Vater, in deine Hände befehle ich meinen Geist." Wenn wir uns bedingungslos dem Vater übergeben, wird er uns den Weg zeigen. Wer jedoch seinem Bruder nicht vergibt, dem wird gar nichts gezeigt. Gott wird nicht barmherzig mit ihm verfahren; solange er in seinem Groll beharrt und nicht vergeben kann, wird er von Gott verlassen bleiben.

Aus einem Brief: Bleibt ganz fest im Bekämpfen von Empfindlichkeit und von allem, was die Liebe zerstört. Geliebter Bruder, geliebte Schwester, ihr seid nicht die einzigen, die Grund hätten, gekränkt zu sein. Ich werde von vielen Menschen gehaßt und beschuldigt. Gäbe ich meinen Gefühlen nach, dann wäre mir die Tür zum Gebet, zu Gott schon längst verschlossen. Gott erhört nur diejenigen, die vergeben können.

Aus einem Brief: Es schmerzt mich, daß du in deinem jungen Alter durch so schwere Kämpfe gehen mußt. Aber lege deine Schwierigkeiten nicht deinem Vater zur Last. Durch Adam stehen wir alle unter dem Fluch der Sünde und des Todes, und wir können kein neues Le-

ben, keine Reinheit des Herzens finden, außer durch
das Blut Christi. Das gilt für dich, für mich und für
alle Menschen. Halte an Jesus fest.

Aus einem Brief: Du bist verbittert wegen des Betrugs,
der unter uns offenbar wurde. Ja, es ist schrecklich – so
schrecklich, daß es einem das Herz zerreißen könnte.
Aber du häufst Sünde auf Sünde, wenn du bitter wirst.
Ps 22   Lies den 22. Psalm und denke daran was Jesus angetan
wurde und wie er Spott, Verachtung und Verrat begegnete. Er wurde nicht verbittert.

Aus einem Brief: Du bittest um Vergebung für deinen
Neid und deinen Haß. Wir persönlich vergeben dir gerne. Aber die Vergebung der ganzen Bruderschaft – die
Erneuerung der Einheit mit Jesus und seiner Gemeinde
– kann dir nicht gewährt werden, bevor du dich nicht
völlig von deiner Sünde abgekehrt hast.

   Wir sind dir nicht böse. Aber wir können nicht die
Vergebung im Namen der Bruderschaft aussprechen, solange sich deine Buße nicht tiefer bewährt hat. Vielleicht hat das schon begonnen. Wenn dem so ist, dann
geh weiter in dieser Richtung. Gott ist gut, er wird
dich nicht verwerfen. Die Bruderschaft hat dich lieb,
auch sie wird dich nicht verwerfen. Aber vereinigen
können wir uns nicht mit dir, solange noch Neid und
Haß in dir stecken.

Aus einem Brief: Du schreibst, es war dir unmöglich,
deine Arbeit zu tun, so aufgeregt warst du über die
Kränkung, die man dir zugefügt hatte. Dein Ärger
muß ans Licht kommen und überwunden werden.
Letztlich kann das Unrecht, das andere dir antun, dich
nicht von Gott trennen, sondern nur das Unrecht, das

du anderen antust. Das ist überaus wichtig: alle Kränkung und Bitterkeit muß überwunden werden.

Aus einem Brief: Halte fest an Hoffnung und Glauben!
Dann wird tiefe Freude dein Herz erfüllen und deine
Wunden heilen, eine Freude, die alle Furcht und allen
Pessimismus austreiben wird. Letztendlich soll unser
Weg ein Weg der Freude sein – Freude an Gott und an-
einander, denn Liebe bedeutet im tiefsten Sinn Freude.

EINHEIT

Mt 23,37

„Wie oft habe ich deine Kinder um mich sammeln wollen, wie eine Henne ihre Küken sammelt unter ihre Flügel, und ihr habt nicht gewollt!" Dieses eindringliche Wort, zusammen mit der Bitte Jesu in seinem letz-

Joh 17,21

ten Gebet „Damit sie alle eins seien, Vater, wie ich eins bin mit dir" ist ein entscheidender und ständiger Aufruf an uns. Diese Worte rufen uns auf den Weg vollkommener Bruderliebe und Einigkeit in Jesus. Sie rufen uns auf, ihm in Einheit nachzufolgen, damit die Welt erkenne, daß wir seine Jünger sind.

Nichts verbindet und vereinigt Menschen so tief wie die gleiche Hoffnung, der gleiche Glaube, die gleiche Freude und Erwartung. Deshalb ist es traurig, wenn ein Christ allein steht. Es hat stets Menschen gegeben, die um ihres Glaubens willen allein stehen mußten – einige sogar in jahrelanger Gefangenschaft. Aber wo wahre Erwartung lebendig ist, da werden Menschen zueinander hingezogen. Der sie verbindende Glaube führt zu Gemeinschaft, so daß sie einander stärken und ermutigen können. Für Gott einzustehen hat immer eine vereinigende Kraft. Wir wollen darum beten, daß wir mit allen denen, die ihn erwarten, zusammengeführt werden.

Aus einem Brief: Jesus sagt, das wichtigste Gebot sei, Gott von ganzem Herzen, von ganzer Seele und mit

Mt 22,37-39

ganzem Gemüt zu lieben – und dann den Nächsten wie uns selbst zu lieben. In unserer individualistischen Zeit ist es notwendiger denn je, daß es eine Gemeinschaft von Menschen gibt, die sich im Sinne dieses Gebots absoluter Liebe und Treue aneinander binden. Im-

Joh 14-17 mer wieder betont Jesus, wie wichtig Liebe und völlige Einheit sind – eine Einheit, wie er sie mit dem Vater hat. Ich glaube nicht, daß wir diese letzte Einheit jemals erlebt haben, auch nicht in den heiligsten Momenten. Gott allein weiß es. Aber wir verstehen unser Leben als ein Zeugnis dieser Einheit. Die Hingabe an Jesus können wir nicht von der Hingabe an die Schwestern und Brüder trennen.

Aus einem Brief: Es stimmt, daß man Jesus überall dienen kann. Aber wenn durch ihn zwei oder drei ein Herz und eine Seele werden – dann ist das ein großes Geschenk, etwas das Menschen nicht machen können.

Gott widerspricht sich nicht. Er sagt nicht zu dem einen: „Du mußt in den Krieg ziehen"; und zu dem andern: „Du darfst nicht in den Krieg gehen"; oder zu dem einen: „Du darfst dich scheiden lassen"; und zu dem andern: „Du mußt deinem Ehepartner treu bleiben." Wenn wir offene Ohren für die Wahrheit haben und im Herzen auf Gott hören, dann werden wir merken, daß er allen Menschen das gleiche sagt, oft sogar in praktischen Dingen.

Wir glauben nicht an die Herrschaft einer Mehrheit über eine Minderheit. Wir glauben, daß durch Christus Einmütigkeit bewirkt wird. Er spricht die gleiche Wahrheit in alle Herzen. Diese Einheit ist eine Gnade, ein Wunder, das wir immer wieder neu erleben. Aber sobald wir Gott und einander untreu sind, kann sie uns wieder genommen werden.

Die Einheit aller Gläubigen ist der einzige Maßstab für die Wahrheit. Wo wahre Einheit fehlt, tritt das Charisma eines Menschen oder die Macht einer starken Persönlichkeit über andere an ihre Stelle. Dann hört man auf andere Menschen, nur weil sie starke Führernaturen sind. Diese Ausstrahlungskraft, dieses Charisma, ist nicht nur eine falsche Basis für Gemeinschaft, sie ist absolut gefährlicher Boden.

Das geistliche Leben einer Glaubensgemeinschaft ist nur dann innerlich gesund, wenn jeder Einzelne immer wieder neu die Einheit mit Gott und seinem Geist sucht. Nur dann kann unser Gewissen gesunden und wahre Einigkeit verwirklicht werden.

Es spielt keine Rolle, *wo* Einheit gelebt wird. Wichtig ist allein, *daß* es einen Ort gibt, an dem in Einheit gelebt wird.

Viele Menschen streben nach religiösen Erlebnissen oder charismatischen Gaben wie das Zungenreden. Aber darin liegt eine Gefahr, nämlich daß im Trachten nach solchen Gaben die wichtigste Botschaft des Evangeliums übersehen wird: Einheit und Liebe. Was würde es der Menschheit helfen, wenn Tausende und Abertausende in Zungen redeten, aber weder Liebe noch Einheit hätten?

Unser Glaube an Jesus Christus vereinigt uns als Brüder und Schwestern und drängt uns, andere aufzurufen, ihm mit uns gemeinsam in absoluter Armut des Geistes nachzufolgen. Wir wollen keine Mitglieder machen – wir wollen andere zur Einheit rufen. Der Heilige Geist zerstreut nicht – er vereinigt.

Mt 12,30

Der Versuch, verschiedene Kirchen und Konfessionen miteinander zu versöhnen, ist nur zu begrüßen. Aber wahre Einheit – die Einheit, die alle Schranken niederreißt – beginnt mit Buße und Umkehr. Als der Heilige Geist zu Pfingsten herabkam, fragten die Leute: „Brü-

Apg 2,37

der, was sollen wir tun?" Sie waren zutiefst erschüttert,
sie bereuten ihre Sünden und wurden ein Herz und
eine Seele.

Leider ist es in der heutigen ökumenischen Bewegung oft der Fall, daß die Zäune stehenbleiben und
man sich über sie hinweg die Hände schüttelt. Wir
aber müssen bezeugen, daß wahre Einheit unter Menschen möglich ist – eine Einheit, die nur durch Umkehr und durch eine persönliche Begegnung mit Jesus
– dem Menschen Jesus, dem lebendigen Geist, dem
Herrn – geschenkt werden kann.

Aus einem Brief: In der ökumenischen Bewegung neigt
man dazu, Meinungsverschiedenheiten durch Zugeständnisse zu lösen. Solche Zugeständnisse treten dann
an die Stelle von wahrer Buße, tiefgehender Versöhnung und der Einmütigkeit, die eine Frucht der Umkehr ist. Am Ende werden ernste Mißstände unter den
Teppich gekehrt.

Eine rein gefühlsmäßige Einheit genügt nicht. In unserer Gemeinschaft versprechen wir, offen miteinander
zu reden, wenn Probleme auftauchen, uns gegenseitig
zu ermahnen und Ermahnungen anzunehmen. Wenn
wir diese brüderliche Offenheit vermeiden, weil wir
ihre Konsequenzen fürchten, dann ist unsere Einheit
keine wirkliche mehr. Gottes Wille ist Tat, und wir
müssen ihn in die Tat umsetzen. Tun wir das, so kann
Christus eine wahrhaft einige, vom Heiligen Geist
gereinigte Gemeinde entstehen lassen. Dann können
wir keinen Groll mehr auf andere haben, sondern wir
werden, wie die erste Gemeinde, ein Herz und eine
Seele sein.

Lk 6,44
Mt 12,33
Mehr als einmal sagt Jesus, an den Früchten erkennt man den Baum. Das dürfen wir niemals vergessen. Wir können alle erkennen, welcher Art der Baum unserer heutigen Gesellschaft ist: seine Früchte sind Unreinheit, Untreue, Ungerechtigkeit, Zerstörung und Mord.

Welcher Art waren die Früchte, die Jesus wollte? Als Joh 17,21 erste die Einheit. Woran soll die Welt sonst seine Jünger erkennen? Jesus sagt: „Sie alle sollen eins sein, Vater, wie wir eins sind."

Wie könnten wir Früchte der Einheit zeigen, wenn wir gleichzeitig ein Teil unserer heutigen Gesellschaft bleiben? Unsere Gesellschaft wird vom Mammon Joh 8,44 regiert, vom Geist dieser Welt, „der ein Lügner und Mörder ist von Anfang an". Sie wird von den Geistern des Zerfalls, der Zerstörung und der Trennung beherrscht, nicht vom Geist der Einheit. Wahre Einheit kann nur in einem brüderlichen Leben gefunden werden!

Ist es nicht so, daß Christus die Hingabe des *ganzen* Menschen an seine neue Ordnung verlangt? Die Zeit drängt. Wir müssen unsere Verantwortung übernehmen und mit Christus sammeln – uns mit ihm auf dem einen Weg vereinigen, wie Zweige an dem einen Baum des Lebens!

In einer Bruderschaft, die sich vom Heiligen Geist leiten läßt, gibt Jesus sich in vielerlei Gestalt zu erkennen, wie die verschiedenen Farben des Regenbogens. Wir sind alle voneinander verschieden. Gott hat uns so erschaffen, wie wir sind, und wir sollten nicht versuchen, etwas anderes zu sein. Unser ganzes Herz, unsere ganze Seele, unser ganzes Wesen müssen wir Jesus hingeben. Er soll mit uns tun, was er will. Dann finden wir wahre Erfüllung im Leben und können einander so lieben, wie wir geschaffen sind, mit all unseren Eigenheiten, auch mit unseren nationalen Eigenarten. In jeder Schwester, in jedem Bruder ist der gleiche Jesus erkennbar.

GEMEINDEZUCHT

Jeder, der getauft werden will, soll sich vorher über die Bedeutung der Gemeindezucht im klaren sein. In der Bruderhof-Gemeinschaft schließt jedes Mitglied durch die Taufe einen Bund mit Gott. Dabei verspricht der Betreffende, niemals wieder bewußt gegen Gott zu sündigen. Sollte es aber doch geschehen und er möchte einen ganz neuen Anfang machen, so bittet er darum, Gemeindezucht auf sich zu nehmen.[15]

Die kleinen Verfehlungen, die wir alle täglich begehen, können durch unser tägliches Gebet vergeben werden. Handelt es sich aber um ernstere Sünden, so können wir Vergebung erlangen, indem wir sie offen bekennen. Jakobus sagt: „Bekennt einander eure Sünden und betet füreinander, daß ihr gesund werdet." Für noch schwerere Sünden ist Gemeindezucht notwendig.

Jak 5,16

Gemeindezucht kann nur auf Bitte des Betreffenden ausgeführt werden. In manchen Fällen wird derjenige von Gemeindegebet und Mitgliederversammlung ausgeschlossen, bis er Buße getan und Vergebung erlangt hat. In anderen Fällen ist der „kleine Ausschluß" angebracht, das heißt, der Betreffende darf nicht am Gemeindegebet teilnehmen, noch soll ihm die Hand zum Zeichen des Friedens geboten werden; am täglichen Leben der Gemeinschaft kann er jedoch teilnehmen. Im Falle einer noch schwerwiegenderen Sünde kann die Gemeinde den „großen Ausschluß" anwen-

---

15   Gemeindezucht, wie sie in diesem Kapitel beschrieben wird, basiert auf den folgenden Bibelstellen: Mt 5,29-30; 9,13; 16,19; 18,8-9; 8,15-20; Lk 15,7-10; Joh 20,22-23; 1. Kor 5,1-5; 1. Tim 1,20.

den, wobei dem Betreffenden verkündet wird, daß er vom Reiche Gottes abgeschnitten und vom Gemeindeerlebnis ausgeschlossen ist, bis er ein bußfertiges Herz gefunden hat.

Sollte ein Bruder oder eine Schwester eine besonders schwere, willentlich begangene Sünde offenbaren, so werden die Worte des Paulus ausgesprochen: „Ich übergebe dich dem Satan zum Verderben des Fleisches und der Errettung deines Geistes." Hier sprach der Apostel von einem Mann, der der Frau seines Vaters beigewohnt hatte. Selbst nach einem so schweren Vergehen hatte Paulus den Glauben, daß der Ausschluß zur Errettung der Seele dieses Menschen dienen kann. Auch wir glauben und haben es erlebt, daß Menschen, die gesündigt haben, durch die Gemeindezucht völlige Buße und Vergebung erlangen und wieder treue Brüder und Schwestern werden können.

1. Kor 5,1-5

Der Schreiber des Briefes an die Hebräer warnt sie vor der Gefahr, bittere Wurzeln aufwachsen zu lassen, die das Ganze vergiften können. Diese Warnung gilt genauso für uns. Das ist der eine Grund, warum wir Gemeindezucht anwenden, nämlich damit kein Gift die Gemeinde zerstöre. Der andere ist, der betreffenden Person durch die Vergebung der Sünden die Möglichkeit zu einem Neuanfang zu geben, um von nun an ein reines Leben zu führen.

Hebr 12,15

Niemals darf ein Bruder oder eine Schwester ausgeschlossen werden, solange wir nicht alle erkennen, daß auch wir für unsere Sünden gerichtet werden müssen. Gemeindezucht ist nicht dazu da, Menschen zu richten, sondern um das Böse aus der Gemeinde zu verbannen – etwas, das immer wieder auch in unseren eigenen Herzen geschehen muß.

Wenn eine Schwester oder ein Bruder Gemeindezucht auf sich nimmt, so soll uns das daran erinnern,
daß Buße Gnade ist. Tun sie wirklich Buße, so tun sie
etwas für die ganze Gemeinde, ja für die ganze Welt,
weil das Böse durch Jesus überwunden wird. Deshalb
sollen wir eine besonders tiefe Achtung haben vor denen, die unter Gemeindezucht stehen; denn wir wissen,
wie sehr wir selbst Gottes Gnade und Barmherzigkeit
brauchen.

Niemandem darf auch nur ein Gramm mehr als seine eigentliche Schuld aufgeladen werden. Vielmehr wollen wir dankbar sein, daß Reue, Umkehr und Versöhnung mit Gott möglich sind – für die Ausgeschlos-
senen, für uns alle, für die ganze Menschheit.

Gemeindezucht ist ein Sieg des Lichts über die Dunkelheit. Mit ihr beginnt die Heilung in einem Menschen. Kann sie in diesem, dem einzig wahren Sinne
angenommen werden, dann bedeutet sie Gnade.

Ich glaube, daß die Frage des Ausschließens und Wie-
deraufnehmens, ja die Frage der Gemeindezucht überhaupt eng verbunden ist mit der Liebe Jesu und der Erlösung durch ihn. Er trägt die Sünden der ganzen
Welt. Er nahm den Tod am Kreuz auf sich, um den
Menschen immer wieder die Möglichkeit der Sündenvergebung und damit der Versöhnung mit Gott anzubieten.

Der Begriff der Gemeindezucht überhaupt ist in
der heutigen Christenheit verwischt, wenn nicht fast
verloren gegangen. Bei dieser ernsten Frage geht es je-
Mt 18,15-20   doch nicht um die Ansicht des Bruderhofs im Gegensatz zur allgemeinen Christenheit. Unser Verständnis
von Gemeindezucht stützt sich ausschließlich auf die
Worte Jesu und der Apostel.

In einer im Absterben begriffenen Kirche wird oft
über die Schwächen anderer hinter deren Rücken gere-
det. Da gibt es kaum Gemeindezucht und daher auch
keine Vergebung. Jesus sagt: „Wenn du deine Gabe auf
dem Altar opferst und dort kommt dir in den Sinn,
daß dein Bruder etwas gegen dich hat, so laß dort vor
dem Altar deine Gabe und geh zuerst hin und versöh-
ne dich mit deinem Bruder und dann komm und opfe-
re deine Gabe", und: „Wenn ihr steht und betet, so ver-
gebt, wenn ihr etwas gegen jemanden habt, damit auch
euer Vater im Himmel euch vergebe eure Übertretungen." Heißt das nicht, wir dürfen erst dann beten,
wenn wir jedem Menschen vergeben haben, wo er auch
sei, ob er recht oder unrecht hat, ob er Freund oder
Feind ist? Diese Gebote sind fast völlig in Vergessen-
heit geraten.

Das Gleichnis vom Unkraut unter dem Weizen
wird oft als Rechtfertigung für Mißstände in einer Gemeinde angeführt. Ich glaube, daß dieses Gleichnis
sich nicht an erster Stelle auf die Gemeinde bezieht,
sondern auf die Welt im allgemeinen. Es darf nicht
zum Anlaß genommen werden, Unrecht zu tolerieren.
Wenn Sünde in der Gemeinde ans Licht kommt, so
muß sie durch Gemeindezucht beseitigt werden, aus
Liebe zum Sünder und aus Liebe zur Gemeinde; sonst
ist die ganze Gemeinde verloren. Paulus sagt, es darf
kein Flecken oder Runzel an der Gemeinde sein, sie
soll rein sein und heilig, wie Jesus selbst heilig ist. Wir
dürfen das Böse nicht mit den Worten rechtfertigen:
Wo Weizen ist, ist auch Spreu.

Der beste Weg, im eigenen Herzen den Teufel zu besiegen, ist die völlige Hingabe an Jesus. Das gilt besonders für Mitglieder, die unter Gemeindezucht stehen,
und für solche, die mit bösen Gedanken und Gefühlen

Mt 5,23-24

Mk 11,25

Mt 13,24-30

Eph 5,27

Kol 1,22

zu kämpfen haben. Nur wenn sie sich jedesmal von neuem Jesus hingeben, werden sie in dem täglichen Kampf ihrer Herzen den Sieg erringen.

Hebr 4,12 Im Hebräerbrief lesen wir: „Der Geist Gottes ist schärfer als ein zweischneidiges Schwert." Diese Schärfe sollten wir in erster Linie gegen uns selbst anwenden. Die Evangelien berichten aber auch von der Barmherzigkeit und Liebe, die vom Geist Gottes ausgeht, und diese Liebe sollen wir unseren Mitmenschen zeigen, ganz besonders den Sündern.

Zu Jesus können wir mit jeder Not kommen. Bei ihm werden wir Barmherzigkeit und Gnade finden. Aber wir müssen bereit sein, auch seine Schärfe anzunehmen. Jeder Christ braucht einen Menschen, der ihm in der Liebe Christi die Wahrheit sagt, ganz gleich, wie schmerzhaft das ist, damit das Böse in ihm ausgemerzt werden kann.

Möge Gott uns das Salz der Wahrheit, aber zugleich seine Barmherzigkeit und Liebe schenken. Dann fallen wir nicht von einem Extrem in das andere, dann werden wir nicht in liebloser Schärfe zueinander sprechen. Mein Vater schrieb einmal: „Wer seinen Bruder ohne Liebe zurechtweist, ist ein Mörder." Wir alle müssen erkennen, wo wir lieblos waren und dafür um Vergebung bitten.[16]

Wenn ein Bruder oder eine Schwester sich etwas zuschulden kommen läßt, so habe ich aus Liebe zu diesem Menschen die Pflicht, mit ihm oder ihr darüber

---

16   Ein ähnlicher Ausspruch Eberhard Arnolds lautet: „Liebe ohne Wahrheit lügt, aber Wahrheit ohne Liebe tötet."

zu sprechen. Und wenn mich jemand zurechtweist,
darf ich nicht empfindlich sein. Ich versichere euch,
die Leute um Jesus haben oft ein energisches Wort zu
hören bekommen. Verglichen mit ihm sind wir wahrscheinlich noch viel zu höflich. Jesus ehrte seine Mut-

Joh 2,4   ter, aber er sagte auch zu ihr: „Frau, was habe ich mit
dir zu tun?" Seine Art Liebe war nicht immer höflich.

Aus einem Brief: Wenn du Selbstgefälligkeit, Lieblosigkeit oder Sünde unter uns bemerkst, dann mache bitte
die Verantwortlichen in der Gemeinde darauf aufmerksam. Aber bringe bitte keine allgemeinen Anklagen vor
und sprich nicht mit anderen darüber. Solche Gesprä-
che sind äußerst gefährlich und tragen nicht dazu bei,
Brüder und Schwestern zusammenzubringen, sondern
treiben sie auseinander.

Vom Neuen Testament her ist es ganz klar, daß die
Sündenvergebung mit der Gemeinde zusammenhängt.

Mt 16,19   Jesus übergibt der Gemeinde die Schlüssel „zu binden
und zu lösen". Wo also auf dieser Erde zwei oder drei
in seinem Namen zusammenkommen im Sinne bedin-
gungsloser Hingabe an ihn, dort findet man die Schlüssel zu binden und zu lösen. Vergebung ist niemals eine
rein private Angelegenheit.

Gott will, daß wir klarer unterscheiden lernen. Er will
aber auch, daß wir mehr Liebe, mehr Verständnis und
Barmherzigkeit für andere aufbringen. Gemeindezucht
muß sein, aber wir dürfen nicht die Worte Jesu vergessen: „Wer richtet, der wird gerichtet" und „mit dem

Lk 6,37-38   Maß, mit dem ihr meßt, wird man euch wieder mes-
sen".

TAUFE

Der Glaube an Jesus Christus, die Gewißheit der Verge-
bung der Sünden durch Buße und Umkehr und die
Eingliederung in den Leib der Gemeinde – diese drei
Dinge sind bei der Taufe von zentraler Bedeutung.

In der Taufe schließen wir den Bund mit Gott und sei-
ner Gemeinde, indem wir uns von ganzem Herzen
Jesus hingeben mit allem, was wir sind und haben, in
Eph 1,7   dem festen Glauben, daß er unsere Sünden vergibt.
Diese Vergebung der Sünden ist nur durch den Tod
Joh 20,23   Jesu möglich, und wo Jesus Gemeinde stiftet, da ist die
Kraft der Vergebung wirksam.
1. Joh 1,7   Möge Gott die Sünden eines jeden vergeben, der
nach der Taufe verlangt. Möge Jesus sie alle durch sein
Blut reinigen, damit sie zu Kindern Gottes und wah-
ren Brüdern und Schwestern werden.

Die Taufe ist ein sichtbares Zeichen der Umkehr, deshalb ist sie gleichbedeutend mit völliger Hingabe. Das
heißt, wir geben uns selbst auf, gießen uns ganz und
gar für Jesus Christus aus, so wie man ein Gefäß aus-
schüttet, damit wir leer und arm vor Gott stehen.

1. Petr 3,21   Die Taufe ist das Bekenntnis eines guten Gewissens
Röm 6,3-4   vor Gott. Das ist nur möglich durch die gnädige Hilfe
und die reinigende Kraft des Blutes Christi. Christi
Geist, der Geist der Wahrheit, spricht zu dem glaubenden Gewissen und weist es auf die Einheit mit dem
Willen Gottes hin. Nur hier – in der Einheit eines guten Gewissens mit Gott – ist wahrer Frieden. Hier ist
Gal 3,25-27   das Gewissen befreit von dem Gesetz und den Mächten unseres Zeitgeistes.

Jesus ließ sich im Jordan taufen. Ich glaube, er verstand unter Taufe ein wirkliches Untertauchen. Aber die Form ist nicht das Wichtige. Wenn kein Wasser zum Untertauchen vorhanden ist, kann der Täufling auch mit Wasser übergossen werden. Wichtig ist allein, in der Taufe mit Christus begraben zu werden und mit ihm aufzuerstehen durch den von Gott gewirkten Glauben – gerade so wie Christus von den Toten auferstand.

Kol 2,12

Die Taufe ist ein Schritt totaler Hingabe an Gott und an die Gemeinde. Dazu dürfen wir niemanden überreden. Es ist jedoch unsere Pflicht, die Menschen zur Buße aufzurufen und sie darauf hinzuweisen, daß das Evangelium die schärfste Verurteilung der Sünde und gleichzeitig die innigste Einladung für den bußfertigen Sünder enthält. Gott lädt uns ein, mit unseren Übertretungen und unserer Not zu ihm zu kommen. Ihm dürfen wir vertrauen; zu jeder Zeit und in allen Situationen dürfen wir uns an ihn wenden.

Aus einem Brief: Die Taufe macht uns nicht zu besseren Menschen. Wir steigen nicht etwa zu Übermenschen auf, sondern wir bleiben sündhafte Menschen, zu denen Gott herabkommen will. Und das ist ein Wunder, dessen wir niemals würdig sein können. Gott ist jedoch voller Gnade.

Es ist besser, sich nicht taufen zu lassen, als einen halbherzigen Schritt zu tun. Es ist besser, ungetauft zu bleiben, als sich um der Eltern willen oder um einer Freundschaft willen taufen zu lassen oder um in der Gemeinde ein abgesichertes Leben zu finden. Die Taufe muß eure persönliche Entscheidung sein, die niemand anderes für euch treffen kann. Millionen von Menschen sind getauft, aber für viele ist die Taufe nur eine leere Form. Jeder, der getauft werden will, sollte sich fragen: „Bin ich bereit, um Jesu willen niemanden mehr zu lieben als ihn, weder meine Frau noch meine Eltern noch meine Kinder, damit nur er in mir leben kann? Bin ich bereit, für Jesus und meine Geschwister alles hinzugeben?" Wer nicht dazu bereit ist, der soll sich nicht taufen lassen. Ihr müßt gewillt sein, für ihn zu sterben, damit er selbst in eurem Herzen leben kann. Jesus muß euer einziger Schatz sein.

Röm 8,1-4

Wenn ihr allein um Jesu willen getauft werdet, wird er euch in seiner Liebe annehmen und euch seine Vergebung und seinen Frieden schenken. Er wird in euch wohnen und euch helfen, jede Versuchung zu überwinden. Durch sein Blut werdet ihr reingewaschen.

Röm 6,3-4
Mt 10,37-39
Joh 12,24-26

Recht verstanden, hängt die Taufe untrennbar mit dem Tod und der Auferstehung Jesu zusammen. Taufe bedeutet, wirklich mit Christus zu sterben und danach mit ihm aufzuerstehen. Die Worte „mit Christus sterben" werden so oft gebraucht, daß sie wohl etwas von ihrer Kraft eingebüßt haben. Denken wir aber tiefer darüber nach, was es bedeutet, daß Gott auf diese Erde gekommen und für uns gestorben ist, dann ahnen wir den Ernst seiner Bitte, mit ihm zu sterben.

Die Taufe erfordert eine persönliche Entscheidung, seine Sünden zu bekennen und sein Leben vollständig Jesus zu übergeben. Das bedeutet, lieber zu sterben als bewußt wieder zu sündigen. Es muß zu einer persönlichen Erfahrung werden, daß Christus der Friede des Herzens ist und daß er für uns gestorben ist. Aber das ist nicht alles. Wir müssen ein tieferes Verständnis der Person Christi bekommen. Es wäre falsch, die persönliche Erfahrung außer acht zu lassen. Wir müssen dar-

über hinausblicken, um die Größe Gottes und seines
Weltalls zu erfassen und gleichzeitig auch die Schwere
der Not und Sünde der ganzen Menschheit zu erkennen. Möge jeder von uns überwältigt werden von der
Größe Jesu, der König ist über das Reich Gottes und
der die Schlüssel zur Unterwelt in seiner Hand hält. Er
hat die Macht über alle Mächte.

Offb 1,18

Die Taufe ist keine menschliche Einrichtung, sondern
ein Schritt, durch welchen Sünden vergeben und Dämonen durch Jesus Christus und seinen Heiligen Geist
ausgetrieben werden. Kein Mensch kann das bewirken,
auch kein Kreis von Menschen. Wir brauchen die Gegenwart Christi. Deshalb bitten wir ihn, besonders in
unseren Taufversammlungen unter uns zu sein; denn
er ist es, den wir ehren – er, der unsere Sünden durch
den Glauben an seinen Tod vergibt.

Wahre Buße und Umkehr ist die Voraussetzung für
die Vergebung der Sünden in der Taufe. Wir alle müssen der menschlichen Gerechtigkeit absagen. Keiner
von uns ist gerecht und gut, Gott allein ist gerecht
und gut. Am schärfsten trat Jesus gegenüber den „Guten" auf, denjenigen, die das Kreuz nicht brauchten,
die meinten, gerettet zu sein – als Abrahams Kinder.
Aber Jesus sagt: „Die Starken bedürfen keines Arztes,

Mk 2,17   sondern die Kranken. Ich bin gekommen, die Sünder
zu rufen und nicht die Gerechten."

Sind wir einmal bekehrt und getauft und haben den

Röm 6,12-13   Entschluß gefaßt, Jesus nachzufolgen, dann dürfen wir
unsere Glieder nicht mehr der Sünde zur Verfügung
stellen. Das ist von grundlegender Bedeutung: der
Kopf muß von Gottes Gnade und seinen Gedanken erfüllt sein; die Hand darf nicht länger zum Blutvergie-

ßen beitragen oder unzüchtige Handlungen begehen; das Auge darf nicht länger der sinnlichen Begierde dienen, sondern es soll Gottes Liebe zu den Brüdern und Schwestern ausstrahlen.

Sobald wir uns durch die Taufe an Christus hingeben, versiegeln wir unsere Glieder zu seinem Dienst. Und doch weiß jeder von uns, daß auch nach der Taufe Versuchungen an uns herantreten, in dem einen durch Unreinheit, in dem anderen durch Stolz oder durch Haß und Bitterkeit. Niemand gelingt es, sich an den eigenen Haaren aus dem Schlamm zu ziehen. Wir mögen uns noch so sehr anstrengen, wir werden uns niemals selbst ändern können. Nur der Tod Jesu, seine Vergebung und seine Kraft, das Böse aus den Herzen zu vertreiben, befreit uns von der Sklaverei der Sünde.

Röm 6

Versuchungen werden immer wieder kommen, aber aus einer tiefen Glaubenserfahrung heraus können wir widerstehen. Hören wir nur das Gesetz: „Du sollst nicht begehren", und doch erfaßt uns böses Begehren, dann ist es schwer, damit fertig zu werden. Haben wir jedoch Jesus durch Buße und Umkehr erlebt, dann können wir überwinden. Wir bleiben Menschen – aber wir sind keine Sklaven der Sünde mehr.

DAS ABENDMAHL

Das Abendmahl ist ein Symbol, ein äußeres Zeichen dafür, daß wir gebrochen vor Jesus treten, dessen Leib für uns am Kreuz gebrochen wurde. Christus will im Herzen all derer, die das Brot brechen und den Wein trinken, gegenwärtig sein. Mit ihm sollen wir schwach werden, um hernach durch die Gemeinschaft mit ihm in seiner Kraft stark zu werden. Brot und Wein sind nur Symbole, aber die Reinheit und Einheit in Christus, die sie symbolisieren und die wir im Abendmahl als Gemeinschaft mit Christus erleben dürfen, sind Realität.

Wie das Getreide von verschiedenen Feldern zu Mehl zermahlen und zu einem Laib Brot geformt wird, wie die Weintrauben aus vielen Weinbergen gekeltert werden, um Wein zu erzeugen – so können wir, die wir aus verschiedenen Nationen und Kulturen stammen, im Abendmahl vereinigt werden. Diese Einheit ist jedoch nur möglich, wenn wir aufhören, uns selbst wichtig zu nehmen.

1. Kor 10,16-17

Das Abendmahl ist ein Mahl der Einheit, und wir müssen uns bereit machen, um im rechten Sinn daran teilzunehmen. Es ist ein Mahl der Erinnerung an Jesus, dessen erlösender Geist der Vergebung für die ganze Welt, für alle Völker und Nationen bereit ist. Weiter ist es ein Mahl der Erneuerung unseres Bundes mit Gott, in dem wir uns, von aller Sündenlast befreit, ihm erneut zum Dienst weihen.

Wenn wir uns daran erinnern, wie Jesus an seinem letzten Abend auf Erden das Mahl einsetzte, dann soll uns das auch daran erinnern, daß jeder Christ bereit sein muß, sein Leben zum Opfer zu geben – ja, er sollte es tatsächlich tun, wie Christus es tat. Wir leben in einer Welt, die dem Reich Gottes ebenso feindlich gegenübersteht, wie es zur Zeit Jesu der Fall war. Er verspricht uns nicht, daß es uns anders ergehen wird als ihm. Vielmehr, daß seine Jünger verfolgt werden und ihnen das Gleiche angetan wird wie ihrem Meister.

Joh 15,18-20

Bei der Abendmahlsfeier bezeugen wir die Liebe unseres Herrn Jesu, dessen Tod die Vergebung unserer Sünden ermöglichte und der uns Liebe und Einheit untereinander schenken will. Eigentlich ist es ein ganz schlichtes Mahl. Jesus bat seine Jünger, es im Gedenken an ihn zu halten. Deshalb feiern wir es in diesem Sinn.

Paulus sagt, wer beim Gedächtnismahl in unwürdiger Weise das Brot ißt und den Wein trinkt, der ißt und trinkt es sich selber zum Gericht. Daß heißt, wir dürfen nicht mit einem von Sünden belasteten Gewissen zum Abendmahl gehen. Wir dürfen es aber auch nicht zulassen, daß uns Gefühle der Unwürdigkeit quälen. Paulus spricht von der inneren Einstellung, mit der wir am Abendmahl teilnehmen sollen, nämlich mit der gleichen Ehrfurcht, wie sie Moses hatte, als Gott ihm den brennenden Busch zeigte und sprach: „Zieh deine Schuhe von den Füßen, hier ist heiliger Boden."

1. Kor 11,27-29

2. Mose 3,5

Zur Zeit der Urgemeinde trafen sich die Gläubigen oft zum Abendmahl, damit die bösen Geister aus ihrer Mitte vertrieben würden. Erleben wir in der Bruderschaft einen Geisteskampf, dann fühlen wir uns auch gedrängt, das Abendmahl zu halten. Jörg Blaurock, ein Führer der ersten Täufer, sagte, wenn es häufig gefeiert wird, dann werden die falschen Brüder unter uns offenbar.

1. Kor 11,26

Im Brechen des Brots und im Trinken des Weins beim Abendmahl vereinigen wir uns mit Christus im tiefsten Sinn. Wie Paulus sagt, gedenken wir seines erlösenden Todes und „verkünden ihn, bis er kommt". Wir verkünden Christi Tod als das größte Ereignis der Geschichte: durch seine Wunden finden wir Heilung, durch seine Leiden finden wir Gott, und durch sein helles Licht finden wir die Liebe. Wir beten, daß er allein unser Herr und Meister sei; wir wollen ihn lieben,

Joh 12,24-25

sein Leben und seinen Weg, mit unserem ganzen Sein. Christus zu lieben, heißt, mit ihm zu sterben. Das bedeutet, wir müssen uns selbst absterben. Das kostet oft einen schmerzhaften, längeren Kampf, den wir nur dann bestehen können, wenn wir Christus und sein Kreuz über alles lieben. Es geht nicht darum, daß wir uns selbst quälen, sondern darum, daß wir Jesus finden.

Gewiß sollten wir beim Abendmahl nicht nur an Christi Leiden und Tod denken, sondern ebenso an seine Auferstehung von den Toten und an seine Himmelfahrt zum Vater, an dessen Seite er die Gemeinde und das Herz eines jeden Glaubenden regiert. Und wir sollten uns an sein Versprechen erinnern, daß er wiederkommen wird, um uns zu richten und das Reich seiner Herrlichkeit aufzurichten.

LIEBE UND EHE

Liebe   Jesus zeigt uns, was Liebe ist: sein Leben für andere
hinzugeben und nicht, Leben zu nehmen; lieber der
Niedrigste und Demütigste und nicht der Mächtigste
sein zu wollen. Die Liebe macht uns frei. Ein Mensch,
der über andere herrschen will, trägt eine gequälte Seele in sich – eine in Liebe entbrannte Seele jedoch ist
fröhlich. Wir wünschen unseren Ehepaaren, daß die
Liebe ihr Leben bestimmt und der Dienst am andern
ihnen wichtiger ist, als sich selbst zu dienen. Noch
mehr wünschen wir, daß sie sich der großen Sache Gottes hingeben, und daß ihre Liebe zu ihm ihnen über
alles geht, auch über ihre Ehe.

Im Bereich der Liebe ist nicht das Äußere, sondern die
Beziehung von Herz zu Herz, von Seele zu Seele entscheidend. Vergessen wir nicht, daß der Körper ohne
die Seele nur die Form des Menschen, nur Materie ist.
Deshalb dürfen wir ihn dennoch nicht verachten:
1. Kor 6,19   „Wißt ihr nicht, daß euer Leib ein Tempel des Heiligen Geistes ist, der in euch ist und den ihr von Gott
habt?"
     Der Leib ist dafür geschaffen, den Regungen des
Herzens Ausdruck zu geben. Ein zartes Lächeln, Augen, die bei einem liebevollen Wort aufleuchten oder
eine zarte Berührung der Hand können zu einer glü-
henden Umarmung, zu den Zärtlichkeiten der letzten
Erfüllung in der Vereinigung führen. Der Leib ist die
sichtbargemachte Seele.

Aus einem Brief: Sich vom anderen Geschlecht angezogen zu fühlen, ist natürlich, aber bei weitem keine ge-
nügende Basis, um zu heiraten und eine Familie zu

gründen. Es ist auch ganz natürlich, daß ein Mann, der eine Frau liebt, wissen möchte, ob sie die richtige für ihn ist. Auf diese Frage gibt es nur eine Antwort: beide müssen das eindeutige Gefühl haben, daß eine eheliche Verbindung sie näher zu Jesus führen wird.

Der richtige Ehepartner ist nicht einer, der erotisch besonders anziehend ist, sondern der, der den anderen näher zu Jesus führt. Ist eine Ehe nur auf äußere Anziehung gegründet, dann wird sie leicht zerbrechen.

Aus einem Brief: Laß bei der Wahl eines Ehepartners deine Gefühle nicht oberflächlich von einem zum anderen wandern. Prüfe sie im Blick auf Jesus. Für einen Christen ist der Schritt in die Ehe nur dann richtig, wenn er sicher ist, daß dieser Schritt ihn näher zu Jesus führen wird und daß beide Partner gemeinsam Jesus besser dienen können als allein. Ich glaube nicht, daß ein Christ heiraten sollte, nur um seine körperlichen und emotionalen Bedürfnisse zu befriedigen. Solch ein persönliches Verlangen muß vorhanden sein, darf aber nicht den Ausschlag geben.

Aus einem Brief: Denkst du daran, einen anderen Menschen durch Heirat fürs ganze Leben an dich zu binden, so lerne vor allem zu lieben; lerne, dein Herz zu öffnen; lerne, an den anderen zuerst zu denken.

Aus einem Brief: Was ich jetzt sage, meine ich ernst, weil es mir um euer Wohl geht: Bevor ihr eine Bindung eingeht, solltet ihr sicher sein, ob es Gottes Wille ist, daß ihr zwei zusammengehört. Schrecklich ist es, wenn Zweifel kommen, nachdem man sich durch die Verlobung gebunden hat. Aber Zweifel zu haben, nachdem die Ehe geschlossen wurde, wäre ungleich viel schrecklicher. Möge Gott euch Klarheit darüber schen-

ken, ob ihr wirklich zusammengehört. Besser ein Ende
mit Schrecken als ein Schrecken ohne Ende. Ich sage
das aus Liebe zu euch. Möge Gott euch führen.

Aus einem Brief: Deine Frage: „Warum fühle ich mich
zu diesem Jungen hingezogen, wenn er für eine andere
bestimmt ist?" klingt etwas rebellisch, beinahe so, als
ob du Gott anklagen wolltest. So wie unsere schwache
menschliche Natur nun einmal ist, fühlen wir manchmal gewisse Anziehungen, haben aber keine andere
Wahl, als sie abzulehnen. Ob jemand und wer für dich
bestimmt ist, darüber kann ich nicht urteilen. Das
Wichtige für dich ist, dein Leben Jesus hinzugeben.

Ehe
Mt 5,28

Jesus nimmt den Ehebund so ernst, daß er sogar einen
begehrlichen Blick als „Ehebruch im Herzen" bezeichnet. Er gebraucht ein so scharfes Wort, weil er das heilige Geschenk der Einheit zwischen zwei Menschen beschützen will.

In einer wahren Ehe werden Mann und Frau in erster Linie eins im Geist, das heißt: eins im Glauben,
eins im Erleben Gottes und eins in der Reinheit der Gemeinde.

Zweitens bedeutet die Ehe, daß ihre Seelen eins
sind. Man kann mit jedem gläubigen Menschen eins
im Geist sein. Aber das Band, das Mann und Frau in
der Ehe verbindet, unterscheidet sich grundlegend von
allen anderen Bindungen. Eine besondere Liebe und
eine besondere Freude ist zwischen diesen beiden Menschen spürbar, sobald sie einander nahe sind. Weil sie
sich ganz besonders lieben, sind sie einander treu und
halten ihre Beziehung rein.

Drittens bedeutet die Ehe, daß Mann und Frau ein
Fleisch werden in der körperlichen Vereinigung. Wird
das Band dieser Vereinigung durch Untreue zerrissen,

so ist das eine furchtbare Sünde, denn in Gottes Augen ist damit die Beziehung zerbrochen. Was anfangs ein Segen war, wird zu einem Fluch. Es bleibt nur die Hoffnung, daß durch Buße und durch Gottes Gnade etwas Neues geschenkt werden kann. Es gibt keine Entschuldigung für Ehebruch, besonders für den nicht, der an Jesus glaubt.

Der Segen Gottes liegt auf jedem Ehepaar, ob jung oder alt, welches die Einheit in der rechten Ordnung erfährt: zuerst die Einheit im Geist, dann die Einheit von Herz und Seele und dann die körperliche Vereinigung – und nicht umgekehrt: an erster Stelle die körperliche Vereinigung, während nur wenig Herzenseinheit und noch weniger Geisteseinheit vorhanden ist.

Mt 5,27-32 Die Worte Jesu über sinnliche Begierde, Scheidung und Wiederverheiratung nehmen wir sehr ernst, und wir wahren eine scharfe Haltung gegen sexuelle Unsittlichkeit. Kein Bruderhofmitglied darf sich scheiden lassen und eine neue Ehe eingehen, und kein Wiederverheirateter kann Mitglied werden, solange er oder sie in zweiter Ehe lebt, wenn der frühere Partner noch am Leben ist.

Wir glauben an die lebenslängliche Treue, auch um der Kinder willen, wenn Kinder geschenkt werden. Der Ehebund zwischen zwei Menschen muß ein Bund fürs Leben sein. Daran kann nicht gerüttelt werden, denn

Mt 19,6 „was Gott zusammengeführt hat, das darf der Mensch nicht scheiden".

Die Grundlage für eine wahre Ehe ist die Liebe zu Jesus. Ihr müßt Jesus als lebendige Kraft in euern Bund einbeziehen.

Eph 5,23 Die Aufgabe des Mannes ist es, Jesus als das Haupt zu vertreten, aber das schließt ein, daß er Jesu Beispiel

der Demut folgen muß. Ein Mann, der sich nicht er-
niedrigen will, kann kein Jünger sein.

Die Aufgabe der Frau ist es, Jesus als den Leib, als
die Gemeinde darzustellen. Sie muß sich Maria zum
Beispiel nehmen, die sprach: „Hier bin ich, die niedrige Magd des Herrn." Kann sie das nicht annehmen, so
ist sie keine Jüngerin Christi.

Im tiefsten Sinn bedeutet Ehe Gemeinschaft. Gott
sagt: „Es ist nicht gut, daß der Mensch allein sei." Aus
einem Wesen schuf er zwei – Mann und Frau – die in
der Ehe wiederum eins werden.

Eine Ehe kann nur Bestand haben, wenn beide Partner demütige und offene Herzen haben. Eifersucht
und Überheblichkeit drohen stets, sie zu trennen, aber
die Liebe überwindet alles, denn „sie ist weder arrogant
noch ungehörig; sie besteht nicht auf ihrer Meinung,
sie läßt sich nicht erbittern, trägt nichts nach, freut
sich nicht am Unrecht, freut sich aber an der Wahrheit". Dazu gehört auch, daß die Liebe vergebend ist.
Wenn man verheiratet ist, entdeckt man mit der Zeit,
daß der Ehepartner nicht vollkommen ist. Kann ich
aber meinem Partner vergeben, dann wird jeder Tag zu
einem neuen Anfang, jeder Tag hält neue Freuden bereit. „Die Liebe erträgt alles, hofft alles, glaubt alles."
Keine Last ist zu schwer zu tragen, wenn Liebe da ist.
Diese Liebe, die alles erträgt, wird ein Ehepaar, auch angesichts einer schweren Situation, im Glauben und in
Hoffnung aufrecht erhalten.

Die eheliche Treue ist von entscheidender Wichtigkeit
für das innere Leben eines jeden Partners, denn zwischen der ehelichen Liebe in geistig-seelischer Hinsicht
und der sexuellen Vereinigung besteht eine tiefe Verbindung. In einer rechten Ehe hat die körperliche Vereini-

Lk 1,38

1. Mose 2,18

1. Kor 13,4-6

1. Kor 13,7

gung der Partner einen tiefen Zusammenhang mit
Gott. Sobald sich aber ihre sexuelle Beziehung von
Gott loslöst, führt sie zu sündhaftem Verhalten, auch
innerhalb der Ehe. Die Heiratsurkunde gibt keinem
die Freiheit, für den Körper und seine Lüste zu leben.

Wegen der einzigartigen Intimität der sexuellen Sphä-
re in der Ehe findet eine Vereinigung ohnegleichen
statt, wenn sich Mann und Frau einander völlig hingeben. Diese Vereinigung ist der organische Ausdruck der
ehelichen Liebe, die in der gegenseitigen Hingabe ihre
Erfüllung findet. Jeder Partner kennt das intime Geheimnis des anderen. Es ist Gottes Wille, daß Mann
und Frau dieses Geheimnis wahren und keinem anderen preisgeben.

Unsere erste Berufung ist die Nachfolge Jesu, was es
auch kosten möge. Sollte uns ein Ehepartner geschenkt
werden, so sollte unsere Hingabe an Jesus umso stärker
werden, nicht schwächer. Die Ehe sollte uns näher zu
Jesus führen.

Für alle, die in den Ehestand treten, beten wir darum, daß nichts in ihrem Leben sie von Gottes Liebe
trennt, denn seine Liebe ist immer gegenwärtig und
wird sie zusammenhalten, in Not- und Leidenszeiten
sowie in Zeiten der Freude.

Der Ehebund enthält das Versprechen, durch dick
und dünn, durch gute und schlechte Tage einander
treu zu bleiben und sich bis an das Lebensende allein
von Gottes Liebe abhängig zu wissen.

Eine der größten Gefahren für eine Ehe ist ständiges
Kritisieren, Unzufriedenheit wegen Kleinigkeiten, weil
man merkt, daß der Ehepartner nicht perfekt ist.
Wenn einer glaubt, er habe in allem recht, dann ist er
der Liebe gegenüber verschlossen. Mag er auch gottes-

fürchtig sein und auf den Willen und das Wort Gottes hören, der Feind wird ihn stets im Auge behalten, um ihn zu versuchen, sogar in kleinen Dingen. Wenn die Nörgelei einmal angefangen hat, dann erkaltet die Liebe. Wir müssen uns dieser Gefahr bewußt sein. Sind wir aber bereit, alles zu wagen, alles zu hoffen, alles zu vergeben, dann wird jeder Tag zu einem neuen Erlebnis der Liebe, auch wenn es durch schwere Zeiten geht.

Aus einem Brief: Ich denke, du solltest dich ernsthaft fragen, ob du deiner Frau genug Liebe und Geduld entgegengebracht hast und ob du dir wirklich Mühe gegeben hast, ihre Situation und ihre Bedürfnisse zu verstehen. Der Ehemann soll die Familie führen; das bedeutet jedoch in erster Linie, Verständnis für Frau und Kinder zu haben. Fehlt dieses Verständnis, dann kann er ihnen weder Liebe entgegenbringen noch Führung geben.

Aus einem Brief: Sobald die Dinge zwischen dir und deinem Mann in euern Herzen vor Gott klar geworden sind, wirst du einsehen, daß Schuld bei dir wie bei ihm liegt. Lies 1. Korinther 13,4-7 und denke dabei an deine Ehe:

1. Kor 13,4-7

>„Die Liebe ist langmütig, die Liebe ist freundlich und nicht neidisch. Die Liebe prahlt nicht, ist nicht aufgeblasen, verhält sich nicht ungehörig, sie sucht nicht das Ihre, läßt sich nicht zum Zorn reizen, sie rechnet das Böse nicht zu, sie freut sich nicht über die Ungerechtigkeit, sie freut sich aber an der Wahrheit. Da ist nichts, was sie nicht ertragen könnte. Sie glaubt alles, sie hofft alles, sie duldet alles.“

Wenn du das liest, wirst du spüren, daß ihr beide schuldig seid und beide die Liebe in eurer Ehe verletzt habt.

Aus einem Brief: Ich glaube, du hast recht: dein Mann ist innerlich verletzt. Du kannst seine Wunden nicht heilen, aber du kannst dich demütigen. Demut hat eine heilende Wirkung auf einen Menschen, den wir verletzt haben. Die Bibel sagt: „Ihr Frauen, seid euern Männern untertan", und: „Der Mann ist das Haupt der Familie."

Eph 5,22-24

Ich weiß, daß du deine eigene Last zu tragen hast. Und du hast recht: man muß seine Last am Fuß des Kreuzes niederlegen, um Heilung und Vergebung zu finden. Dazu gehört, daß wir tiefe Reue empfinden für das, was wir getan haben. Ich denke an euch beide in großer Liebe und werde für euch beten.

Aus einem Brief: Lieber Bruder, werde ganz still vor Gott und lausche im Herzen auf seine Stimme. Sucht ihn zusammen, du und deine Frau. Es ist Gott, der euch zusammengeführt hat; Gott wird euch zusammenhalten; er wird euch behüten.

Sexualität

Der sexuelle Bereich ist keineswegs das Wichtigste in der ehelichen Beziehung. Die Bedeutung des Sexuallebens wird heutzutage auf völlig ungesunde Weise übertrieben. Die Liebe zwischen Mann und Frau wird allzu oft auf das rein Animalische beschränkt, als sexueller Antrieb verstanden, und die wahre Bedeutung der Ehe wird absolut verkannt.

Es liegt auf der Hand, daß es Unterschiede zwischen Mann und Frau in ihrer biologischen Beschaffenheit gibt. Aber zu behaupten, der kennzeichnende Unterschied zwischen den Geschlechtern sei rein biologisch, zeugt von einem materialistisch bedingten Denken.

Die Frau verlangt danach, den Geliebten in sich aufzunehmen. Der Mann sehnt sich danach, in sie einzudringen und eins mit ihr zu werden. Von Natur aus ist der Mann schöpferisch und mehr dazu geschaffen, die Initiative zu ergreifen. Die Frau ist von Natur aus dazu angelegt zu geben, zu erdulden, zu empfangen, zu tragen, zu pflegen und zu behüten. Es gehört zu dem Übel unserer Zeit, daß sich Frauen dagegen auflehnen, die Last der Schwangerschaft und die Schmerzen des Gebärens zu ertragen.

Der echte Mann, auch wenn er ein schwacher Mensch ist, vertritt Christus als das Haupt. Er darf sich jedoch nicht als Herrscher aufspielen, sondern ihm ist die apostolische Aufgabe aufgetragen: „Gehe aus und sammle: Lehre alle Menschen. Tauche sie ein in die Atmosphäre Gottes, in das Leben des Vaters, des Sohnes und des Heiligen Geistes." Die Frau ist von dieser Aufgabe keineswegs ausgeschlossen, aber es ist in besonderer Weise der Auftrag des Mannes.

Mt 28,19-20

Es besteht kein Zweifel, daß die Unterschiede zwischen Mann und Frau nicht absolut sind. Eine echte Frau wird Christus und die apostolische Wahrheit vertreten; in einem echten Mann wird man auch den Gehorsam und die Demut einer Maria spüren.

Psychologie ist die Religion von heute. Sie analysiert den Menschen als Lebewesen, aber nicht als Ebenbild Gottes. Freud hat in vielen Punkten recht, aber er läßt den Hauptfaktor aus: Gott. Die Freudsche Analyse zieht nicht in Betracht, daß der Mensch als Ebenbild Gottes geschaffen wurde; er erklärt statt dessen den Sexualtrieb als die treibende Kraft im Menschen.

Freud führt sogar die Beziehung des Kindes zu Vater
und Mutter auf den Sexualtrieb zurück.

Die Psychologen haben recht, wenn sie lehren, daß
es viele Triebe im Menschen gibt, nicht nur den Sexualtrieb, sondern auch die Gier nach Besitz und Macht.
Aber ihre Schlußfolgerung, es sei schädlich, diese Triebe zu verdrängen, ist falsch. Sie läßt die Realität Gottes
und die Ebenbildlichkeit des Menschen völlig außer
acht.

Die eheliche Liebe und Einheit zwischen zwei Menschen hat eine tiefe symbolische Bedeutung. Paulus
sagt: „Ich deute es auf Christus und die Gemeinde." In
solch heiligem Sinne ist die Ehe zu verstehen, und aus
diesem Grund muß sie Gott völlig untergeordnet sein.
Ihr wahres Wesen ist allein in der Beziehung zu Christus und zur Ewigkeit zu begreifen. In dem Augenblick, in dem der sinnliche oder sexuelle Bereich von
Gott isoliert und als Selbstzweck angesehen wird, wird
die Seele beschmutzt und krank.

Eph 5,32

Die Meinung, daß zwei Menschen, die von Gott her
füreinander bestimmt sind, ausschließlich zum Zweck
der Fortpflanzung ein Fleisch werden, ist ein ernstli-
cher Irrtum. Es ist einfach nicht wahr, daß die Ehe in
diesem begrenzten Sinn ihren Zweck erfüllt. Die Sexualität ist ihrem Wesen nach intim und geheimnisvoll.
Sie soll es bleiben, denn sie steht im engsten Zusammenhang mit dem tiefsten und geistigsten aller Erlebnisse: mit der Liebe. Gewiß sind Sex und Liebe nicht
das gleiche, aber zwischen Sex und ehelicher Liebe
muß eine tiefe Harmonie bestehen.

Im Gegensatz zu allen anderen leiblichen Erfahrungen
sind die im engeren Bereich der Sexualität liegenden

wesentlich bedeutsamer und tiefer. Ihre Sinnlichkeit
hat bestimmte wesentliche Bestandteile, die bis an die
Wurzeln des leiblichen Seins des Menschen und gerade-
wegs in seine Seele dringen. Sie hat eine Tiefe und einen Ernst, die weit über die Grenzen des Körpers in
die Erfahrungen von Verstand und Geist hineinreichen.

Wenn ein Mensch so tief fällt, daß er sich unreinen
Begierden völlig hingibt, so beschmutzt er sich dadurch noch ganz anders als etwa durch Schlemmerei.
Die Befriedigung unreiner sexueller Begierde verwun-
det den Menschen in seinem innersten Wesen und
greift die Seele an.

Der geschlechtliche Bereich des Sinnlichen nimmt
im Menschen eine zentrale Stellung ein. Hier begegnen
sich Leib, Seele und Geist wie in keinem anderen Bereich unserer menschlichen Existenz. Daher hat das
sexuelle Leben eine ihm eigene Intimsphäre, welche
der einzelne instinktiv vor anderen verbirgt. Sex ist *sein*
Geheimnis, etwas, von dem er spürt, daß es an sein innerstes Wesen rührt. Jedes Aufdecken in diesem Bereich
legt etwas Intimes und Persönliches offen, gewährt einem anderen Zutritt zu dem eigenen Geheimnis. Deshalb ist das Gebiet des Geschlechtlichen auch seinem
Wesen nach das Gebiet der Scham. Wir scheuen uns,
unser Geheimnis vor anderen zu lüften.

Wie furchtbar ist eine Zeit, in welcher der Mensch
sich selbst und seinen Wert als Person so mißachtet,
daß er jegliches Schamgefühl verliert. Für den reinen
Menschen ist der sexuelle Bereich sein eigenes, persönliches Geheimnis. Dieses Geheimnis darf nur auf eine
einzige Art enthüllt werden, nämlich in der ungeteil-
ten Hingabe an den einen Partner in der Ehe.

Die sexuelle Revolution der 70er Jahre hat die Seele des Menschen ruiniert. Wir wollen mit unserem Leben etwas ganz anderes bezeugen, nämlich, daß absolute Reinheit und Treue in der Ehe möglich sind.

Der Gedanke der geschlechtlichen Beziehung zwischen Mann und Frau kommt von Gott. Wir brauchen uns unserer Sexualität nicht zu schämen. Dieses Gebiet ist einfach zu heilig, um fortwährend Gesprächsstoff zu sein.

Wegen seiner einzigartigen Natur kann der Geschlechtsakt zwei sehr verschiedene Gestalten annehmen: einmal kann er ehrfurchtgebietend, geheimnisvoll, edel, rein und friedevoll sein und dadurch auf den Menschen erlösend wirken. Er kann aber auch zu einer verbotenen Hingabe an die unverhüllte Lust werden, welche die Seele krank macht. Dann gehört er zum Bereich böser Begierde, die auf den Menschen einen teuflischen Reiz ausübt.

Jede Art von Entheiligung ist Sünde. Mißbrauche ich einen Menschen, indem ich ihn als Gegenstand und nicht als Menschen behandle, so verletze ich seine Würde als Ebenbild Gottes. Es ist sündhafte Entheiligung, einen Menschen zu verführen, ohne überhaupt daran zu denken, daß ich selbst für die Seele des anderen verantwortlich bin. Und es ist ein Verbrechen, nicht nur an Geist, Seele und Leib des anderen, sondern ebenso an mir selbst.

Eine noch schrecklichere Sünde ist die Verführung einer Person gleichen Geschlechts; das ist gottlos und pervers. Sowohl das Alte wie das Neue Testament und die Kirchenväter sprechen ganz entschieden dagegen.

Eine Ehe allein deshalb einzugehen, um körperliche Begierden zu befriedigen, ist ganz ausgeschlossen. Wir können aber unsere Sinne nicht verleugnen. Wenn du schönen Gesang hörst, wirst du nicht einfach die Ohren davor verschließen. Die Schönheit der Schöpfung Gottes nimmst du mit den Augen wahr. Wenn im Frühling die Blumen blühen, erfreust du dich an ihrem Duft.

Eine ähnliche Freude wird auch im ehelichen Geschlechtsverkehr erlebt. Nur getrennt von Gott führt Sex uns in die Dunkelheit der Sünde, aber Sex in der Ehe abzulehnen wäre unnatürlich.

Oft kommen Menschen dem Feuer der Liebe allzu nahe, ohne ein festes inneres Fundament zu haben. Ohne die rechte Gottesfurcht geht man leichtfertig eine geschlechtliche Beziehung ein, und so erleidet das innere Leben schweren Schaden. Gott aber hält uns die Treue, und er erwartet von uns, daß wir treu sind.

Aus einem Brief: Der Geschlechtsakt hat nur in der Ehe seinen Platz. Außerhalb der Ehe ist er Sünde. Die Bibel fordert Enthaltsamkeit vor und außerhalb der Ehe. Bist du also nicht immer den Weg der Reinheit gegangen, dann mußt du Vergebung finden, um vor Gott bestehen zu können. Diese Vergebung will Jesus dir schenken.

Ehelosigkeit Die Ehelosigkeit verlangt große Opfer. Es ist aber auch ein großes Geschenk, Christus ungeteilt anzugehören. In gewissem Sinne kann die Beziehung zu Christus für den Unverheirateten eine viel tiefere Bedeutung haben als für den Verheirateten, weil das Herz dann ausschließlich auf Christus ausgerichtet werden kann.

Mehr als einmal vergleicht Jesus das Königreich Gottes mit einem Hochzeitsfest. Er lädt die Seele ein, sich mit ihm zu vereinigen und will sich ihr ungeteilt schenken. Nichts kann die Innigkeit dieser Einheit mit Jesus übertreffen. Dieser höchste Bund der Seele kann jede Leere füllen. Man denke z. B. an die Zeugnisse vieler Gläubigen, sowohl in der Vergangenheit wie in der Gegenwart, die jahre- oder sogar jahrzehntelang um ihres Glaubens willen in Gefängnissen leiden mußten. Durch Gottes Gnade kann jeder von uns auch dieses Band der Liebe und Einheit mit Jesus finden.

Lk 14,16-20

Im Lukasevangelium, Kapitel 14,16-20, spricht Jesus von denen, die die Einladung zum Festmahl ablehnen, weil ihnen ihre eigenen Interessen wichtiger sind. Letztlich geht es darum, ganz und gar ungeteilt zu sein. Damit Gott uns ganz erfüllt und damit wir vollständig frei werden, ihm zu folgen, müssen wir uns innerlich von allem anderen leermachen. Die Gefahr eines gespaltenen Herzens ist dann besonders groß, wenn unsere Liebe allein auf Gegenstände oder Menschen ausgerichtet ist. Wenn unser inneres Auge nicht mehr auf Christus allein gerichtet ist, dann können Mutterschaft, Vaterschaft, Familie, Kinder – ja, sogar die eheliche Gemeinschaft und Zuneigung – zu Abgöttern werden, die unsere Liebe völlig in Anspruch nehmen.

Unser Herz muß allein Gott gehören. Unsere Liebe zu Christus muß so stark werden, daß wir freudig zu jedem Opfer bereit sind. Es ist unser Gebet, daß wir sterben, damit Christus von uns ausstrahlt, daß wir nicht mehr für uns selbst leben, sondern daß Christus in uns lebt.

Aus einem Brief: Du fragst dich, ob Jesus dich um der Sache des Reiches Gottes willen zur Ehelosigkeit beruft. Ich glaube, eine solche Berufung zur Ehelosigkeit ist möglich, nicht nur für Katholiken. Doch ich wäre sehr vorsichtig mit einem solchen Gelübde; es muß sorgfältig bedacht werden.

Aus einem Brief: Deine innere Not und deinen Kampf, den Gedanken an das Heiraten aufzugeben, kann ich mir gut vorstellen. Du mußt aber wissen, daß du nicht die einzige bist, die noch keinen inneren Frieden in dieser Frage gefunden hat und darunter leidet. Wir alle müssen bereit sein, uns von Gott so gebrauchen zu lassen, wie er es will. Der Gedanke, Gott würde dich nicht lieben, ist bestimmt vom Teufel. Du klammerst dich zu sehr an das eine große Geschenk der Ehe, während es andere, viel größere Gaben gibt, die Gott auch für dich bereit hat. Das größte Geschenk aber ist eine brennende Liebe zu Christus. Dafür alles aufzugeben, müssen wir bereit sein.

Aus einem Brief: Das Verlangen nach einem Partner ist in jedem Menschen. Daran ist nichts Falsches. Gott hat es in den Menschen hineingelegt. Doch in der Nachfolge Jesu können wir unsere Erfüllung finden ohne zu heiraten, auch wenn es oft mit vielen Tränen und Herzensqualen verbunden ist.

Ich wünsche dir, daß du in Christus so völlig geheilt wirst und eine solche Fülle des Lebens erfährst, daß in dir keinerlei Leere bleibt. Das ist nur durch eine tiefe Hingabe an Jesus selbst möglich und dadurch, daß du im tiefsten Herzen seine Gnade spürst.

Möge dein Leben von Christus allein gelenkt werden, so wie er es will. Dann wirst du einmal, wenn du Christus begegnest, mit brennender Lampe als zubereitete Jungfrau vor ihm stehen.

FAMILIENLEBEN

Kinder
Mk 10,14-15

Jesus sagt, nur Kinder – oder solche, die wie Kinder sind – werden in das Himmelreich eingehen können. Im Gegensatz zu Erwachsenen sind Kinder keine zwiespältigen Geschöpfe. Sie sind ungeteilt, sie sind verletzbar, sie sind ganz und gar abhängig von Vater und Mutter. Christus ruft uns zu: Werdet wie die Kinder! Das heißt, alles fallen zu lassen, sich nur auf Gott und aufeinander angewiesen zu wissen.

vgl. Mt 18,3-6

Wenn wir als Eltern Gott von ganzem Herzen und ganzer Seele lieben, dann werden unsere Kinder die rechte Ehrfurcht vor uns haben. Und wir werden Ehrfurcht vor dem Kind, vor dem wunderbaren Geheimnis des Kindseins, haben. Ehrfurcht vor dem guten Geist, der zwischen Eltern und Kindern wirkt, ist die Grundlage eines wahren Familienlebens.

Mt 18,1-3

„Die Jünger kamen zu Jesus und fragten: ‚Wer ist der Größte im Himmelreich?' Er rief ein Kind, stellte es vor sie hin und sprach: ‚Ich sage euch, wenn ihr nicht umkehrt und werdet wie die Kinder, so werdet ihr nicht ins Himmelreich kommen.'"

Lk 12,7
Mt 18,10

Diese Worte Jesu zeigen, welch hohen Wert die Seele eines Kindes in Gottes Augen hat. Wir dürfen gewiß sein, daß die Haare auch auf dem Haupt eines jeden Kindes von Gott gezählt sind und daß jedem Kind ein Schutzengel zur Seite steht, der allezeit Zugang hat zum Thron Gottes.

Mt 18,6

Kindliche Unschuld ist ein ungeheurer Segen. Da aber in allen Kindern auch die Neigung zur Sünde schlummert, müssen wir sie recht leiten, damit sie ihre Kindlichkeit, nämlich ihre Herzensreinheit nicht verlie-

Mt 18,6

ren. Ein kleines Kind zur Sünde zu verleiten, ist ein furchtbares Verbrechen.

Deshalb ist es eine äußerst wichtige Aufgabe der Eltern und Erzieher, in den kindlichen Herzen eine tiefe Liebe zu Gott, zu Jesus und zu den Mitmenschen zu entfachen. Es muß ihr Anliegen sein, den Kindern von Jesus zu erzählen: wie er in einem Stall zur Welt kam, wie er lebte und wirkte und Kranke heilte, wie er Kinder liebte und segnete, wie er am Kreuz starb und zu Ostern wieder auferstand und wie bedeutsam die Engelwelt im Leben Jesu war. Es ist wichtig, daß Kinder zur Engelwelt und zum ganzen Leben Jesu eine kindliche Einstellung haben. Kinder erleben alles viel tiefer und wirklichkeitsnäher, als wir ahnen.

Es ist weit wichtiger, Kinder zu einer brennenden Liebe zu Christus zu führen, als sie zu lehren oder gar zu zwingen, morgens und abends auswendig Gebete aufzusagen, die nicht aus dem Herzen kommen. Kinder können lernen, Gott liebzugewinnen durch Lieder und Geschichten aus der Bibel, vor allem durch Geschichten aus dem Leben Jesu. Liebe zu Jesus in den Kindern zu erwecken, ist die vornehmste Aufgabe der Eltern und Erzieher. Dann wird in ihnen auch der Wunsch geweckt, zu Jesus zu beten.

Es ist zwecklos, Kinder dazu anzuhalten, die Bibel von vorn nach hinten zu kennen oder sie auswendig zu lernen, wenn Gott nicht direkt zu ihren Herzen spricht. Wir müssen uns davor hüten, Kinder unter religiösen Druck zu setzen. Wir wünschen für sie eine einfache, kindliche Einstellung zu Gott, zu Jesus und zur Bibel.

Ebenso wie wir immer wieder unser eigenes Herz reinigen müssen, so müssen wir auch die Herzen der Kinder vorbereiten, ein guter Boden für Gottes Wort zu werden. Gott leidet, wenn ein Herz wie ein festgetretener, steiniger oder dorniger Weg geworden ist. Ständiges Predigen bereitet jedoch keinen guten Boden; es kann vielmehr das Herz verhärten.

Jeder Bruderhof hat sein eigenes Kinderhaus, Kindergarten und Grundschule.[17] Wir glauben aber nicht, daß die Gemeinschaft die Hauptverantwortung für die Erziehung der Kinder übernehmen soll. Das ist Sache der Eltern, die zu Hause die Grundlagen für die Erziehung legen. Alle anderen, die in der Schule oder anderweitig für die Kinder sorgen, können lediglich die geistige Atmosphäre des Elternhauses ergänzen.

2. Mose 20,12 Die innere Sicherheit des Kindes beginnt mit seiner Beziehung zu den Eltern. Nicht umsonst heißt es in den Zehn Geboten: „Ehre Vater und Mutter.“ Die Erfahrung zeigt, daß ein Mensch, der als Kind nicht gelernt hat, Vater und Mutter zu ehren, sich später im Leben nur schwer in der Gesellschaft zurechtfindet.

5. Mose 6,13 *Aus einem Brief:* Gottesfurcht muß mit der Ehrfurcht vor Vater und Mutter beginnen. Die Furcht Gottes ist biblisch, das heißt aber nicht, daß das Kind vor seinen Eltern oder vor Gott Angst haben soll. Es bedeutet nichts anderes, als tiefe Ehrfurcht und tiefe Liebe zu den Eltern zu haben.

---

17   Nach der 8. Klasse gehen die Kinder auf die öffentlichen Schulen. Viele unserer Jugendlichen erhalten danach eine weiterführende Ausbildung oder gehen auf eine Universität.

Aus einem Brief: Es heißt, die ersten vier Jahre im Leben eines Kindes seien die entscheidendsten für seine Erziehung.[18] Hat ein drei- oder vierjähriges Kind Ehrfurcht vor den Eltern und vor Gott, dann ist viel gewonnen. Dominiert aber der Eigenwille schon in diesem Alter, dann wird es sehr schwer sein, ihn später zu überwinden.

Aus einem Brief: Was Kindererziehung betrifft, so möchte ich sagen, daß ich im allgemeinen davor Bedenken habe, in Extreme zu fallen und wie ein Pendel von einer Seite zur anderen zu schwingen: von Depression zu übertriebener Freude, von Härte zu Weichlichkeit, von einer zu negativen Einstellung zu einer zu positiven, welche keine realen Probleme mehr sieht. Man muß einen Weg finden, um an alle Schwierigkeiten mit Freudigkeit, Geduld und liebevoller Klarheit heranzugehen.

Wir Eltern sollten uns nicht der Illusion hingeben, unsere Kinder seien perfekt. Wir müssen achtgeben, kein zu rosiges Bild von ihnen zu haben und nicht empfindlich zu reagieren, wenn jemand sich über ihr Benehmen beklagt. Wir sollten unsere Kinder so liebhaben, daß wir bereit sind, um ihre Seelen zu kämpfen.

Aus einem Brief: Ihr fühlt euch absolut hilflos gegenüber dem schwierigen Benehmen eures Kindes. Bitte versteckt euch nicht hinter einer solchen Ausrede. Wir sind alle hilflos und von Gott abhängig, ihr seid nicht anders. Es ist jedoch eine Sünde, die Hände zu ringen und zu klagen: „Wir sind hilflos!" Als Eltern seid ihr

---

18   vgl. Friedrich Wilhelm Förster, Hauptaufgaben der Erziehung, Freiburg, 1959, S. 69.

von Gott dazu berufen, eurem Kind zu helfen und es
zu lieben, aber auch für es zu kämpfen und wenn nötig, streng zu sein und fest zu bleiben. Die Hauptsache
ist, daß ihr das Herz eures Kindes gewinnt.

Aus einem Brief: Ihr seid besorgt über den Egoismus,
die Ich-Bezogenheit und den Unfrieden bei euren Kindern. Dagegen müßt ihr ganz fest auftreten. Eure Kinder sind, wie ihr schreibt, herrisch, empfindlich und re-
spektlos, weil sie im Mittelpunkt sein wollen. Macht
Schluß mit der Weichheit, die ihr bekannt habt, aber
werdet nicht hart, darin liegt auch keine Hilfe. Findet
die rechte Festigkeit in der Liebe Gottes, der die Dinge,
von denen ihr sprecht, nicht duldet. Wir versagen an
den Kindern, wenn wir uns von unseren seelischen Bindungen und Gefühlen bestimmen lassen.

Aus einem Brief: Ich flehe euch an, kämpft um eure Kinder. Es gibt keinen Grund zum Verzweifeln, auch bei
wiederholtem Versagen nicht. Man darf den Kampf
nicht einfach aufgeben. Wir können es nicht zulassen,
daß ein Kind zugrunde geht. Habt Verständnis für eure Kinder, seid streng mit ihnen und dann auch wieder
sanft und liebevoll. Es wird nicht immer leicht sein,
aber ihr seid vor Gott für eure Kinder verantwortlich.

Aus einem Brief: Ich möchte euch dazu ermutigen, ge-
duldig mit euern Kindern umzugehen. Bis zu einem gewissen Punkt ist Schärfe gesund, Ungeduld niemals.
Möge Gott uns geduldige Herzen schenken.

Aus einem Brief: Ich danke dir für deinen Brief über deinen Sohn. Sein Benehmen scheint mir ganz normal
für ein zweijähriges Kind. In meiner Kindheit war es
so: Meine Eltern meinten, was sie sagten, und es gab

keinen Weg daran vorbei. Damit will ich nicht behaupten, daß wir als Zweijährige immer gehorsam waren.
Doch später wäre es undenkbar gewesen, den Eltern
nicht zu gehorchen. Wir wurden fest, aber nicht hart
angepackt, und es bestand nicht der geringste Zweifel,
daß Vater und Mutter meinten, was sie sagten.

Aus einem Brief: Danke für euren Brief, in dem ihr
über die Schwierigkeiten mit eurem dreijährigen Sohn
berichtet. Kinder in diesem jungen Alter brauchen die
innere Sicherheit einer festen Hand. Heftige Ausbrüche tun ihnen nicht gut, aber eine feste, liebevolle Führung wird helfen.

Aus einem Brief: Es ist ganz natürlich, daß dich die
schwierige Situation deiner Tochter schmerzt. Es wäre
ganz unnatürlich, wenn eine Mutter dabei keinen
Schmerz verspürte. Aber laß dadurch deinen Glauben
an Gott, an Christus und an die Gemeinde tiefer werden. Dann wirst du auch Glauben für deine Tochter
finden und ihr helfen können.
  Als junger Mann führte Augustinus ein sündhaftes
Leben. Er hatte aber eine sehr fromme Mutter, Monika, die ohne Aufhören für ihn glaubte und betete, bis
er zusammenbrach und Buße tat. Später wurde er ein
Diener Christi, und seit Jahrhunderten beeinflußt er
Menschen in ihrer Suche nach Gott. Ich wünsche dir
den Glauben der Monika. Er beginnt mit dem
Schmerz, unter dem du jetzt leidest. Gott ist größer als
all unser Leid.

Aus einem Brief: Es ist kein guter Trend unserer Zeit,
daß solche tiefen Geheimnisse des Lebens, wie z. B. die
Geburt eines Kindes, rein wissenschaftlich erklärt werden. Auch wenn wir es rein biologisch erklären kön

nen, wie das Kind aus der Vereinigung von zwei Zellen
im Mutterleib entsteht, so ist das nur die halbe Wahrheit. Die wirklich wichtigen Dinge – das Herabkommen einer Seele, das erste Lächeln des Kindes, die Fä-
higkeiten des Herzens, der innere Reichtum, den der
Mensch erleben kann –, diese Dinge können niemals erklärt werden. Da stehen wir vor der unsichtbaren Realität der Ewigkeit.

Einem Kind zu viel über Sexualität, Geburt und Tod
zu erklären, kann inneren Schaden anrichten. Es sollte
möglichst vermieden werden. Damit wollen wir keineswegs eine Erziehung zur Prüderie befürworten. Wir
glauben, daß Geburt und Tod nur im Zusammenhang
mit der himmlischen Welt ihr Bestehen haben und als
dieser Welt zugehörig den Kindern nahegebracht werden sollten.

Bei allem, was wir an Kindern schätzen, müssen wir
uns darüber klar sein, daß sie, wie alle Menschen, eine
Neigung zur Sünde ererbt haben. Deswegen müssen Eltern und Erzieher den Kampf gegen alles Böse im
Kind aufnehmen, in welcher Form es auch auftritt, als
Lügen und Stehlen, als Respektlosigkeit gegenüber Vater, Mutter und Lehrern oder als sexuelle Unreinheit.

Wir müssen auch sehr achthaben, schon von frühester Kindheit an unsere Kinder nicht zu verwöhnen.
Es schadet dem Charakter des Kindes, wenn wir seinen
Neigungen zu sehr nachgeben. Schlappheit und Mangel an Selbstbeherrschung sind Zeichen von Egoismus,
und Egoismus führt stets zur Sünde. Weichheit gegen
sich selbst kann noch verschlimmert werden durch eine ungesunde emotionale Beziehung zwischen Kindern
und Eltern oder Erziehern.

Wie nimmt man den Kampf gegen die Sünde in
Kindern auf? Das ist eine schwierige Frage. Wenn es

sich zum Beispiel um Unanständigkeiten handelt, die
bei Kindern meist damit beginnen, daß sie sich vorein-
ander entblößen und gegenseitig berühren, fühlt das
Kind instinktiv, daß das nicht recht ist. Diese Unanständigkeiten führen fast immer zum Lügen. Wir sollten uns davor in acht nehmen, den Kindern gegenüber
diese Dinge zu stark zu betonen; das könnte ihre Aufmerksamkeit noch mehr auf das sexuelle Gebiet lenken. Vielleicht ist es das Beste, mit einer leichten Bestrafung die Sache abzuschließen und die Gedanken der
Kinder auf andere Dinge zu lenken.

Wir Erwachsenen vergessen nur zu leicht, daß viele
Dinge für Kinder nicht dasselbe bedeuten wie für uns.
Wir dürfen niemals unsere eigenen Gedanken, Gefühle
oder Erlebnisse in das Kind hineinprojizieren. Auch
dürfen wir nie vergessen, daß es in gewisser Weise bei
Kindern natürlich ist, durch Perioden sexueller Neugier hindurchzugehen. Das darf nicht mit Sünde ver-
wechselt werden. Mit zu langem Ausfragen richtet man
leicht Schaden an, weil das Kind sich dabei aus Angst
immer tiefer in Lügen verstricken kann. Wir sollten
aber unsere Kinder so leiten, daß ihre Seelen rein und
unschuldig bleiben.

Es ist sehr unrecht, Kinder oder Jugendliche abzustempeln, vor allem, wenn es sich um geschlechtliche
Verfehlungen handelt. In unserer Beurteilung kindlicher Fehltritte sollten wir uns davor hüten, vorschnell
zu negativen Schlüssen in bezug auf den Charakter eines Kindes und seine zukünftige Entwicklung zu kommen. Eher sollten wir ihm dazu verhelfen, etwas zu finden, was sein Interesse weckt, und ihm helfen, einen
fröhlichen Anfang zu machen.

Die Erfahrung zeigt, daß wir den Weg zum Herzen
eines Kindes finden, sobald wir an sein Gewissen appel-
lieren. Im Grunde sehnt sich ja jedes Kind nach einem

reinen Gewissen. Dieses Verlangen sollten wir unterstützen, denn das Kind leidet, wenn sein Gewissen belastet
ist.

Von einem gewissen Zeitpunkt an ist ein Kind nicht
mehr ein Kind im wahren Sinn des Wortes. In dem Augenblick, wo ein Kind bewußt sündigt, hört es auf,
Kind zu sein. Dann ist es die Aufgabe der Eltern und
Lehrer, dem jungen Menschen zur Umkehr zu verhelfen und ihn zum Erlebnis der Sündenvergebung durch
Jesus hinzuleiten. Durch das Kreuz Jesu kann das
verlorengegangene kindliche Wesen neu geschenkt
werden.

Aus einem Brief: Fraglos lernen Kinder auf unterschied-
liche Art und Weise. Manche Kinder lernen am besten
durch Hören, andere durch Anschauung. Wir müssen
versuchen, jedem Kind gerecht zu werden. Dabei haben
wir nicht vor, alle Kinder in eine akademische Lauf-
bahn zu drängen, das käme gar nicht in Frage. Das
Wichtigste ist, daß Kinder von Liebe umgeben sind.

Geistige oder intellektuelle Arbeit muß sein, aber wehe uns, wenn sie auf Kosten des Kindes und seiner
Kindlichkeit geschieht. Die törichte Arroganz von Lehrern, sich selbst und andere „Auserwählte" für intellektuell besonders begabt zu halten und dadurch andere
auszuschließen, ist Dummheit und Sünde. Wir wollen
uns von Christus regieren lassen, dem Haupt der Gemeinde. In ihm ist echtes kindliches Wesen, wahre
Barmherzigkeit und Gnade.

Aus einem Brief an ein kleines Kind: Wenn du Jesus hören willst, wie er zu dir spricht, mußt du in dein Herz
hineinhorchen. Wenn du Gott und Jesus liebhast,

wenn du Vater und Mutter und deine Geschwister liebhast, das ist die Stimme Jesu, der in dein Herz spricht.

Jugend   Heranwachsende Jungen und Mädchen zu Jesus zu führen, ihnen zu zeigen, wie wunderbar Gottes Schöpfung
ist, trotz der schrecklichen Unreinheit, Korruption
und Dunkelheit unserer Zeit, das ist eine herrliche Aufgabe. Besonders wichtig ist es, daß junge Menschen niemals die Ehrfurcht vor Gott und die Achtung vor Vater und Mutter verlieren, auch wenn sie sich schwer
versündigen.

Wir Eltern sollten das Vertrauen unserer Kinder
von frühestem Alter an gewinnen und nicht warten,
bis etwa im Alter von fünf oder sechs Jahren Probleme
auftauchen. Warten wir zu lange, so werden wir vielleicht nur noch äußeren Gehorsam erzielen, aber nicht
mehr das innere Echo und den Respekt, was beides äußerst notwendig ist, wenn es gilt, Probleme wie Lügen,
Unsittlichkeit und Ungehorsam anzupacken. Wenn dagegen ein vertrauens- und ehrfurchtsvolles Verhältnis
besteht, kann ein Kind sich unmöglich den Eltern wi-
dersetzen.

Manche Jugendliche gehen durch schwierigere Ent-
wicklungsphasen hindurch als andere, und wir dürfen
sie nicht zu streng behandeln und richten. Unsere
Hauptaufgabe ist, sie zu Buße, Bekehrung und Glauben zu führen. Ich glaube nicht, daß dies durch harte
Strafen erreicht werden kann. Solange noch wenigstens
ein Fünkchen Ehrfurcht vor Gott und den Eltern da
ist, bleibt der Weg zum Herzen des Kindes offen. Wo
auch dieser letzte Ehrfurchtsfunke erloschen ist, gilt
es, durch fürbittendes Gebet für eine völlige Bekehrung zu kämpfen, denn das ist etwas, was wir Menschen nie durch Überredung zuwege bringen können.

Aus einem Brief: Dein Sohn wird langsam erwachsen, und daraus entsteht dir als Vater eine große Verantwortung. Ich würde ihm sagen, daß die magnetischen Anziehungskräfte zwischen Jungen und Mädchen ganz natürlich sind. Aber sie müssen von Gott regiert werden, und ihre Entfaltung muß für seine spätere Braut aufbewahrt werden. Du kannst mit ihm über die intimen körperlichen Beziehungen zwischen Mann und Frau sprechen. Ich meine, du hast schon eine gute Grundlage gelegt, um ihn aufzuklären. In der öffentlichen Schule wird er reichlich über diese Dinge hören, und es ist besser, er hört sie zuerst von dir.

Aus einem Brief: An deiner Stelle würde ich klar und deutlich mit deinem Sohn über die Entwicklung, die sein Körper durchmachen wird, sprechen. Sage ihm, wenn er es jetzt lernt, seine Geschlechtstriebe zu beherrschen, dann wird es ihm später im Leben nicht schwerfallen. Wenn er es jetzt nicht fertigbringt, wird er später einen schweren Kampf haben. Ich würde ihm auch sagen, daß Sex ausschließlich in der Ehe und nirgendwo anders seinen Platz hat. Er soll sich rein halten für das eine Mädchen, das eines Tages seine Braut werden wird.

Es wird nicht leicht sein, das in Worte zu fassen, denn alles, was du sagst, muß unter dem Licht Gottes stehen und mit Ehrfurcht vor ihm ausgesprochen werden. Ich bin sicher, er wird dir den rechten Weg zeigen.

Mein Vater hatte stets ein offenes Herz für junge Menschen – aber er hat keine weltliche oder erotische Atmosphäre geduldet. Ein großes Herz haben bedeutet niemals, dem Teufel Zugeständnisse zu machen.

Aus einem Brief an einen 17jährigen: Lieber Bruder, ich freue mich, daß du einen neuen Anfang machen willst. Ich glaube, du warst ein recht stolzer junger Mann. Lies das Alte und Neue Testament, dann wirst du erkennen, daß der Stolz im Menschen Gott daran hindert, zu ihm zu sprechen und in ihm zu wirken. In deinem täglichen Leben hast du dich nur um dich selbst gedreht, aber ich danke Gott, daß du jetzt mit deiner Ich-Bezogenheit Schluß machen willst. Sei ein Beispiel der Hingabe und Demut, gib in der Schule ein Zeugnis für Jesus, das wird in unserer Zeit so sehr gebraucht.

Mt 16,26

Aus einem Brief: Ich denke oft an die Worte Jesu: „Was nützt es dem Menschen, die ganze Welt zu gewinnen auf Kosten seiner Seele?", besonders wenn ich sehe, was heutzutage auf dem Gebiet der Psychologie der Jugend gelehrt wird. Ich bange um ihre Seelen. Es bereitet mir Sorge, daß die niederen Instinkte in den Mittelpunkt gerückt und als harmlos angesehen werden, weil sie im Menschen angelegt sind. Es ist gefährlich, die Beschaffenheit der menschlichen Seele zu erklären, ohne ihre Beziehung zu Gott in Betracht zu ziehen.

Aus einem Brief an ein körperlich behindertes Kind: Du hast einen schwachen Körper, aber eine lebendige Seele. Danke Gott dafür! Es gibt viele Menschen auf dieser Welt, die einen starken Körper, aber eine abgestumpfte Seele haben. In Wirklichkeit sind alle Menschen von Gott abhängig, auch wenn sie stark und gesund sind, nur erkennen sie das oft gar nicht. Das Wunderbare ist, daß du es weißt. Halte daran fest. Jesus wird dich durch alles hindurchführen.

Aus einem Brief: Man ist niemals zu jung, um sein Leben Jesus zu geben und seine Nähe zu spüren. Ich

freue mich, daß du Gott alles überlassen willst und
daß du demütig sein möchtest. Halte daran fest, auch
wenn es durch schwere Zeiten geht. Es gibt kein Leben
der Nachfolge ohne Not und Kampf. Ich wünsche dir
Gottes Behütung in allem, was du durchmachen wirst.
Mögen die durchbohrten Hände Jesu dich festhalten,
so wie du dich an ihm festhalten willst.

Aus einem Brief: Du hast recht: die Hauptsache ist
nicht, sich dem Bruderhof anzuschließen, sondern
Christus nachzufolgen. Bist du dir darüber im klaren,
dann wird Gott dir den besten Weg zeigen, das zu ver-
wirklichen. Wir werden dich darin unterstützen, auch
wenn dein Weg nicht der Weg der Gemeinschaft ist.

Aus einem Brief: An Gott ausschließlich als an den unendlich Geduldigen und Vergebenden zu denken,
macht aus ihm etwas ganz anderes, als er in Wirklichkeit ist. Gott will gefürchtet werden: es ist furchtbar, in
Hebr 10,31   seine Hände zu fallen. Deine Auffassung von Gott ist
nicht Gott, sie ist das Werkzeug einer respektlosen jungen Frau. Bisher hast du dein Leben alleine bestimmt.
Ich bitte dich inständig, habe Ehrfurcht vor Gottes
Zorn.

Aus einem Brief: Es ist gut, wenn du erkennst, daß die
Nachfolge Jesu viel Leid, vielleicht sogar den Tod um
seinetwillen bedeuten kann. Da heißt es, mutig aufzutreten gegen den bösen Geist, dem du in der Welt,
auch in der öffentlichen Schule begegnest. Ich kann
gut verstehen, daß es vieles gibt, was dich in Versuchung bringt, besonders auf sexuellem Gebiet. Nimmst
du aber eine klare Haltung für Jesus ein, dann wirst du
durch sein klares Licht eine Abscheu vor dieser unreinen Atmosphäre empfinden. Möge Jesus dich von Tag

zu Tag führen, mögest du niemals von seinem Willen weichen.

Aus einem Brief an einen 13jährigen: Bereits in deinem Alter steht man vor einer Entscheidung: entweder für oder gegen Jesus. Entscheidest du dich nicht für ihn, so wirst du dich gegen ihn entscheiden. Das ist einfach so, man kann nicht neutral bleiben.

Joh 10,14

Aus einem Brief an eine Studentin: Jesus sagt, er ist der gute Hirte, seine Schafe kennen ihn und kennen seine Stimme. Du gehörst zu seiner Herde, und ich hoffe, du findest Zeiten der Stille, in denen du seine Stimme hörst und innere Erfrischung erfährst. Ich weiß, daß es in der Großstadt viele Dinge gibt, die dich ablenken und dich ermüden, ganz abgesehen von den vielen Stunden, die du täglich zu arbeiten hast. Auch wenn du schon so nahe am Ziel bist, ist dein inneres Leben wichtiger als der Doktortitel. Trotzdem möchte ich dich ermutigen, dranzubleiben. Es ist gut für den Charakter, etwas bis zum Ende durchzuführen.

Familien-bande

Offb 2,16-23

Eph 5,22-33

Christus gab sein Leben für die Gemeinde hin. Er liebt sie von Herzen. Er ist der Erlöser der Gemeinde, daher ist sie von ihm abhängig. Im Evangelium wird die Gemeinde mit einer Braut verglichen und Christus mit ihrem Bräutigam. Christus hat aber nicht nur freundliche Worte für die Gemeinde, er züchtigt sie auch mit Schärfe. So darf auch das Familienleben nicht von weicher Gefühlsbetontheit bestimmt werden, weder zwischen Mann und Frau, noch zwischen Eltern und Kindern. Ein allzu emotional betontes Verhältnis in den Beziehungen zerstört die Klarheit Christi.

Aus einem Brief: Ich verstehe, daß du darum ringst, dem Gebot „Ehre Vater und Mutter" nachzukommen. Du schreibst, du liebst deinen Vater sehr, und das ist die Hauptsache: es bedeutet so viel, wie ihn zu ehren. Aber daß du sein Verhalten mißbilligst, ist auch recht vor Gott. Jesus sagt: „Wenn jemand zu mir kommt und haßt nicht seinen Vater, Mutter, Frau und Kinder, Brüder und Schwestern und dazu sich selbst, der kann nicht mein Jünger sein." Das Wort „Haß" braucht dich nicht zu erschrecken. Jesus lehrt keinen Haß. Hier bedeutet „hassen" eine klare Haltung gegen etwas Falsches einzunehmen. Wenn du diese Worte und das Gebot, Vater und Mutter zu ehren, als eine Richtlinie akzeptierst, dann wirst du die richtige Einstellung zu deinen Eltern finden.

Lk 14,26

2. Mose 20,12

Die Forderung Jesu, ein heiliges Leben zu führen, reicht bis in die engsten Familienbande: „Wer Vater und Mutter mehr liebt als mich, der ist meiner nicht wert; und wer Sohn oder Tochter mehr liebt als mich, der ist meiner nicht wert. Und wer nicht sein Kreuz auf sich nimmt und folgt mir nach, der ist meiner nicht wert." Wollen wir Jünger Jesu sein, so müssen wir diese Worte ernst nehmen. Jesus fährt fort: „Wer sein Leben findet, der wird's verlieren, und wer sein Leben verliert um meinetwillen, der wird's finden." Verlieren wir uns also vollständig um Jesu willen, dann finden wir das ewige Leben. Klammern wir uns aber an unsere eigenen Vorstellungen und Ziele, an Eigentum, Familie oder Kinder, dann verlieren wir alles.

Mt 10,37-38

Mt 10,39

Aus einem Brief: Ich fürchte, du hast deine erwachsenen Kinder zu fest an dich gebunden. Das hat auch zur Entzweiung zwischen deinem Mann und dir beigetragen. Deine Töchter sind nicht frei für Gott gewesen. El-

tern müssen ihren Kindern Freiheit lassen, auch dann
schon, wenn sie noch klein sind, aber umso mehr,
wenn sie erwachsen sind. Ich meine nicht die Freiheit,
Unrecht zu tun, sondern Freiheit von einer falschen
seelischen Bindung an Vater und Mutter.

Wir müssen die Worte Jesu recht verstehen: „Wer
nicht Vater oder Mutter, Frau und Kinder haßt, kann
nicht mein Jünger sein." Jesus meint hier nicht regel-
rechten Haß, denn es heißt ja auch: „Wer seinen Bruder haßt, ist ein Mörder." Jesus meint vielmehr, daß er
uns über alles gehen muß, auch über alle emotionalen
Bindungen der Familie. Oft sind diese seelischen Ban-
de mit dem Mammon vermischt, doch nicht immer.
Jeder muß mit sich selbst unerbittlich sein und die
Dinge mit der Entschiedenheit Christi angehen.

Eins ist klar: eine Familie, in der keine Liebe
herrscht, ist gottlos; aber in einer Familie, die von den
vernebelten Emotionen der Blutbande beherrscht ist,
wird man keine Liebe zu Gott und zu Christus finden.
Laßt uns einander lieben mit der Liebe Christi und des
Heiligen Geistes. Dann werden die gottgewollten Ban-
de zwischen Vater, Mutter und Kindern Gottes Segen
haben.

Lk 14,26

1. Joh 3,15

KRANKHEIT UND TOD

Aus einem Brief: Krankheit ist immer etwas Böses, und doch müssen wir sie annehmen als von Gottes Hand kommend. Das ist ein Paradox, wie wir es auch am Kreuz erkennen können. Gott benutzte das Kreuz, den Menschen zu erlösen; doch zugleich war es ein Werk des Teufels.

Aus einem Brief: Ich kann deine Furcht angesichts der bevorstehenden Operation gut verstehen. Ich hätte auch Angst. Doch glaube ich fest, daß du in Gottes Hand bist. Er weiß um deine Furcht. Es gibt unendlich viele Bibelstellen, die uns dazu aufrufen, uns nicht zu fürchten, sondern ganz fest auf Gott zu vertrauen. Das wünsche ich dir: gib dein Leben vertrauensvoll in seine Hände.

Aus einem Brief: Ich würde dir raten, dich nicht so sehr um deine Gesundheit zu sorgen. Der gesündeste Mensch würde verrückt, wenn er dauernd seinen Puls fühlen oder seinen Herzschlag abhören würde. In Wirklichkeit geht es bei dir um die Angst vor dem Tod und vor dem Unbekannten. Aller Wahrscheinlichkeit nach hast du noch einige Jahrzehnte zu leben. Aber du mußt dir dessen bewußt sein, daß du einmal vor der Ewigkeit stehen wirst. Wir alle müssen unser Leben so gestalten, daß wir jederzeit der Ewigkeit begegnen können. Kurz bevor meine Tante starb, schien es, als ob sie einen flüchtigen Blick in die Ewigkeit getan hätte. Sie sagte: „Es ist so schön, ja so wunderbar! Das Leben dort ist so viel wirklicher als das hier auf der Erde!" Diese Sicht war das Ergebnis und die Erfüllung eines

Lebens der Hingabe. Das wünsche ich dir und grüße
dich in Liebe.

Aus einem Brief: Du schreibst, daß es mit dir körperlich bergab geht. Ich glaube aber, Jesus wird dir mit seiner Liebe und seiner Kraft helfen; wenn nicht durch
körperliche Heilung, dann dadurch, daß er dir inneren
Frieden und die Freude gibt, deine Krankheit zu ertragen. Ich danke Gott, daß du stets diesen Frieden findest, wenn du dich an ihn wendest. Es ist ein Geschenk, daß du im Blick auf die Not der ganzen Welt
dein Leiden als gering ansehen kannst. Das kann nur
Gott bewirken. Ich bete um Kraft und Führung für
dich.

Aus einem Brief: Falle deinen dunklen und furchtsamen
Gedanken nicht zum Opfer. Wenn du Angst vor allem
hast – vor dir selbst, vor deiner Schwachheit, vor deiner Sündhaftigkeit, vor anderen Menschen, vor der
Möglichkeit, Fehler zu machen, und so weiter – dann
wird deine Seele krank werden.

Du hast recht, wenn du sagst: „Die einzig wahre
Heilung findet man durch den Glauben an Jesus."
Welch eine wundervolle Wahrheit! Durch Jesus ver-
schwindet alle Furcht. Halte daran fest!

Jakobus schreibt, wenn jemand schwer krank ist, soll
er die Ältesten der Gemeinde rufen, im Namen des
Herrn für ihn zu beten und ihn mit Öl zu salben. In
diesem Zusammenhang schreibt er auch: „Bekennt einander eure Sünden und betet für einander, daß ihr gesund werdet. Denn das inständige Gebet eines Gerechten hat große Kraft."

Jak 5,14-16

In diesem Sinn legen wir unseren Schwerkranken
die Hände auf. Die Salbung ist ein Ausdruck unseres

inneren Beistands und der vollen Vergebung, wo etwas
der Vergebung bedarf. So ernst die Krankheit auch sein
mag, das Leben des Kranken ist in Gottes Hand und
in der Gemeinde geborgen.

Aus einem Brief: Was müssen wir tun, um die Gabe der
Heilung zu empfangen? Im 1. Korintherbrief, Kapitel

1. Kor 12,30   12,30, wird klar gesagt, daß die Gabe der Heilung nicht
jedem gegeben ist; wohl aber kann sie der Gemeinde
als solcher gegeben werden. Die Bedingung für den
Empfang einer so besonderen Gabe ist geistige Armut
und ein reines Herz vor Gott. Ist uns also die Gabe der
Krankenheilung nicht gegeben, so liegt es wahrscheinlich an uns selbst. Es ist aber auch möglich, daß es
nicht Gottes Wille ist.

Die Gabe der Heilung, wie Gott sie den Blumhardts[19]
in so hohem Maße gab, war bemerkenswert. Gegen Ende seines Lebens hat sich jedoch der jüngere Blumhardt mehr und mehr gescheut, diese Gabe anzuwen-
den, denn er empfand, daß es nicht länger Gott war,
der durch diese Wunderheilungen geehrt wurde. Menschen wurden geheilt, aber nur ihr Körper. Danach
prahlten sie mit ihrer Heilung und einige ließen sich
sogar deshalb verehren. Blumhardt empfand, daß Gott
nicht länger durch ihn wirken könnte, wenn die Heilung nicht mehr Hand in Hand mit der Buße ginge.
    Blumhardts Haltung sollte uns zu denken geben.
Wenn Gott uns eine Gabe gibt, so möchte er, daß wir
sie in aller Stille annehmen. Wird uns die Gnade der

---

19   Johann Christoph Blumhardt (1805-1880), Autor und Theo-
     loge, Pastor der württembergischen Landeskirche; sein Sohn
     und Nachfolger Christoph Friedrich Blumhardt (1842-1919),
     Pastor, zeitweise Landtagsabgeordneter.

Krankenheilung gegeben, dann sollen nicht wir dadurch geehrt werden, sondern Gott.

Beide Blumhardts warnten oft: „Empfängst du eine besondere Gnade, laß sie ein Geheimnis zwischen dir und Gott sein und stelle sie nicht zur Schau. Bleibe natürlich und gib Gott die Ehre." Auch betonten sie, daß Heilung nicht das Wichtigste sei; es ist keine Sünde, krank zu sein. Viel wichtiger ist es, sein Leben Gott zu übergeben, auch im Krankheitsfalle, als geheilt zu werden und dann Gott zu vergessen. Sie fügten hinzu: „Wenn Gott dich heilt, sei froh, aber behalte deine Freudigkeit auch in Krankheitszeiten."

Aus einem Brief: Gott hat in diesen Tagen durch den plötzlichen Tod in eurer Familie zu uns allen gesprochen. Wir wollen euren Schmerz mit euch tragen. Ich weiß, daß dieser Schmerz nicht so schnell vergehen wird, aber vielleicht ist das auch Gottes Wille. Schmerz kann uns etwas ins Herz senken und unser Leben vertiefen.

Nach dem Tod eines Neugeborenen: Es ist sehr schwer zu verstehen, warum ein Menschenleben von Gott gesandt wird, um nur eine Stunde lang auf Erden zu leben. Wir stehen hier vor einem Geheimnis Gottes. Wir möchten fragen: „Warum ist das geschehen? Warum?" Gott allein weiß es. Und wir glauben an ihn und an seinen Sohn, den guten Hirten, auch für die kleinen Lämmer, wie dieses kleine Wesen.

Kurz vor dem Tod des eigenen Kindes: Wir wissen einfach nicht, was hier der Wille Gottes ist – ob dieses Kind zum Leben bestimmt ist oder nicht. Aber das wissen wir: wenn es sein Wille ist, wird das Kind gesund werden. Nachdem die Ärzte gesagt haben, daß sie

nichts mehr tun können, bleibt uns immer noch das
Versprechen, daß Jesus Christus alles tun kann, wenn
wir nur glauben. In irgendeiner Weise wird durch dieses kleine Kind der Wille und die Barmherzigkeit Gottes offenbar werden. Erst wenn der Mensch seine eigenen Bemühungen einstellt, kann das Werk Christi
beginnen. Gott kann nur wirken, wenn wir ihm unser
rückhaltloses Vertrauen und unseren unbedingten Glauben schenken. Auf nichts Materielles oder Äußeres sollen wir uns verlassen, weder auf Geld noch auf ärztli-
che Kunst, nur auf Jesus Christus allein.

Nach dem Tod des eigenen Kindes: Tod ist Zerstreuung,
Tod ist Zerstörung, Tod ist Zertrennung. Jesus aber ver-
eint. Wahres Leben bedeutet völlige Vereinigung. Wo Jesus am Wirken ist, geschieht Einheit. Deswegen möchte ich alle aufrufen, zur Vereinigung beizutragen. Wer
nicht sammelt, der zerstreut, und wer zerstreut, dient
dem Tode. Wer aber sammelt, dient Jesus und der
Sammlung der Seinen in der Ewigkeit.

Aus einem Brief: Liebe Schwester, ich kann es gut verstehen, daß du noch immer unter dem Verlust deines Vaters leidest. Es ist niemals leicht, sich mit dem Tod
und der Not, die er bringt, abzufinden. Der Tod ist der
Feind Gottes und wird erst in der letzten Auferstehung
überwunden werden.

Wir dürfen jedoch auch glauben, daß der Tod für
einen Nachfolger Christi bedeutet, ihm jetzt ganz nahe
zu sein. Es ist verständlich, daß dich der Gedanke an
die Ewigkeit erschüttert. Trotzdem brauchst du aber
nicht ängstlich in die Zukunft zu blicken. Übergib
Jesus einfach alles.

Aus einem Brief: Es tut mir sehr weh, daß ihr so Schweres erleben müßt. Ein solch schmerzliches Erlebnis, wie der Tod eines Kindes, erinnert uns stets daran, daß diese Erde nicht unsere endgültige Heimat ist und sein kann, bis Jesus Christus die Alleinherrschaft hat und Sünde, Tod, Leid, Angst und Schmerz überwunden und völlig besiegt sind. Bis zu diesem Tage – dem größten aller Tage – können wir dein Kind und alle anderen Kinder sicher in Jesu Armen wissen.

Was die Frage betrifft, ob man für einen Verstorbenen beten soll, weiß ich – das muß ich zugeben – keine richtige Antwort. Ich weiß nicht, ob du mit folgendem Abschnitt aus dem Johannesevangelium vertraut bist, ob du diese Worte jemals ganz in dich aufgenommen hast:

Joh 5,24-28   „Wahrlich, ich sage euch: Wer mein Wort hört und glaubt dem, der mich gesandt hat, der hat das ewige Leben und kommt nicht in das Gericht, sondern er ist vom Tod zum Leben hindurchgedrungen. Wahrlich, ich sage euch: Es kommt die Stunde und ist schon jetzt, daß die Toten hören werden die Stimme des Sohnes Gottes, und die sie hören werden, die werden leben. Denn wie der Vater das Leben hat in sich selber, so hat er auch dem Sohn gegeben, das Leben zu haben in sich selber; und er hat ihm Vollmacht gegeben, das Gericht zu halten, weil er der Menschensohn ist. Wundert euch darüber nicht, denn es kommt die Stunde, in der alle, die in den Gräbern sind, seine Stimme hören werden."

Lies diese Worte aufmerksam und bedenke sie ernsthaft vor Gott. Vielleicht können sie dir die Tiefe seiner Liebe klar machen.

Jeder Mensch hat Angst vor dem Tod. Aber Christus
hat uns versprochen, daß seine ewige Liebe den Tod
überwindet und durch alle Ewigkeiten hindurch bestehen bleibt: Hier ist etwas, das in die Tiefen allen Seins
und in die Zukunftshoffnung der Vergebung hinein-
reicht - trotz des physischen Todes - und uns in das
Königreich Gottes führt.

Täglich beten wir darum, Jesus als den zu erleben, der
in uns wohnt. Wir wissen aber auch, daß er zur Rech-

1. Petr 3,22 ten des Vaters sitzt und über die Engelwelten, Mächte
und Gewalten herrscht, wie auch über seine Gemeinde.
Wir haben nur eine schwache Ahnung von der überkos-
mischen Größe dieser geheimnisvollen Realitäten.

Joh 14,2 In seiner Abschiedsrede sagte Jesus zu seinen Jüngern, er wolle ihnen eine Stätte bereiten. Es bleibt ein
unergründliches Geheimnis, was diese Stätte ist und
was dort in der Ewigkeit geschieht - in den Sternenwel-
ten und Engelwelten, und mit den Seelen, die in Chri-

Apg 7,55 stus gestorben sind. Als Stephanus gesteinigt wurde,
sah er den Himmel offen und Jesus zur Rechten Gottes stehen. Später sah Johannes Jesus mit Augen wie

Offb 1,14 Feuerflammen. Ich habe den Glauben, daß auch wir Jesus in Person sehen werden, wenn er wiederkommt.

Stärker als jede menschliche Beziehung ist das grundle-
gende Verhältnis des Menschen zu Gott. Alle anderen
Beziehungen sind nur Bilder und Gleichnisse davon.
Letztlich stehen wir vor Gott. Dies wird im Angesicht
des Todes am deutlichsten. Wer schon an Sterbebetten
gestanden hat, weiß, wie unendlich wichtig, wie wirklich endgültig die innere Beziehung eines Menschen
zu Gott und seine ursprüngliche Bindung an ihn ist.
Am Ende, wenn einer seine letzten Atemzüge tut, ist
diese Beziehung zu Gott das einzige, was noch zählt.

Es ist unter keinen Umständen ratsam, nach einer egoistischen Beziehung mit Gott zu suchen, um in der letzten Stunde des Lebens von Gott angenommen zu werden. Vom Evangelium her wissen wir, daß die Liebe zu Gott nicht von der Liebe zum Nächsten getrennt werden kann. Wir dürfen nie vergessen, daß wir kein Verhältnis zu Gott finden können, solange wir unseren Mitmenschen nicht beachten. Der Weg zu Gott führt über den Bruder. Meine Erfahrung an Totenbetten hat mich gelehrt, daß Gott dem in der letzten Stunde seines Lebens sehr nahe ist, der nach dem lebendigen Beispiel Jesu völlig für seine Mitmenschen gelebt hat.

Der Kampf des Menschen gegen Krankheit und Tod ist ein Kampf, in den wir alle gestellt sind – es ist der Kampf gegen die Mächte der Dunkelheit. Wenn ein Angriff der Dunkelheit uns bedroht, müssen wir uns entschieden auf die Seite des Lichtes Christi stellen. Wir dürfen nicht verzweifeln, wenn unsere menschlichen Kräfte versagen, denn gerade dann kann Christus eingreifen. Im Johannesevangelium lesen wir: „Das Licht

Joh 12,35   ist noch eine kleine Zeit bei euch. Wandelt, solange ihr das Licht habt, damit euch die Finsternis nicht überfalle."

Aus einem Brief: Daß euer Kind schon jetzt so viel Leid und Schmerzen tragen mußte, wird wohl für sein ganzes Leben und auch für euch von großer Bedeutung und großem Segen sein. Es ist etwas Eigenartiges um das Leiden eines Kindes. Es ist doch irgendwie ein Tragen und Erleiden fremder Schuld, so als ob es den Fall der Schöpfung, den Sold der Sünde tragen müßte, obwohl das Kind noch gar keinen Anteil an der Sünde hat. Ich habe oft darüber nachgedacht und glaube, daß das Leiden eines Kindes in engem Zusammenhang

steht mit dem größten Leid, dem Leiden Gottes, dem
Leiden Christi um diese verlorene Schöpfung. Denn gerade die Kinder sind es, die dem Herzen Jesu am nächsten sind, und Jesus hat uns auf sie verwiesen. So glaube ich auch, daß das unschuldige Leiden eines Kindes
für die Gemeinde von großer Bedeutung sein kann.

Wenn wir zu leiden haben, ist es besonders wichtig,
die Freude im Herzen zu tragen und zu bewahren.
Denn unsere Freude ist ja Jesus, der Auferstandene.
Dann werden die Kräfte seines Lichtes auch Kräfte der
Heilung und völliger Gesundung sein.

DAS BÖSE

Wir leben in einer Zeit, in der viele Menschen das Böse entweder verharmlosen oder nicht glauben, daß es überhaupt existiert. Deshalb begreifen sie weder die Größe von Golgatha noch den Ernst von Gottes letztem Gericht. Dieses Gericht, welches in der Offenbarung des Johannes beschrieben ist, werden wir nicht verstehen, wenn wir die Macht des Bösen nicht erfassen. Wenn das Böse verharmlost wird, dann ist es nicht nötig, einen ernsthaften Kampf dagegen zu führen.

Wäre die Macht des Bösen nicht so furchtbar, so wäre das Kreuz nicht nötig gewesen. Ich habe einmal die Frage gehört: „Warum kann Gott nicht ohne das Opfer Jesu die Sünden vergeben?" Das ist eine versucherische Frage. Haben wir jedoch einmal die enorme Macht des Bösen erkannt, die Gott auf dieser Erde zu bekämpfen hat, dann wissen wir: Es gibt keine Vergebung ohne Golgatha, ohne das Kreuz.

Es gibt Menschen, die versuchen, die Tiefen und das Wesen Satans zu ergründen, oder die sich bemühen, den Ursprung des Bösen zu entdecken. Das ist verständlich, aber es ist nicht göttlich. Die Herzen vieler Menschen in unserer Gesellschaft werden belastet durch alles, was sie über Mord, Unzucht und andere Übel erfahren. Ein wahrer Christ sollte dem Bösen wie ein Kind gegenübertreten und mit den Geheimnissen des Bösen nichts zu schaffen haben.

Der moderne Mensch denkt zu materialistisch. Er sieht nicht, daß es über ihm eine gute Macht und eine böse Macht gibt und daß der Verlauf seines Lebens davon abhängt, welcher Macht er sein Herz auftut.

Ich erlebte Hitlerdeutschland als junger Mann und
kannte Menschen, die eigentlich ganz harmlos waren,
die aber plötzlich von etwas sehr Bösem ergriffen und
getrieben wurden. Auch wenn es viele gab – mehr als
wir wissen –, die als Folge ihres Protests gegen dieses
Böse ihr Leben verloren, so gab doch die Mehrheit
nach. Es waren nicht nur einige wenige Männer, die
hier eine Nation regierten. Deutschland wurde von bösen Geistesmächten, von Dämonen regiert.

Auch heute können, wie zur Zeit Jesu, Dämonen
ausgetrieben und verjagt werden. Wenn Christus auf
diese Erde zurückkehrt, wird völlige Freiheit herrschen,
obwohl es erst durch Gericht gehen muß.

Auf den öffentlichen Schulen und Universitäten begegnet man immer wieder Erscheinungsformen des Okkul-
ten. Mit aller Schärfe lehnen wir jeglichen Kontakt mit
dämonischen Mächten ab, und wir warnen auch unsere Kinder ernsthaft davor. Im Bereich Satans gibt es
Dinge, von denen wir keine Kenntnis haben sollten.
Deutlicher ausgedrückt: wir sollten sie völlig ignorie-
ren. Heutzutage wird Okkultismus häufig als ein weite-
res wissenschaftliches Fach betrachtet, das man erfor-
schen kann. Damit wollen wir nichts zu tun haben.

Ein Mensch, der wie ein Kind in Jesus lebt, braucht
sich nicht vor Besessenheit von bösen Geistern zu
fürchten. Wenn er allerdings mit Magie oder Zauberei
zu tun gehabt hat, dann hat er Grund zur Angst. Wir
lehnen auch die „harmloseste" Form von Spiritismus
ab, wie das Tragen von „Gesundheitsringen", Tische-
rücken oder Kontakt mit Verstorbenen; ebenso jeglichen Aberglauben. Solche Dinge können harmlos beginnen, sie können einen Menschen aber auch an den

Satan binden, ohne daß er sich dessen bewußt ist. Sie
haben ganz und gar nichts mit dem kindlichen Glauben an Jesus zu tun.

Wir bitten um das Gericht Gottes, damit sein Licht
hereinbrechen kann. Je stärker sein Licht einbricht, je
stärker die Liebe seines eingeborenen Sohnes in unseren Herzen brennt, desto klarer wird seine Wahrheit offenbar. Wenn Jesus zu einem Menschen kommt und
ihn mit seinem Licht berührt, so bringt er das Gericht
und gleichzeitig Befreiung und Erlösung. Alle Zweifel,
alles, was Menschen kettet und belastet, alle Sünden,
die sie hinabziehen, werden von ihm aufgezeigt, bloßge-
legt, und die Menschen werden befreit. Diese Befreiung
und Erlösung – durch das Hereinbrechen des Lichtes
Christi bewirkt – gilt der ganzen Welt. Denn Christus
sagt, er sei nicht gekommen, die Welt zu richten, sondern sie zu erlösen.

Joh 12,47

Christus will, daß die Unterdrückten und die Hoff-
nungslosen sich dem Licht zuwenden und errettet werden. Gerade die Zerschlagenen, die sich am unwürdig-
sten fühlen, sollen sich von Gottes großer Liebe
berühren lassen. Haben sie diese Liebe erst einmal ge-
spürt, dann werden sie wissen, daß Gott auch sie
meint und sie befreien will. Es sind genau diejenigen,
die Jesus annahm: die Übeltäter, die Zöllner, die Prosti-
tuierten, die unter den Menschen Verachteten. Er tadel-
te die Besessenen nicht, er befreite sie. Aber in ihrer
Befreiung lag Gericht: die Dunkelheit wurde offenbart
und ausgetrieben. Das Böse wurde keineswegs igno-
riert, sondern die Menschen wurden davon befreit.

Aus einem Brief: Bis Jesus wiederkommt und uns völlig
befreit, werden wir auf dieser Erde immer zwei Feinde
zu bekämpfen haben: zunächst geht es um den Kampf

gegen die eigene niedrige Natur; zweitens um einen
Geisteskampf, den Kampf gegen Satan und seine Dämonen. Eure Sünde war nicht nur eine Sache der niedrigen Natur, sie war auch satanisch. Das Neue Testament berichtet, als Judas Jesus verriet, „fuhr der Satan
in ihn". Ich würde nicht wagen, dies von euch zu behaupten, aber ich glaube, eure Lage tendiert dahin. Ich
glaube, der Satan hätte nicht in Judas fahren können,
wenn Judas sich ihm nicht schon vorher verkauft hätte. Judas war bereits zu den Hohepriestern gegangen; er
hatte bereits die Silberstücke angenommen, noch ehe
er zum Passahmahl mit Jesus ging, wo der Satan in ihn
fuhr.

Auch wenn dieser Vergleich zu stark ist, um auf
euch zuzutreffen, so habt ihr doch euer Herz bösen
Mächten geöffnet. Wo und wann hat das begonnen?
Vergeßt nicht, daß wahre Reue ein wunderbares Erlebnis ist, das man nicht zu fürchten braucht. Erlebt ihr
einmal wirkliche Buße, so werdet ihr euer ganzes Leben lang dafür dankbar sein.

Es ist grauenerregend, daß der Mensch, der nach Gottes Ebenbild geschaffen ist, Waffen baut, die Millionen von Menschenleben in kurzer Zeit auslöschen können. Wir müssen Buße tun! Die Tatsache, daß auch
unser Land solche Waffen führt, zeigt uns die Dringlichkeit, uns für etwas völlig anderes einzusetzen. Für
manche Leute mag dies bedeuten, in die Politik zu gehen, dafür zu arbeiten und zu kämpfen, daß Staatsäm-
ter von verantwortlichen Bürgern bekleidet werden, die
niemals von diesen Waffen Gebrauch machen würden.
Davor haben wir große Achtung, doch wir müssen
dem Übel auf einer viel tieferen Ebene entgegenwirken.
Der Geist, der die Menschen dazu treibt, Waffen herzu-

Lk 22,3

Joh 13,27

stellen, ist ein böser Geist, und wir müssen ihn dadurch bekämpfen, daß wir für den guten Geist leben.

Wir können den Weg Jesu nur beschreiten, wenn wir uns persönlich völlig ändern. Wenn wir behaupten, seine Nachfolger zu sein, aber dabei ein unreines Leben führen, dann haben wir kein Recht, gegen solche Übel, wie z. B. Ungerechtigkeit, zu protestieren. Wir kämpfen nicht gegen Fleisch und Blut – als gute gegen schlechte Menschen –, sondern gegen Mächte und Gewalten der Dunkelheit.

Durch unsere sündhaften Taten geben wir bösen Dämonen in unserem Leben und unserer Umgebung Raum. Wir müssen realistisch sein und erkennen: das Böse ist nicht etwas Abstraktes. In der Bibel werden einige Dämonen sogar mit Namen genannt. Kein Mensch, besonders keiner, der behauptet, ein Christ zu sein, hat Grund, sich Dämonen zu öffnen und ihnen mit seinem Leben in irgendeiner Weise zu dienen. Tut er es dennoch, so werden sie nicht nur ihm schaden, sondern ebenso der ihn umgebenden Gemeinschaft.

Lk 8,30

Aus einem Brief: Für Jesus ist das Leben der Gemeinde etwas äußerst Kostbares. Deshalb ist die Seele der Gemeinde ständig in großer Gefahr, vom Satan angegriffen zu werden. Johann Christoph Blumhardt schreibt: Als der himmlische Vater Jesus dazu berief, Kinder des Lichts zu erwecken, sah er bereits voraus, daß Satan ihm folgen und Kinder der Dunkelheit hervorbringen würde. Diese Satanskinder würden sogar innerhalb der Gemeinde Christi gedeihen auf dem Boden, auf welchem nur Kinder des Lichts wachsen sollten. Hier stehen wir vor einer erschreckenden Tatsache, aber wir müssen damit rechnen. Es geschieht am ehesten dann,

wenn menschliche Macht die Herrschaft da über-
nimmt, wo Christi Macht allein herrschen sollte.

Mk 14,62   Jesus sagt, daß alle Menschen den Menschensohn sehen werden „sitzen zur Rechten der Kraft". Er nennt
seinen Vater „die Kraft". Das ist die größte Wirklichkeit, weit größer als unser sterbliches Leben. Wenn wir
uns vor dem Bösen fürchten – und diese Furcht kann
sehr real sein –, können wir immer auf Jesus vertrauen.
Auch er ist eine Realität. Er ist im Zentrum des Thro-
nes Gottes. Er ist Haupt und Herz der Gemeinde. Er
versteht unser Herz, wie wir es selbst nicht verstehen.
     Es ist ein Irrtum zu glauben, daß wir unser eigenes
Herz kennen. Wir verstehen uns selbst nur oberflächlich, nur Gott kennt unser Herz wirklich. Auch wenn
wir den schwersten Prüfungen und Angriffen des Bösen ausgesetzt sind, können wir uns doch stets vertrau-
end an Gott wenden, mit fester Hoffnung auf den Sieg.

Nur durch den Gekreuzigten kann man wahren Frieden finden; auch die einige Gemeinde kann uns nicht
dazu verhelfen. Der einzige Ort, an dem wir Friede
und Ruhe finden können, ist Golgatha. Wir sind nicht
in der Lage, unsere mörderischen oder ehebrecheri-
schen Taten wegzuwaschen. Um von der Finsternis befreit zu werden, müssen wir uns dem Licht zuwenden,
Offb 1,5+7,14   und am Kreuz unsere Sünden niederlegen. Dort reinigt
uns das Blut Christi, wie wir in der Offenbarung lesen.

Aus einem Brief: Ich habe deinen verzweifelten Hilferuf
vernommen und habe großes Verständnis für dich. Deine Gedanken ängstigen dich so sehr, daß sie Macht
über dich gewinnen. Du mußt dich von dieser Angst
abwenden. Sie flüstert dir diese Gedanken ein, und da-

durch finden noch verzweifeltere Ängste und Beklem-
mungen Eingang in dein Herz.

Laß dich nicht durch deine Angst aus dem Gleichgewicht bringen. Wenn du sie hinter dir lassen und auf
Gott vertrauen kannst, dann kann vieles anders werden. Zweifle niemals daran, daß Gott eingreifen und
dir helfen will; sei gewiß, daß er dich liebt und dir viel
näher ist, als du ahnst.

Mt 28,20   Jesus hat uns versprochen, immer bei uns zu sein, bis
an das Ende aller Tage. Aber die dunklen Mächte - Unreinheit, Geldgier, Mord, Haß und Unversöhnlichkeit -,
die uns umgeben und Brüder und Schwestern in der
Gemeinde angreifen, dürfen nicht unterschätzt werden.
Jesus muß es vorausgesehen haben, daß die Gemeinde
von den Mächten der Hölle angegriffen werden wird,
Mt 16,18   denn er sagte zu Petrus, daß auch sie die Gemeinde
nicht überwinden werden. Deshalb müssen wir allezeit
wachen und beten.

Zusammen mit der ganzen leidenden Menschheit tragen wir das Verlangen, daß das Netz der Dämonen, welches die Erde umspannt, zerrissen wird, selbst wenn es
großen Aufruhr bedeuten würde. Wir haben den Glauben, daß Gott zu seiner Zeit eingreifen wird durch das
Hereinbrechen seines Reiches.

DER INNERE KAMPF

Die unsichtbaren Mächte, die uns auf der Erde umgeben, bringen uns entweder großes Leid oder große Freude. Es gibt göttliche Mächte, die uns Frieden, Gerechtigkeit, Freude, Sündenvergebung und Gemeinschaft bringen. Diese Mächte sind in Jesus Christus verkörpert. Aber es gibt auch finstere Mächte: Mord, Neid, Ehrgeiz und Ungerechtigkeit. Auch sie sind unsichtbar. Wenn sie sich aber einmal der Seele eines Menschen bemächtigen, dann treiben sie ihn dazu, böse Taten zu begehen.

Die Mächte, von denen hier die Rede ist, sind nicht etwa abstrakt, weil sie unsichtbar sind. Darüber müssen wir uns klar sein. Wir haben es hier mit ganz realen Dingen zu tun, nicht mit einer Philosophie oder einer abstrakten Lehre, sondern mit konkreten Mächten – mit Licht und mit Finsternis, mit Gut und mit Böse, mit Zerstörung und mit Einheit, mit Mächten, die töten wollen, und mit Mächten, die Leben bringen wollen.

Als Jesus die Teufel aus besessenen Menschen austrieb, wurden ihre Seelen geheilt. Seine Feinde sagten: „Er treibt die Teufel mit einem Oberteufel aus." Doch Jesus antwortete: „Wenn ich den Teufel mit einem Oberteufel austriebe, wäre sein Reich uneins und würde in sich zerfallen." Des Teufels Armee ist gut diszipliniert: sie weiß sehr gut, wie man eine Menschenseele, eine Gruppe und sogar ein ganzes Volk angreifen kann. Aus dem Evangelium wissen wir, daß der Kampf zwischen Gott und Satan sich auf der ganzen Erde abspielt. Das gleiche gilt für jedes menschliche Herz. Wir müssen einfach damit rechnen, daß der Teufel wütend ist,

Lk 11,15-18

wenn zwei, drei oder mehr Menschen in Jesus völlig
eins sind.

Einen schärferen Kampf zwischen Gott und Satan
hat es nie gegeben als jenen, den Jesus auf Golgatha gekämpft hat. Es schien Jesus sogar, als ob Gott ihn verlassen hätte. Und dennoch legte er seine Seele und seinen Geist voller Vertrauen in die Hand des Vaters.
Dadurch wurde der Sieg errungen, nicht nur für diese
Erde, sondern für alle Mächte, Gewalten und Engel.

Aus einem Brief: Wir kämpfen nicht gegen Fleisch und
Blut, nicht gegen Menschen. Es ist ein Kampf um die
Atmosphäre der wahren Gemeinde, um die Atmosphäre Gottes auf jedem Bruderhof und im Herzen eines jeden Bruders und jeder Schwester. Wir alle müssen
durch Leid und Gericht hindurch gehen, aber das ist
nicht das Ende. Das Gericht ist nur der Anfang zu neuer Freude und neuer Hoffnung. Es bringt den Sieg der
Befreiung. Es soll uns für die Liebe, für den Dienst
und für Gott frei machen.

Die Atmosphäre auf jedem Bruderhof muß ständig
erneuert werden, damit sie die Liebe und Reinheit Jesu,
ja, sein ganzes Wesen ausstrahlt. Nur dann kann unsere Liebe alle Menschen erreichen.

Die Vorstellung, Jesus habe eine neue Philosophie gebracht oder eine Religion gegründet, ist völlig ver-
kehrt. Seine Person, sein Geist, seine Sache, sein Heil
stellt keine Philosophie dar, wie die der Griechen oder
Ägypter. Er war und ist eine Person, und er selbst ist
es, der uns begegnet. Die Worte: „Wenn ihr nicht das
Fleisch des Menschensohns eßt und sein Blut trinkt,
so habt ihr kein Leben in euch" bedeuten mir viel. Das
ist nicht die Philosophie irgendeines großen Mannes;
das ist Jesus selbst.

Joh 6,53

Niemand kann Jesus gegenüber gleichgültig bleiben. Man muß sich für ihn oder gegen ihn entscheiden. Die Tatsache, daß wir sündige Menschen sind, hindert uns nicht daran, zu Jesus zu kommen. Auch wenn
wir versucht werden, liegt darin kein Hindernis. Und
wenn Böses uns quält, so braucht uns das nicht zu hin-
dern. Aber Gleichgültigkeit Jesus gegenüber können
wir ebensowenig dulden wie den Versuch, mit unserem
Joh 1,29   menschlichen Verstand Jesus auszulegen. „Das ist Got-
Hebr 9,15   tes Lamm, das der Welt Sünde trägt"; „Für die Vergebung der Sünden hat er diesen Tod auf sich genom-
men" – wenn wir diese Worte mit dem Herzen statt
mit dem Verstand aufnehmen, dann wissen wir: das ist
keine Philosophie, das ist Leben.

Was Jesus für uns Menschen bedeutet, müssen wir
in seiner ganzen Höhe, Tiefe und Breite erfahren. Das
Kreuz, welches fest stand und nach wie vor steht, muß
uns in einem geistlichen Sinn gegenwärtig sein. Es ragt
hinauf zum Himmel, zum Thron Gottes; sein Querbal-
ken ist ein Symbol für die ausgebreiteten Arme, die
noch immer da sind für eine verlorene Menschheit.

Aus einem Brief: Brüder und Schwestern, laßt uns wach
bleiben: Jedesmal, wenn Gott etwas Gutes unter den
Menschen ausrichten will, scheut der Teufel keine Anstrengung, es zu zerstören. Denkt daran, wie Jesus
nach seiner Taufe vom Teufel versucht wurde, weil sein
Herz so völlig rein war und er ganz und gar Gott ange-
hörte.

Nichts ist dem Fürsten dieser Welt ärgerlicher als eine Gemeinde in ihrer ersten Liebe. In der Offenbarung
lesen wir, wie es dem Teufel bereits zur Zeit des Johannes gelang, der Gemeinde Schaden zuzufügen. Das ge-
Offb 3,1   schah in solchem Ausmaß, daß Jesus der Gemeinde zu
Sardes sagen mußte, sie habe nur den Namen, daß sie

lebe, aber in Wirklichkeit tot sei. Selbst dieser Gemeinde gab er noch die Möglichkeit aufzuwachen, umzukehren und zur wahren, echten Liebe zurückzukehren.

Wenn ich mein tiefstes Herz sprechen lassen darf, so habe ich den Glauben, daß Jesus, um uns völlig zu reinigen, uns so nahe kommen will, als ob sein Blut unser Blut wäre.

Aus einem Brief: Ich protestiere gegen die Auffassung, daß es falsch sei, mit starken Emotionen zu reagieren, wenn Gott beleidigt wird, wenn Brüder und Schwestern rücksichtslos behandelt werden oder wenn die Gemeinde angegriffen wird. Ich glaube nicht, daß Jesus ruhig und gelassen war, als er die Geldwechsler aus dem Tempel trieb und die Ehre Gottes auf dem Spiel stand. Bis an mein Lebensende werde ich gegen kühle Nüchternheit protestieren, wenn Gottes Werk in Gefahr ist, zerstört zu werden.

In unserem Eifer für Gottes Sache ist es eine unserer schlimmsten Versuchungen, die Menschen nach theoretischen Maßstäben zu richten. Es muß eine solche Ausgießung des Geistes Gottes über uns kommen, daß alles in uns und unter uns offenbar wird. Dann werden Klarheit und Entschiedenheit von selbst kommen. Laßt uns diese Liebe zu Christus mit tiefstem Ernst von Gott erflehen, damit alle Finsternis und alles Böse in unserer Hausgemeinschaft offenbar wird.

Wenn wir uns Jesus im Glauben hingeben, wird er uns reinigen. In seinen Abschiedsreden sagt Jesus: „Ich bin der wahre Weinstock, ihr seid die Reben." Um Frucht zu bringen müssen wir gereinigt werden, und das Winzermesser des Gärtners muß tief in unser Herz schneiden. Als Jünger Jesu bedürfen wir der Reinigung,

Joh 15,5

Joh 15,1-2

bedürfen wir dieses Messers, dieser Schärfe in unserem Herzen und in unserem Leben. Wenn wir dem Gärtner, der uns reinigen will, widerstreben, sind wir in den Augen Gottes untreu und können keine Frucht bringen.

Sind wir bereit, das Wort Christi tief in unser Herz schneiden zu lassen, oder wollen wir uns immer wieder davor schützen und uns dagegen verhärten? Wir merken gar nicht, wie oft wir Gott im Wege stehen. Aber wir können ihn bitten, uns in seiner Gnade und Liebe mit seinem Wort zu beschneiden, auch wenn es schmerzt.

Wir müssen unser ganzes Vertrauen allein auf Gott setzen. Doch wir müssen auch einander vertrauen. Ohne gegenseitiges Vertrauen können wir nicht leben, obwohl wir genau wissen, daß Menschen versagen. Petrus, der Jesus dreimal verleugnete, war dennoch einer seiner vertrautesten Apostel. Er versagte. Aber dann ging er hinaus und weinte bitterlich. Auch für uns gibt es keinen anderen Weg, als so tief zu bereuen und so bitterlich zu weinen, wie er es tat.

Joh 18,15-27
Joh 21,15

Auch wenn wir zugeben müssen, daß wir versagt haben, dürfen wir nicht alles verloren geben oder denken, der Boden sei uns unter den Füßen fortgerissen. Gottes Gericht ist Gottes Güte und kann nicht von seiner Gnade und Barmherzigkeit getrennt werden. Wenn wir aufrichtig Buße tun und uns vor Gott demütigen, dann wird unser Leben nichts sein, dann wird Christus in uns leben.

Ganz gewiß ist es Sünde, Gottes Wirken in uns zu benutzen, um unseren eigenen Stolz zu fördern. Aber es wäre ebenso eine Sünde, Gottes Wirken zu leugnen, wenn wir versagen. Unser Versagen sollte uns demütig machen und zu Gott führen.

Offb 3,1

Die Worte, die der Gemeinde zu Sardes gesagt werden, beinhalten wohl das Schlimmste, was einer Gemeinde gesagt werden kann: „Du hast den Namen, daß du lebst, und bist tot." Ist eine Gemeinde tot, so ist sie wie das Salz, das seinen Geschmack verloren hat und nur noch fortgeworfen wird, um von den Leuten zertreten zu werden. Jede Gemeinde steht in der Gefahr einzuschlafen, ihr Leben zu verlieren.

Offb 3,4

Aber wir haben den Glauben, daß Jesus, wenn er auch nur in einigen wenigen noch Leben findet, Geduld haben wird, damit sie Buße tun.

In der kurzen Geschichte unseres Bruderhofes haben wir den Kampf um die Reinheit der Gemeinde zur Genüge kennengelernt. Wir kennen den Kampf gegen innere Stumpfheit und dagegen, eine Gemeinde zu sein, die den Namen hat, daß sie lebt, aber in Wirklichkeit tot ist. Aber immer dann, wenn Jesus uns züchtigt, gibt er uns Zeit zur Umkehr – als Gemeinde und als einzelne.

Mt 5,13

Ein Wort aus dem Evangelium ist uns besonders wichtig geworden: wir sollen das Salz der Erde sein. Schmerzlich mußten wir erfahren, wie gefährlich es für eine Gemeinde ist, wenn der Geschmack, die Kraft des Salzes verlorengeht. Salz gibt einer faden Speise Geschmack und verhindert, daß sie verdirbt. Unser Zeitalter braucht das Salz. Unsere Schuld ist es, falsche Geister zu lange toleriert zu haben. Jesus warnt sehr scharf vor falschen Propheten und vor solchen, die von Frieden sprechen, wo kein Frieden ist, und von Liebe, wo keine Liebe ist.

Aus einem Brief: Wir müssen den Weg finden, dem Gebot Jesu – anderen zu vergeben, wie er uns vergibt – zu gehorchen. Andererseits müssen wir wachsam sein, daß

Kol 3,12-17

keine Finsternis in die Gemeinde eindringt. Das bringt
mich manchmal in große Spannung. Paulus schreibt,
wir sollen dem Bruder Verständnis, Vergebung und
Freundlichkeit entgegenbringen. Das muß sein. Der
Geisteskampf jedoch, in dem wir stehen, macht es hin-
reichend klar, daß wir keinerlei Finsternis in das Leben
der Gemeinde hineinlassen dürfen. Möge Gott uns helfen, die Lösung dieser Spannung auf seinem Weg, und
nur auf seinem Weg zu finden.

Wenn in jedem Herzen Gott allein waltet, dann werden wir eine gesunde Gemeinschaft sein, voller Freude,
voller Hingabe und voller Liebe. Jeder wird es an der
Atmosphäre spüren. Jeder wird zum andern gehen und
ihn für zugefügtes Unrecht oder Lieblosigkeit um Ver-
zeihung bitten. Und das wird nicht geschehen, weil es
uns jemand vorschreibt, sondern aus einem inneren
Drang heraus.

Jede Gemeinde braucht Stimmen, die es wagen, die
Sache Christi zu vertreten, auch wenn es für den, der
seine Stimme erhebt, und für die anderen schmerzlich
sein sollte. Aber das darf nur in der Liebe Christi geschehen, sonst versündigen wir uns.

1. Joh 3,8

Jesus kam auf die Erde, die Werke des Teufels zu zerstören. Ihm stehen unzählige Engel Gottes zur Seite, die
ihm in diesem Geisteskampf beistehen. Aber auch dem
Satan steht ein Heer von Engeln zur Verfügung: böse
Geister, Teufel und Dämonen.

Dieser Geisteskampf sieht so aus: Der Heilige
Geist, der Geist Jesu, hilft uns, Gott zu finden; er
schenkt uns seine Gedanken und seine Liebe. Er hilft
uns, alle bösen und unreinen Gefühle zu überwinden.
Gleichzeitig aber wirkt der Teufel in unseren Herzen
und flüstert uns böse, unreine, mörderische, neidische,

mißtrauische Gedanken ein und das Verlangen nach
Macht. Und doch hat jeder von uns einen Schutzengel, der uns behütet, wenn wir nach dem Guten
trachten.

Christus muß bis in die tiefsten Tiefen unseres Seins
eindringen, tiefer als unsere Gedanken, tiefer als unsere Gefühle – bis in die allerletzten Tiefen hinein. Jeder
Mensch, der etwas von großen inneren Kämpfen weiß,
hat eine Ahnung davon. Durch Christus wird er den
Mut finden, trotz allen Unglaubens zu glauben, auch
da, wo scheinbar keine Hoffnung zum Glauben mehr
vorhanden ist, und Kraft wird er bekommen, nicht die
Hoffnung aufzugeben, in einem anderen doch noch
Liebe zu finden.

Aus einem Brief: Es ist verständlich, daß du Angst davor hast, was andere von dir denken könnten. Auch
wenn man das verstehen kann, so bleibt es doch Sünde. Wenn wir uns allein von Gott abhängig fühlen,
dann haben wir den Mut, gegen jeden aufzutreten, der
gegen unser Gewissen oder gegen das eines anderen ver-
stößt oder gar andere schlecht behandelt. Es ist eine
Sünde, aus Furcht zu schweigen. Diese Sünde habe ich
in meinem Leben oft begangen; ich habe aber auch die
bitteren Früchte erlebt, die das für mich selbst und für
die Gemeinde brachte.

Wir alle kennen die Kämpfe des menschlichen Herzens, aber wir müssen darüber hinausblicken: wir müssen den ungeheuer großen Kampf der ganzen Gemeinde gegen die Finsternis klar erkennen. Und letzten
Endes müssen wir das alles im Zusammenhang mit
dem viel größeren Kampf sehen, den Gott mit seinen
Heerscharen von Engeln und mit seinen Sternen des

Lichts, des Gesangs und der Harmonie in der ganzen
Schöpfung führt.

Mt 5,13

„Ihr seid das Salz der Erde. Wird aber das Salz fade, wo-
mit soll man ihm die Salzkraft wiedergeben? Es hat
dann weiter keinen Wert; man muß es wegwerfen und
von den Leuten zertreten lassen." Wenn wir Salz sein
wollen, dann können wir keine Diplomaten sein, die
die Argumente des Bösen gutheißen. Wir können
nicht „fair" sein. Wir müssen absolut eindeutig sein in
unserer Treue zu Gott und zu Jesus.

Mt 12,30

Aus einem Brief: Wir müssen uns für Christus entscheiden, oder wir sind gegen ihn. Die Weltsituation treibt
uns dazu, für Christus einzustehen – gegen Gewalt, Ungerechtigkeit, Haß und Unreinheit. Es gilt, Zeugnis zu
geben, nicht nur in Worten, sondern in Taten. Unser
Leben muß beweisen, daß es einen besseren Weg gibt.

Aus dem Abendmahlsbund:[20]

Wir wissen uns in Einheit unter Gottes Gericht und
Gnade gestellt.
    Wir geloben, in Ehrfurcht vor Gott, vor Christus
und vor seinem Heiligen Geist zu leben.
    Das Kreuz, an dem wir die Vergebung der Sünden
finden können, ist der Mittelpunkt unseres Lebens.
    Wir bekämpfen jeglichen Mangel an Ehrfurcht vor
Gott, vor Christus und vor seiner Gemeinde.

---

20 Der Abendmahlsbund, von Heinrich Arnold niedergeschrie-
    ben, wurde nach einem Jahr inneren Kampfes am 30. De-
    zember 1975 von allen getauften Mitgliedern des Bruder-
    hofs unterschrieben, um die Haltung der Bruderschaft zu
    verschiedenen wichtigen Themen klarzustellen.

Wir bekämpfen jeden Mißbrauch des Namens Gottes, seines Christus und des Heiligen Geistes.

Wir bekämpfen alle Ehrfurchtslosigkeit dem kindlichen Geist Jesu gegenüber, wie er in den Kindern lebt, und wir wollen für diejenigen älteren Kinder kämpfen, in denen der kindliche Geist zum Teil verlorengegangen ist.

Wir bekämpfen jede seelische und körperliche Mißhandlung von Kindern.

Wir bekämpfen alles Streben nach Macht über Seelen anderer, einschließlich Kindern. Wir trachten nach der Atmosphäre der Gemeinde und der Engel Gottes.

Wir geloben, im Gebet um das Licht Jesu zu bitten, damit alle, die gebunden sind, und alle, die von bösen Gedanken gequält werden, befreit werden mögen, und daß alle diejenigen, die der Dunkelheit willentlich dienen, geoffenbart und zur Buße gerufen werden mögen.

Wir bekämpfen den Geist des Mammons und alle falsche Liebe, die mit dem Mammon verbunden ist.

Wir bekämpfen allen menschlichen Hochmut und jede Form von Eitelkeit.

Wir bekämpfen allen Stolz, einschließlich des Kollektivstolzes.

Wir bekämpfen den Geist der Unversöhnlichkeit, des Neides und des Hasses.

Wir geloben, unsere eigene Macht und unsere eigene „Größe" am Kreuz niederzulegen.

Wir bekämpfen jede Form der Herabwürdigung anderer, einschließlich derer, die in Sünde gefallen sind.

Wir bekämpfen jegliche Grausamkeit gegen einen Menschen, auch wenn er gesündigt hat.

Wir bekämpfen alle Formen von Magie und Neugier über satanische Finsternis.

Wir bitten um den Mut, freudig bereit zu sein, wenn wir um der Gerechtigkeit willen leiden und verfolgt werden.

Wir bitten um die Vergebung unserer Sünden, denn ohne Jesus können unsere Herzen und unsere Taten nicht rein sein.

Joh 17,21

Wir bitten darum, für die Welt leben zu dürfen, wie es Jesus in Johannes 17 ausdrückt: „Sie alle sollen eins sein, so wie Christus eins ist mit dem Vater, damit die Welt glauben kann, daß Christus vom Vater gesandt ist." Mit Christus bitten wir, nicht aus dieser Welt herausgenommen zu werden, sondern vor der Macht des Bösen bewahrt zu bleiben.

Wir bitten Christus, er möge unsere Bruderschaft durch seine Wahrheit weihen. Die Wahrheit ist das Wort Christi. Wir bitten darum, daß er uns sende, ein Licht in der Welt zu sein.

WELTLEID

1. Tim 6,10

Joh 8,44

Wenn wir nach den Wurzeln des Leides fragen, so finden wir sie in der Gier nach Besitz, im Geist des Mammons. Dieser Geist stammt vom Satan, der der Mörder
von Anbeginn war, wie Jesus sagte. Er bringt Dunkelheit und Tod. Viele seiner Anhänger verbergen sich hinter großartigen Idealen, aber trotzdem bringt dieser
Geist Ungerechtigkeit und Verderben hervor; das sind
die Ursachen allen Leidens, heute und zu allen Zeiten.
Wenn wir mit uns selbst ehrlich sind, werden wir erkennen, wie eng das Leiden der Welt mit unserer eigenen
Schuld und mit der Schuld aller Menschen verknüpft
ist. Weil nun das Leiden allen gemein ist, sind auch
wir ein Teil davon und müssen mit allen leidenden
Menschen mitleiden.

Es gibt so viel Schmerz auf der Welt! Wenn wir von
Gottes Liebe erfüllt sind, werden wir diesen Schmerz
selbst erfahren. Wir werden etwas von der Not der Kinder, der Alten, der geistig Gestörten, der Ungewollten
und der Hungernden nachempfinden. Wenn wir jedoch unseren Blick nur auf das Leid der Welt richten,
dann ist unser Bild einseitig. Um der Sache Gottes willen müssen wir erkennen und verkündigen, daß das
Leid eine Frucht der großen Sünde und Schuld der
Welt ist, eine Frucht der Auflehnung des Menschen gegen Gott.

Gott allein weiß, wieviel von der Weltnot durch
menschliche Sünde verursacht wird und wieviel unver-
schuldetes Leid es gibt. Jemand hat gesagt: Wenn man
die Sünden der Welt und das Leiden der Welt auf je eine Seite einer Waage legte, so würden sie sich das

Gleichgewicht halten. Ob das stimmt, weiß ich nicht; aber eins ist klar: Sünde und Leid gehören zusammen. Krieg beispielsweise ist Sünde, hat aber auch enormes Leiden zur Folge. Gott sieht beides, die Sünde und das Leid.

Wir glauben an das unbeschreibliche Verlangen Gottes, die Menschheit nicht nur von ihrer Not, sondern auch von ihrer Sünde zu erlösen. Es wäre ehrfurchtslos, über die Weltnot zu reden, ohne sich bewußt zu machen, wie sehr Gott durch die Sünde der Welt verletzt wird – die Sünde, an der wir alle teilhaben.

Hätte Gott nicht das Verlangen, die Menschen durch Jesus zu erretten, dann gäbe es nichts als geistlichen und körperlichen Tod auf dieser Erde. Jesus ist das Lamm Gottes, das die Sünden der Welt trägt. Er ist die Antwort, die einzige Antwort, auf alle Sünde und Not.

In den heutigen Weltkirchen hat Geld eine große Macht, aber es fehlt an Mitleid mit den Armen. Das sollte uns aufrufen, uns noch viel mehr den Armen zuzuwenden. Wir wissen, daß die ersten Gläubigen in der Gemeinde zu Rom ihre eigenen Armen und die Armen der ganzen Stadt ernährten.[21] Sie lebten in der ersten Liebe zu Jesus, und daran mangelt es bei uns. Die Stunde ruft uns auf, zur ersten Liebe zurückkehren.

Mt 25

Aus einem Brief: Im 25. Kapitel des Matthäusevangeliums lesen wir die Worte Jesu von den Hungrigen, den Durstigen, den Nackten und Gefangenen. Auch wir tragen Sorge um diese Menschen, um den

---

21   Eberhard Arnold (Hrsg.), Am Anfang war die Liebe, Coprint Wiesbaden, 1986, S.26-27.

Hunger und die Not in der Welt. Aber was sollen wir
tun? Es geht uns zu gut. Wir sollten weniger essen und
mit weniger auskommen, um mit den Armen zu teilen.
Die ersten Christen fasteten ein oder zwei Tage in der
Woche, um den Armen zu essen zu geben. Es ist nicht
genug, nur mit unseren Brüdern und Schwestern zu teilen. Wenigstens ein Bruder in jeder unserer Gemeinschaften sollte dazu ernannt werden, Menschen in Not
aufzusuchen, ihnen Nahrungsmittel und Kleidung zu
bringen und sich darum zu kümmern, daß sie ausrei-
chende Heizung haben und was sonst zum Leben notwendig ist.

Aus einem Brief: Du sagst, die Armen haben ja gar keine Sehnsucht nach Gott; sie sind abgestumpft. Du hättest einmal längere Zeit in einem Obdachlosenasyl zu-
gebracht. Die Menschen wollten nichts anderes, als
selbst nach oben gelangen, selbst andere unterdrücken
und so fort. Du sagst sogar, es hätte keinen Zweck zu
versuchen, solchen Leuten zu helfen; sie wollten ja
nichts anderes.

Aber dies alles, lieber Bruder, ist nicht aus dem
Geist der Liebe Jesu. Es ist wahr, daß viele Menschen
innerlich stumpf sind, aber diese Apathie ist ein höch-
ster Ausdruck ihrer Not. Sie ist ein Zeichen, wohl das
schlimmste Zeichen dafür, wie stark der Feind Jesu, der
Mörder von Anfang, noch über die Menschen
herrscht. Glaubst du nicht, daß es Jesus tief betrübt,
wenn wir über die Not unserer Mitmenschen in so kalter überheblicher Weise sprechen?

Glaubst du, daß dies eine Jesus-Gesinnung ist?
Glaubst du, er wäre für uns Menschen gestorben, wenn
das seine Einstellung gewesen wäre? Gott hat uns doch
nicht dazu beauftragt, so über die Armen und Unterdrückten zu reden. Nein, wir sind gerufen, unsere Mit-

menschen zu lieben, ganz besonders diejenigen, denen
es so schlecht geht, daß sie keinen Ausweg mehr sehen.

Aus einem Brief: Grundsätzlich ist der Bruderhof immer bereit gewesen, einem Obdachlosen Unterkunft
für eine Nacht anzubieten. Manchmal brachte uns die
Polizei Obdachlose mitten in der Nacht, sogar Fami-
lien mit Kindern, und wir haben immer einen Weg gefunden, ihnen ein Nachtquartier zu geben. Unter dem
Hitlerregime wurde dem Bruderhof verboten, Gäste aufzunehmen. Wir ließen jedoch die zuständige Stelle wissen, daß wir niemandem ein Quartier verweigern würden, auch wenn es die Polizei mißbilligte; wir würden
einer heimatlosen Person niemals die Türe verschließen.

1. Kor 13,3   Der ganze Sinn unseres Zeugnisses würde verloren
gehen, wenn wir nicht gewillt wären, einem Menschen
in Not ein Nachtquartier zu geben. Das Wichtigste
aber ist die Liebe. Paulus sagt, selbst wenn wir all unseren Besitz den Armen geben würden, hätten aber keine
Liebe, so wäre alles nichts nütze.

In den ersten Jahren des Bruderhoflebens kamen öfter
junge Mädchen zu uns, die ein Kind erwarteten und
auf der Suche nach einer Bleibe waren. Mein Vater lud
sie dann ein, wenigstens zwei oder drei Nächte bei uns
zu verbringen. Manche dieser Mädchen waren von ihren Eltern hinausgeworfen worden und blieben bei
uns, bis ihre Babys geboren waren.

Es kamen auch Trinker und Diebe zu uns und Leute, die von der Polizei gesucht wurden. Einmal wohnte
ein Mann bei uns, der einen Mord begangen und deshalb zwanzig Jahre lang im Gefängnis gesessen hatte.
Meine Eltern machten sich keine Sorgen über die even-
tuellen Folgen, die uns Kindern dadurch entstehen

könnten. Aber wir waren niemals sexueller Unreinheit ausgesetzt. Unanständiges Benehmen seitens der Menschen, die wir aufnahmen, hat mein Vater nicht geduldet.

Keiner dieser Menschen hat sich uns angeschlossen, und ich glaube nicht, daß auch nur einer von ihnen an uns als Gemeinde interessiert war. Sie waren einfach heimatlos. Aber mein Vater verweigerte keinem von ihnen ein Dach über dem Kopf. Im Hebräerbrief 13,2 heißt es, daß einige, ohne es zu wissen, Engel beherbergt haben, als sie Fremde aufnahmen.

Wir erleben eine Umwälzung in unserem Land, und die rechtsextremen Gruppen sind sehr aktiv.[22] Gleichzeitig gibt es andere, die sich auch sehr aktiv für Gerechtigkeit und Frieden unter den Menschen und Nationen einsetzen. Wir dürfen nicht beiseite stehen. Wenn Menschen für ihre Überzeugung ins Gefängnis gehen oder ihr Leben hingeben, müssen wir tiefe Achtung und Ehrfurcht davor haben. Aber wir sollten ein noch tieferes Verlangen haben nach einer Gerechtigkeit, die größer ist als die, welche auf die Menschenrechte gegründet ist.

Mich beschäftigt ein Vorfall, der in unserer Nähe geschehen ist, und ich weiß nicht, wie wir darauf reagieren sollen:[23] Wo liegt unsere Verantwortung? Dieser Frage müssen wir uns ganz offen stellen. Wir haben sehr wenig getan. Wir haben uns an den Protestmärschen gegen den Rassismus im Süden der USA beteiligt, und

Hebr 13,2

---

22   gesprochen im Juni 1964 in den USA, einige Monate nach der Ermordung John F. Kennedys am 22. November 1963.

23   gesprochen im August 1965, während des Vietnam-Krieges (1964-1969).

wir haben uns offen gegen den Krieg in Vietnam ausgesprochen. Wir haben mit Senatoren und Abgeordneten
im Repräsentantenhaus gesprochen und ihnen unsere
ernsten Anliegen vorgelegt. Aber das alles ist sehr wenig.

Vergangenheit, Gegenwart und Zukunft liegen in
Gottes Hand, und wenn wir unser Leben Gott geben,
müssen wir bereit sein, zu leiden und sogar zu sterben.
Männer wie Michael Schwerner[24] sind für ihre Überzeugung gestorben, daß die Liebe unter den Menschen ge-
stärkt werden muß. Wir sollten auch bereit sein zu leiden und zu sterben, wenn Gott das von uns verlangt.

Unsere Herzen sind klein – ich weiß es von mir
selbst –, doch wenn wir uns von Gott bewegen lassen,
dann finden wir die Antwort auf die Frage nach unserer Verantwortung. Jeder andere Weg wird in die Irre
führen. Wenn Gottes Liebe unsere Herzen bewegt, wird
unser Leben neue Tiefen und Höhen erfahren, und
Gott wird uns führen, das Richtige zu tun. Aber wir
müssen ihn darum bitten, unsere Herzen zu bewegen –
heute, morgen und jeden Tag.

Gleichgültigkeit angesichts von Ungerechtigkeit ist eine schreckliche Sünde. Deshalb haben wir große Achtung vor der Bürgerrechtsbewegung. Viele Menschen in
dieser Bewegung bringen Opfer für die Gerechtigkeit,
einige haben sogar ihr Leben geopfert. Aber der
Kampf um die Bürgerrechte als solche wird das Reich
Gottes nicht herbeiführen. Das dürfen wir nicht aus
den Augen verlieren, trotz unserer Achtung vor denen,
die alles dafür geopfert haben. Etwas viel Größeres
muß geschenkt werden, etwas, das wir nicht machen

---

24   Junger Bürgerrechtskämpfer, der 1964 im Staate Mississippi
      ermordet wurde.

können: die gewaltige Atmosphäre des Geistes Jesu, die die ganze Welt durchdringen muß.

Die Ungerechtigkeit nimmt weiterhin zu; gerade deshalb wollen wir an der Hoffnung auf das Reich Gottes festhalten. Laßt uns versuchen, diesem Reich entsprechend zu leben, um der Welt eine neue Gerechtigkeit zu zeigen, die sogar die Liebe zum Feind einschließt. Hier liegt die Antwort auf die große Not unserer Zeit in der ganzen Welt, und besonders in bezug auf das politische Leben und die Rassenfrage in Amerika.

Daniel und die anderen Propheten wie auch Johannes im Buch der Offenbarung sprechen von den „letzten Tagen", ehe das Reich Gottes kommt, in denen der Menschheit schwere Gerichte bevorstehen. Die Hungersnöte und Seuchen jedes Jahrhunderts, die Verfolgung unserer täuferischen Vorfahren und unzähliger anderer kleiner Gruppen, der Dreißigjährige Krieg und die Ausrottung der Indianer in Amerika sind alles Beispiele enormen Leidens, in denen sich schon viele dieser Prophezeiungen vom kommenden Gericht erfüllen. Dazu gehören auch der Erste und der Zweite Weltkrieg, in denen vielleicht die schrecklichsten Greuel geschahen, die die Menschheit bis dahin gesehen hat. Die letzten Tage haben schon begonnen.

Es gibt so unendlich viel Not auf der Welt, viel mehr, als uns bewußt ist. Manche ist wirtschaftlicher und sozialer Natur, aber in einem tieferen Sinn handelt es sich um innere Not, die durch die dunklen Mächte der Ungerechtigkeit, des Mordes und der Untreue im Leben der Menschen hervorgerufen wird. Früher glaubten manche von uns, daß durch politische und soziale Maßnahmen radikale Veränderungen in unserer Gesellschaft herbeigeführt werden könnten und daß dadurch diese Not beseitigt würde. Aber wie wir immer wieder gesehen haben, verfangen sich die verantwortlichen Politiker der heutigen Welt im Netz ihrer Unehrlichkeit. Der kalte Dollar herrscht, Unreinheit und Untreue sind weitverbreitet.

Wir wissen, daß unsere wenigen Bruderhöfe die Welt nicht verändern werden, aber Christus kann es. Wir wollen uns ihm freiwillig hingeben. Er verlangt unsere ganze Persönlichkeit und unser ganzes Leben. Er kam, die Welt zu retten, und wir glauben, daß er – nicht irgendein menschlicher Führer – eines Tages die Welt regieren wird. Für ihn leben wir, für ihn geben wir alles hin, für ihn sind wir bereit zu sterben.

MISSION

Unser tiefstes Verlangen ist es, als ganzer Kreis der Bruderschaft anderen suchenden Menschen die Hand zu reichen. Das bedeutet jedoch nicht, daß wir jetzt alle losfahren, um irgendwo über unseren Glauben zu predigen. Echte Sendung muß von Gott geschenkt werden, sie muß in uns brennen und uns zu Menschen führen, die offene Ohren haben. Wir dürfen die Leute nicht einfach anpredigen. Wir wollen persönliche Begegnungen finden, so wie sie nicht von uns gemacht werden können. Nur Gott kann uns das richtige Wort für die richtige Person zur richtigen Zeit geben.

Es liegt uns nicht daran, Mitglieder für den Bruderhof zu werben, wie manche Leute meinen. Wenn das der Fall wäre, dann würde unsere Bewegung bald Schiffbruch erleiden. Wir wollen sammeln, weil Jesus uns den Auftrag zum Sammeln gab.

Mt 12,30
Mt 23,37

Als mein Bruder Hardy in den dreißiger Jahren an der Universität Tübingen studierte, bat ihn mein Vater, einige öffentliche Vorträge für ihn in die Wege zu leiten. Hardy sorgte für große Plakate mit der Bekanntmachung, Dr. Eberhard Arnold werde über den Bruderhof sprechen. Als mein Vater das sah, protestierte er heftig: „Das werde ich mit Sicherheit *nicht* tun. Ich will von der Sache Gottes sprechen. Den Bruderhof werde ich nicht einmal erwähnen." Das muß unser Hauptanliegen sein: die Sache Gottes.

Wir haben den innersten Wunsch, in engeren Kontakt mit vielen Menschen zu kommen. Doch über all unserem Hoffen und Streben muß das Verlangen stehen, daß zu jeder Stunde und an jedem Ort nicht un-

ser Wille, sondern Gottes Wille geschehe. Dem wollen
wir uns willig fügen. Die letzten Jahre haben uns gezeigt – oder hätten uns zeigen müssen –, wie unfähig,
wie sündhaft, wie machtlos wir sind. Die Mission
hängt allein davon ab, ob unser Glaube lebendig ist.

Laßt uns wachsam sein, damit wir nicht aus eigener
Kraft Mission betreiben. Es wird genug gepredigt in
der Welt. So viele Menschen gehen hinaus und predigen aus eigenen Stücken. Ich bin ganz und gar für Mission, aber nur, wenn es Gottes Wille ist, der uns bewegt, und nicht unser eigenes Ich.

In der Urgemeinde, die eine besonders lebendige
Mission betrieb, gab es zwei wesentliche Voraussetzungen: die Gläubigen waren eines Sinnes, ein Herz und
eine Seele, und sie waren bußfertig. Diese Einstimmig-
keit von Herz, Seele und Geist und gleichzeitig die Demut und Bußfertigkeit des Paulus müssen wir finden.

Dem Missionsauftrag können wir nicht entgehen. Damit eine Gemeinde am Leben bleibt, müssen Sendbo-
ten ausgesandt werden, möglichst zu zweit wie in der
Urgemeinde oder bei den Täufern des 16. Jahrhunderts.
Die Stadt muß hoch auf dem Berg stehen, das Licht
muß weit hinausscheinen.

Kann die Welt an den Kirchen von heute erkennen,
daß Jesus Christus vom Vater in die Welt gesandt wurde? Haben wir nicht eine ungeheure Verantwortung?
Jesu letzte Worte an seine Jünger waren: „Gehet hinaus
in alle Welt und predigt das Evangelium aller Kreatur.
Wer da glaubt und getauft wird, der wird selig werden;
Mk 16,15-16   wer aber nicht glaubt, der wird verdammt werden."

Daß es noch einmal ein Pfingsten geben wird, wo Tausende an einem Tag getauft werden, ist recht unwahr-

scheinlich. Aber unser Anliegen ist es, daß die Saat Jesu in unserer verdorbenen Gesellschaft ausgesät wird, auch wenn wir es Gott überlassen müssen, ob die Saat aufgeht und Frucht trägt. Die zwölf Apostel konnten einen großen Erfolg verzeichnen: sie waren von Christus bevollmächtigt. So etwas ist seitdem niemals wieder geschehen.

Ich weiß, daß Mission nicht erzwungen werden kann, aber es ist mein tiefes Verlangen, daß die Saat ausgesät wird, daß die Menschen erwachen, daß sie Jesus lieben und sein Wort halten. Dann wird er zu ihnen kommen und unter ihnen wohnen.

Laßt uns darum bitten, daß wir, so oft wir den Namen des Herrn erwähnen und sein Evangelium verkünden, es mit der Glut des Heiligen Geistes tun. Das tut unserer Zeit not, das braucht unsere arme Erde, die von Gottes Sohn heimgesucht wurde und die nicht von ihm vergessen ist.

Das Kreuz ist tief in die Erde gepflanzt. Es ragt zum Himmel hinauf, und seine ausgebreiteten Arme zeigen uns, wie Christus nach allen Menschen hungert und dürstet. Er hat gesagt: „Wenn ich erhöht sein werde von der Erde, so will ich alle Menschen zu mir ziehen."

Joh 12,32

Es gibt einen gewissen Widerspruch in unserem Leben: Einerseits möchten wir die ganze Menschheit in die Arme schließen. Wir würden am liebsten Tausende, ja Millionen von Menschen dazu aufrufen, als Brüder und Schwestern in Christus zu leben; so viele wie möglich sollten zu uns kommen, damit wir alles mit ihnen teilen können. Wir hoffen auch, daß unser missionarischer Drang immer stärker wird. Auf der anderen Seite sind uns zwei oder drei hingegebene Menschen lieber als Hunderte, die gleichgültig sind. Das Salz unseres Zeugnisses darf nicht verloren gehen. Lieber bleiben wir eine kleine Schar von Menschen, unter denen echte Liebe und wahrer Glaube an Christus lebt, als eine Massenbewegung, die von Haß und Neid durchsetzt ist.

In den ersten drei Evangelien heißt es, daß die zwölf Apostel ausgesandt wurden mit den Worten: „Gehet hin und macht zu Jüngern alle Völker: Taufet sie in dem Namen des Vaters und des Sohnes und des Heiligen Geistes." Im Johannesevangelium spricht Jesus von einer anderen Art Sendung: „Damit sie alle eins seien. Wie du, Vater, in mir bist und ich in dir, so sollen auch sie in uns eins sein, damit die Welt glaube, daß du mich gesandt hast."

Mt 28,19
Mk 16,15
Lk 24,47

Joh 17,21

Das ist heute für uns besonders wichtig. Hier legt Jesus den Schwerpunkt nicht auf das Predigen des Evangeliums, um die Weltmenschen zu gewinnen, sondern auf die Einheit seiner Nachfolger: „Damit sie alle eins seien, daß die Welt glaube, daß du mich gesandt hast." In diesem Gebet Jesu wird deutlich, daß Mission die Einheit der Jünger meint.

Einheit kostet Kampf; sie wird durch Leiden und durch Gemeindezucht teuer erkauft; sie setzt voraus, daß wir immer wieder vergeben, lieben und vertrauen, auch denen, die uns verletzt oder geschadet haben.

Wenn die Einheit stark unter uns ist, dann wird sie in die Welt hinausstrahlen – wie, das wissen wir nicht, aber wir wissen, es wird geschehen.

Es muß mehr und mehr Liebe von unserem Kreis ausgehen, damit wir als einmütige Gemeinde Missionare aussenden können. Solange wir dazu nicht imstande sind, leben wir nicht allein um der Liebe willen. Wenn wir keine Kraft für die Mission übrig haben, so ist das ein Zeichen, daß unsere Gemeinde noch nicht völlig

der Liebe hingegeben ist. Und das sollte uns beschei-
den machen.

Wir leben in Gemeinschaft, weil wir Brüder und
Schwestern sein wollen. Das ist unsere oberste Berufung: Bruder zu sein, auch den Armen und Anspruchs-
losen, damit keiner auf den anderen herabblickt und
niemand in seiner Not vergessen wird. Wir sind da,
um für unsere Kinder, unsere Brüder und Schwestern,
unsere Alten, Witwen und Waisen zu sorgen. Es ist
nicht unsere erste Aufgabe, Menschen aus den Elends-
vierteln herauszuholen. Dadurch könnte der wesentliche Auftrag sogar zerstört werden, indem wir uns zer-
streuen und alles auseinanderfällt. Dann würde aus
dem Bruderhof eine der vielen Organisationen, die besonders für die Sozialarbeit eingerichtet sind.

Betrachten wir unser Leben der Nachfolge einmal im
Licht der Worte Jesu über die Erweckung der Toten
und die Austreibung von Teufeln. Hier zeigt es sich,
wie geistlich arm wir als Gemeinde sind. Das ist ein
Grund zur Demut, aber nicht zur Resignation.

In seinem letzten Brief schrieb mein Vater: „Zu einer rechten Aussendung sind wir [der Bruderhof] noch
nicht gelangt. Sie zu erbitten, wird immer dringender."
Er hoffte immer, daß die apostolische Sendung – die
Auferweckung der Toten und die Austreibung von Dämonen – in unserer Zeit neu geschenkt werde. Es kam
ihm nicht darauf an, daß sie ihm persönlich oder dem
Bruderhof geschenkt würde, wenn sie nur an irgendeinem Ort geschähe.

Aus einem Brief: Obwohl mir die apostolische Sendung
– auf die Straßen und an die Zäune zu gehen und die
Menschen zu dem großen Fest in Gottes Reich einzula-

Mt 10,8
Mk 16,15-18

den – ein innerstes Anliegen ist, so weiß ich, daß jeder
Tag, in wahrer Einheit gelebt, auch Sendung ist. Lies
einmal Johannes 17 in diesem Sinn: An der Einheit
und Liebe seiner Jünger untereinander soll die Welt erkennen, daß Jesus vom Vater gesandt wurde. Eine größere Schau als diese gibt es nicht. Wenn wir uns nur
zu einer solchen Einheit durchkämpfen, dann kann
Gott uns die Kraft für beide Arten von Sendung geben, und alle Schwestern und Brüder werden daran teilnehmen.

Aus einem Brief: Die Schärfe Jesu als Teil des Evangeliums wird in der heutigen Christenheit nicht mehr gepredigt. Johannes der Täufer begann seine Botschaft
mit den Worten: „Ihr Schlangenbrut, wer hat euch
denn gewiß gemacht, daß ihr dem künftigen Zorn ent-
rinnen werdet? Seht zu, daß ihr rechtschaffene Frucht
der Buße bringt! Denkt nur nicht, daß ihr von euch sagen könnt: Wir haben Abraham zum Vater!"
Ich halte es für meine innere Berufung und Pflicht,
das Evangelium mit der gleichen Schärfe zu verkündigen, aber auch mit der gleichen Güte und Barmherzigkeit, die wir im Neuen Testament finden.

Jesus sandte seine Apostel unter dem Zeichen des Lammes aus. Jeder, der einmal unter Druck gestanden hat,
besonders unter religiösem Druck, weiß warum er das
tat. Noch klarer wird das an der Taube, dem Symbol
des Heiligen Geistes. Wie eine Taube kam der Geist auf
Jesus herab, ohne Gewalt oder Druck auszuüben,
nichts Böses im Sinn, unfähig anzugreifen oder den
freien Willen zu unterdrücken.
Das ist der Charakter der apostolischen Sendung:
kein Zwang, kein Druck, keine Überredung. Niemals
darf eine starke Persönlichkeit die schwächere unter-

Joh 17,21

Mt 3,7-9

Lk 10,3

Mt 10,16
drücken. Harmlos wie eine Taube muß sie sein. Und doch, neben den Worten Jesu: „Seid unschuldig wie die Tauben", steht: „Seid klug wie die Schlangen."

Was unsere Teilnahme an den derzeitigen sozialen Protestbewegungen angeht, so hoffe ich sehr, daß wir feinfühlig genug sind, um zu unterscheiden, was an solchen Aktionen von Gott her kommt und was nicht, und das erstere zu fördern, aber das letztere abzulehnen. Wir brauchen die Offenheit, um etwas Neues aufzunehmen, gleichzeitig aber müssen wir ein Zeugnis wahrer Bruderschaft geben.

In unserer korrupten Zeit ist es die Verantwortung der Gemeinde, die Menschen zu einem Leben in Gott und in Jesus aufzurufen. Wenn wir die heutige Gesellschaft betrachten, dann sehen wir, wie verdorben die Menschheit ist – eine Menschheit, in der keine Rede von Versöhnung mit Gott ist. Die Versöhnung mit Gott kann nur durch das Kreuz geschehen. Ohne Jesus, ohne sein Leiden und seinen Tod, kann kein Mensch den Weg zu Gott finden.

Ich bin dankbar, daß unter uns die Sehnsucht nach der apostolischen Sendung lebendig ist. Aber solange wir nicht von Gott gesandt werden, wie Paulus von Gott gesandt war, werden wir niemals in der Lage sein, auf Mission zu gehen, auch nicht im bescheidensten Rahmen. Paulus berichtet von seiner Bekehrung, daß Jesus ihn gesandt habe, „die Augen der Menschen zu öffnen, damit sie aus der Finsternis ins Licht kommen, aus der Gewalt Satans zu Gott. So werden sie die Vergebung der Sünde empfangen und das Erbteil samt denen, die geheiligt sind durch den Glauben an mich."

Apg 26,18

Das ist der Sinn der Sendung. Es ist klar, daß sie niemals ein menschliches Unternehmen sein kann. Ohne eine innerste Beziehung zu Gott, zu Christus und zu seiner Gemeinde sind wir unfähig dazu, absolut unfähig.

DAS REICH GOTTES

JESUS

Jesus war der leidende Knecht. Von seiner Geburt in einem elenden Stall bis zu seinem Tod am Kreuz zwischen zwei Verbrechern war sein Leben der reinen Liebe geweiht. Er war wirklich Mensch und wahrer Gott; er war das fleischgewordene Wort; er war der Sohn Gottes, aber er nannte sich selbst den „Menschensohn".

Jesus Christus ist der Erlöser, der zu uns schwachen sündhaften Menschen kommt. Er befreit uns von Sünde und von dämonischen Mächten. Er macht uns zu wahren Menschen. Er ist der Heiland, der Arzt, der umsonst heilt. Er ist der wahre Weinstock, der lebendige Baum. Er ist derselbe gestern, heute und in alle Ewigkeit. Jesus ist die Seele der Barmherzigkeit, der Menschenfreund, der Rufer zu einem neuen Leben. Er ist der wahre und gute Hirte, der König des Gottesreichs. Er heißt Wunderbare Kraft, Mächtiger Gott, Ewiger Vater, Friedefürst.

Christus ist die Kraft der Sammlung: „Wie oft habe ich deine Kinder versammeln wollen wie eine Henne ihre Küken unter ihre Flügel, und ihr habt nicht gewollt." Sein letztes Gebet galt seinen Jüngern: er bat um Einheit und Liebe unter ihnen. Das neue Leben in Christus überwindet jegliche Trennung, es führt zur Gemeinschaft unter den Menschen, so daß sie ein Herz und eine Seele werden. Christus ist die Offenbarung der Liebe Gottes und seines Reiches.

Lk 13,34

Joh 17,21

Mit Herz und Seele müssen wir diesen Jesus erfahren. Und noch mehr: Wir müssen ihn erfahren als den Herrn über alle Dinge, König über alle Welten Gottes. Mit unserer ganzen Konzentration müssen wir uns auf ihn, den Kommenden, und auf die Erscheinung seines Reiches richten.

Aus einem Brief: Ich weiß, daß du Schwierigkeiten mit
manchen biblischen Aussagen über Christus hast.
Willst du aber nicht den ganzen Christus, dann wird
dir auch der Teil, den du akzeptierst, durch die Finger
gleiten, und du wirst mit leeren Händen dastehen. Ich
bitte dich aus Liebe und Anteilnahme: Nimm dir das
zu Herzen.

Letztlich kommt es darauf an, daß du den von der
Jungfrau Maria durch den Heiligen Geist geborenen Jesus Christus annimmst, dem alle Macht im Himmel
und auf Erden gegeben ist, der auf die Erde kam, um
das ganze Weltall mit Gott zu versöhnen, indem er Frieden machte durch sein Blut am Kreuz.

Kol 1,20

An Christus glauben heißt, daß wir gewillt sind,
die geheimnisvollen Dinge zu glauben, die wir weder sehen noch fühlen noch mit unserem Intellekt wahrnehmen können.

Manchmal frage ich mich, ob wir den ganzen Christus genügend erfassen. Für jeden Christen – für den
einzelnen wie für die Kirchen – besteht die Gefahr,
nur einen Teil von Christus anzunehmen und dem
treu zu sein. Den ganzen Christus müssen wir finden;
dem ganzen Christus müssen wir dienen.

Es ist nicht meine Sache zu verkündigen: „Dieses
hier ist der ganze Christus." Und wenn wir das ganze
Evangelium auswendig lernten, so könnten wir doch
nicht sagen, daß wir den ganzen Christus haben. Nur
der Heilige Geist vermag ihn uns zu bringen.

Das Böse in einem Menschen sieht Jesus so scharf
und klar, daß man meinen könnte, er habe keine Liebe
zu ihm; aber seine Hoffnung für ihn ist so groß, als wäre nichts Böses in ihm. Im Neuen Testament finden
wir sowohl scharfe Worte von der ewigen Verdammnis

wie auch Worte von barmherziger Liebe. Alles an Jesus
müssen wir lieben – seine Schärfe und seine Barmherzigkeit.

Wenn wir uns nach seiner Schärfe ausstrecken,
dann werden unsere Herzen gereinigt und beschnitten.
Wir könnten jedoch nicht einen Tag leben, wenn seine
Liebe, seine Barmherzigkeit und Gnade nicht noch größer als seine Schärfe wären.

2. Kor 13,4

Es ist ein Fehler zu glauben, Jesus sei nur tapfer und
stark gewesen. In Schwachheit wurde er gekreuzigt. Das
ist ein tiefes Geheimnis. Um unseretwillen wurde er
schwach, um der Sünde der Welt willen, um Versöhnung und den Sieg Gottes auf die Erde und in den
Himmel zu bringen. Und darum lieben wir ihn.

In Schwachheit wurde Jesus gekreuzigt, jetzt aber
lebt er in der Kraft Gottes. Auch wir sind schwach, wie
er es war, aber durch die Kraft Gottes dürfen wir eins
mit ihm werden und die Fülle des Lebens erlangen.

Sind wir aber stolz, dann können wir nicht in der
Kraft Gottes leben. Als starke und geistig große Menschen stehen wir Gott im Weg. Sind wir aber schwach,
so ist das kein Hindernis.

Joh 15

Im 15. Kapitel des Johannesevangeliums spricht Jesus
aus dem Innersten seines Herzens über die Einheit seiner Nachfolger. Er spricht von sich selbst als dem
Weinstock und von seinem Vater als dem Winzer, der
jede Rebe abschneidet, die keine Frucht bringt; und jede Rebe, die Frucht bringt, reinigt er, daß sie mehr
Frucht bringe.

Der Herr schneidet uns nicht so vollständig ab, daß
wir vertrocknen; er reinigt uns vielmehr und bindet
uns erneut an seinen Weinstock. Diese Erfahrung von

Gericht und Strafe müssen wir durchmachen, denn Jesus sagt, wer Frucht bringt, den reinigt er.

Wenn der Winzer die Reben reinigt, so gebraucht er dazu ein Messer. Wir müssen ihn darum bitten, daß sein Messer tief in unsere Herzen schneidet, und wenn es noch so weh tut, damit wir, so von ihm gereinigt, auf den einen Weinstock aufgepfropft werden können.

Joh 15,4+7   Unser Heiland hat es versprochen: „Bleibet in mir, und ich werde in euch bleiben." Möchten wir doch alle in ihm bleiben und er in uns, das ist mein tiefes Anliegen. Es gibt nichts Größeres, nichts Schöneres, nichts Beglückenderes als die Einheit mit Jesus Christus.

Lk 2,11   Als die Engel den Hirten erschienen, verkündigten sie: „Euch ist ein Kind geboren. Ein Sohn ist euch geschenkt." Laßt uns dieses Wort zu Herzen nehmen: **Euch** ist ein Kind geboren. Es handelt sich nicht nur darum zu glauben, daß in Bethlehem ein Kind geboren wurde, sondern: **Euch** ist ein Kind geboren. Das dürfen wir ganz persönlich glauben – Jesus kam für jeden einzelnen von uns.

1. Kor 2,2   Das Leben Jesu begann in einem Stall und endete am Kreuz zwischen zwei Verbrechern. Paulus sagte, er wolle nichts anderes verkündigen als diesen gekreuzigten Christus. Auch wir haben nichts, woran wir uns halten können, als diesen Christus. Wir müssen uns immer wieder fragen: Sind wir gewillt, seinen Weg zu gehen, vom Stall bis zum Kreuz?

Als seine Jünger erwarten uns keine angenehmen und guten Zeiten. Jesus sagt, wir müssen uns selbst verleugnen und mit ihm und für ihn leiden; das ist der einzige Weg, ihm nachzufolgen. Dahinter aber liegt die Herrlichkeit des ewigen Lebens – die glühende Liebe Gottes, die so viel größer ist als unser Herz und unser eigenes Leben.

Aus einem Brief: Jesus war ein starker Mann in einem ganz neuen Sinn: er war gleichzeitig sehr schwach und sehr stark. Er schämte sich nicht, Tränen über Jerusalem zu vergießen; er hatte Jerusalem sammeln wollen wie eine Henne ihre Küken. Er empfand es nicht als Schande, bei der Erweckung des Lazarus öffentlich zu weinen, auch nicht, in Gethsemane seine Qualen zu bekennen. Im weltlichen Sinne sind das keine Merkmale eines „starken" Mannes. Doch die Liebe Jesu war so stark, daß er die furchtbarsten Schmerzen, ja die Gottverlassenheit ertragen konnte. In dieser Kraft erfüllte er den Auftrag, der ihm von seinem Vater gegeben war.

In wahrer Schwachheit werden wir machtlos, und in wahrer Machtlosigkeit finden wir Kraft. Das ist das Geheimnis.

Jeder von uns muß ein ganz persönliches Verhältnis zu Jesus finden. Als junger Mann konnte ich es nicht verstehen, warum das Gefühl von Freude und Liebe, das ich in den ersten Wochen nach meiner Bekehrung hatte, nicht anhielt. Das beunruhigte mich sehr. Als ich meinen Vater danach fragte, sagte er: „Du kannst dein Christentum nicht auf Gefühle bauen. Es gibt Zeiten, in denen man einfach nachfolgen muß, ohne tiefe Gefühle."

Paulus vergleicht das Verhältnis Jesu zu seiner Gemeinde mit der Ehe, in der es Zeiten voller Freude und Zeiten voll Kummer gibt. Das Wichtigste dabei ist die Treue. Unsere Gefühle werden nicht ständig die gleichen bleiben.

Wenn wir zur ersten Liebe zurückgerufen werden, kann uns ein gewaltiges Glücksgefühl erfüllen, ein Ge-

Mt 23,37

Joh 11,35
Mt 26,36-41

Mt 27,46
Lk 22,44

schenk von Gott. Dieses Gefühl wird nicht ein Leben lang anhalten. Sind wir aber treu, dann bleibt unser Verhältnis zu Christus bestehen, selbst in Zeiten von Schmerz und Tränen, Kummer und innerer Leere.

Jesus sagt: „Wer mich liebt, wird sich nach meinen Worten richten. Ich werde mit meinem Vater zu ihm kommen, und wir werden bei ihm wohnen." Es gibt nichts Intimeres, als in dem Herzen eines anderen zu wohnen.

Jesus sagt auch: „Wer mein Blut nicht trinkt und mein Fleisch nicht ißt, kann nicht zu mir gehören." Sein Evangelium ist die Botschaft der vollkommenen Einheit, sie schließt alle Halbherzigkeit aus. Jesus zieht das eiskalte Herz dem lauwarmen vor.

Wenn wir jemanden liebhaben, dann möchten wir sein Allerinnerstes kennen. Ihn nur von außen her zu kennen, genügt uns nicht. So verhält es sich mit unserer Liebe zu Gott. In der Hingabe an ihn lernen wir sein innerstes Wesen kennen, den Charakter seiner Liebe. Es genügt nicht, nur von Gott zu sprechen. Wir erwarten seine Offenbarung.

Die Bibel sagt, wen der Herr liebt, den züchtigt er. Deshalb wollen wir Gott danken, wenn er uns züchtigt, denn es ist ein Zeichen seiner Liebe. Die völlige Befreiung, die uns durch die Vergebung der Sünden zuteil wird, werden wir nicht erleben, solange wir nicht die Schärfe Jesu annehmen. Erst wenn wir ihn ganz annehmen, werden wir auch seine Güte, seine Barmherzigkeit und seine unendliche Liebe erfahren.

Es gibt eine gewisse Art der Beziehung zu Jesus, die wir ablehnen, eine rein subjektive Beziehung, in der die Größe Gottes und der Gemeinde außer acht gelassen wird, so als ob es nur auf *meine* Seele und *meine* Ret-

Randnotizen:
Joh 14,23

Joh 6,53

Offb 3,15

Hebr 12,6

tung ankäme. Es wäre jedoch falsch, ein persönliches inniges Verhältnis zu Jesus abzulehnen. Seine Liebe, sein Tod am Kreuz, seine Vergebung – das alles muß uns zu einer ganz unmittelbaren, persönlichen Erfahrung werden.

In Christus ist alles gegeben, was wir brauchen, um Gott zu finden. Aber es nützt uns nichts, wenn wir es nur mit dem Verstand erkennen, ebensowenig wie es eine Hilfe ist, die Bibel auswendig zu lernen oder lange Gebete aus dem Gedächtnis aufzusagen. Im Grunde unseres Herzens müssen wir von Jesus angerührt werden, dann wird er uns durch seine Person beleben. Das meint er mit dem Wort vom Essen seines Leibes und vom Trinken seines Blutes. Es ist das Gegenteil einer rein verstandesmäßigen Erfahrung, es ist eine Erfahrung aus der Tiefe des Herzens.

Mt 26,26-28

Den Juden war der Gedanke, Jesu Blut zu trinken und sein Fleisch zu essen, ein Ärgernis, denn das Gesetz Mose verbot ihnen, Blut zu trinken. Aber Jesus wollte seinen Jüngern eine Einheit und Gemeinschaft zeigen, die nur mit Fleisch und Blut zu vergleichen war: nämlich die ewige Gemeinschaft mit ihm im Königreich Gottes.

Wahre Nachfolge verlangt von uns, Jesus so sehr zu lieben, daß jede andere Liebe, auch die Liebe zu Frau und Kindern, im Vergleich gering ist. So sehr sollen wir ihn lieben, daß selbst der kleinste Teil seiner Botschaft uns von größter Bedeutung ist. Deshalb sollen wir alles an ihm lieben; seinen Tod ebenso wie seine Auferstehung, sein Gericht ebenso wie sein zukünftiges ewiges Königreich.

Sein innerstes Wesen ist es, das wir lieben sollen, wie er es in seinem Leben und Sterben geoffenbart hat. Dieses innerste Wesen nennt die Bibel „Geist Gottes". Die größte Aufgabe eines Christen ist es, Jesus zu lieben, ihn zu erkennen und sein innerstes Wesen zu erfassen.

Den ganzen Jesus müssen wir lieben: seine Taten und seine Worte, seine Gleichnisse; die Weigerung, irdische Güter anzusammeln; die Reinheit seines Herzens und die Treue der Beziehungen; seine Traurigkeit und seinen Schmerz über die Ungerechtigkeit der Menschen, seinen Tod mit den Verbrechern. Am meisten aber sollen wir ihn selbst, seine Person lieben, sein Herz und sein Blut.

Mt 9,12
Joh 10,14

Jesus kam als Arzt für die Kranken und als Hirte für die Verlorenen; er kam nicht für die, die sich gesund und gerecht wähnen. Jesus ist die Liebe Gottes, die auf Erden zur Tat wird. Das muß man im eigenen Herzen erfahren, um zu begreifen, daß Nachfolge Jesu Leiden bedeutet. Es kann kein bequemer Weg sein.

Aus einem Brief: Gib dich täglich der Person Jesus hin. Dann wird es dir möglich sein, für ihn zu brennen und alle Ich-Bezogenheit aufzugeben.

Als Jesus auf der Erde lebte, versprach er wiederzukommen und das Reich Gottes zu gründen, ein Königreich des Friedens und der Liebe. In dem Gleichnis von den zehn Jungfrauen waren fünf bereit, aber die fünf törichten hatten kein Öl in ihren Lampen – keine brennende Liebe zu Gott und den Menschen. Wenn sie auch die äußere Form der Lampen hatten, so war doch ihr inneres Feuer erloschen. Und Jesus sagte, er kenne sie

Mt 25,1-13

nicht, und so konnten sie keinen Anteil am Königreich haben.

Dieses Gleichnis meint uns, meint unsere Zeit. Fast
zweitausend Jahre ist es her, seit Jesus auf der Erde war.
Wir haben uns an das Warten gewöhnt. Die Welt geht
weiter ihren Lauf. Aber die Zeit wird kommen, wenn
wir wünschten, wir hätten Öl.

Wollen wir Nachfolger Christi sein, so müssen wir bereit sein, alles im Glauben zu erdulden und alles hinzugeben, wie er es tat. Immer wieder, in jeder neuen Generation muß die Gemeinde die restlose Hingabe des
gekreuzigten Christus verkündigen.

Aus einem Brief: Ich danke Gott, daß du etwas von der
Wirklichkeit Jesu in deinem Leben verspürst. Erhalte
diese kleine Flamme am Leben und laß sie wachsen. Jesus kann nur so weit in dein Herz kommen, wie es von
anderen Dingen leer ist. Wenn ein Eimer voll Wasser
ist, kann man nichts mehr hinzutun; ist er aber ausgeleert, dann kann man ihn wieder füllen. Du mußt leer
werden. Jesus wird dich anrühren, auch wenn er nur
ein wenig Raum in dir hat.

Aus einem Brief: Vergiß nicht, daß dein Herz ausgeleert
und geistlich arm sein muß, wenn Jesus darin walten
soll. Du darfst dir kein privates Eckchen reservieren!
Betrachte alle Dinge aus der Sicht Jesu, und nicht aus
deinem eigenen Gesichtswinkel. Was du denkst und
fühlst, ist unwichtig. Wichtig ist der Wille Christi.
Hast du dich einmal seinem Willen hingegeben, dann
wird sich deine ganze Gefühlswelt verwandeln.

Aus einem Brief: Wenn du wirklich nur Jesus dienen
willst, dann zeige es in der Praxis: in der Erziehung dei-

ner Kinder, in deiner Einstellung deinem Mann gegenüber, in deiner Haltung zur Gemeinde. Es ist nicht
wahr, daß du eine arme Person bist, wie du schreibst.
Mt 5,3   Ich wünschte du wärst es, denn Jesus sagt: „Selig sind
die Armen im Geist." Manchmal bist du sehr reich,
reich an Meinungen und reich in der Einschätzung deiner selbst. Bitte, werde *in Wahrheit* ein armer Mensch.

Aus einem Brief: Ich weiß, daß Gott dir ein warmes
Herz gegeben hat, aber deine alte Natur muß sterben,
damit du seine Liebe empfangen kannst. Dann kann er
dich gebrauchen, so wie er dich gemacht hat. Mit Christus zu sterben bedeutet nicht, ausgelöscht zu werden.
Es bedeutet, unser innerstes Wesen vor ihm auszugie-
ßen, unsere Sünden zum Kreuz zu bringen und mit
ihm, der für uns gestorben ist, eins zu werden.

Joh 12,24   Wenn ein Weizenkorn in die Erde fällt, so stirbt es.
Es ist kein Korn mehr, sondern durch den Tod bringt
es Frucht hervor. Darin besteht das wahre Christentum, denn diesen Weg ging Jesus, als er für jeden von
uns am Kreuz starb. Wenn unser Leben eine Frucht seines Todes am Kreuz sein soll, dann dürfen wir nicht
mehr einzelne Körner bleiben. Auch wir müssen bereit
sein zu sterben.

Habt Christus immerfort vor Augen, so daß ihr für
ihn sterben könnt! Wir alle sehnen uns danach, ihm
näher zu kommen. Deshalb wünsche ich uns allen,
daß wir in dem einen Geist und in dem einen Dienst
stehen, so daß die Gnade Gottes stets mit uns ist.
Wenn dann der Tag kommen sollte, daß wir unser Blut
für ihn vergießen müssen, dann sollen wir uns darüber
freuen und werden dadurch den Sieg erringen.

Jesus verspricht uns: wenn wir ihn lieben und seine Gebote erfüllen, dann wird er uns lieben und wird sich
uns offenbaren. Es geht hier nicht um eine Theologie
oder um eine Lehre, sondern um die Lebensfrage, die
reale Person Jesus anzunehmen, den Menschensohn,
der uns liebt und sich uns offenbaren will. Bleiben wir
in Jesus, dann wird er in uns bleiben, und wir können
mit Paulus sagen: „Ich lebe, doch nun nicht ich, sondern Christus lebt in mir."

Joh 14,21

Gal 2,20

Wie Gott seinen Sohn in die Welt gesandt hat, kann
weder erklärt noch verstanden werden. Johannes sagt
ganz einfach: „Das Wort wurde Fleisch." Dieses Wort
ist seine Liebe, die er durch den Heiligen Geist in der
Jungfrau Maria ausgoß. Nur in diesem Sinn können
wir das Geheimnis der Jungfrauengeburt begreifen.

Joh 1,14

Es ist unsere Bitte, den wirklichen Christus schauen
zu dürfen: zuerst wie er war – ein kleines Kind, in einem Stall in Bethlehem geboren; dann ein verurteilter
Mann, auf Golgatha am Kreuz hängend, zwischen zwei
Verbrechern; wie er heute ist – das Haupt aller Dinge,
vor allem seiner Gemeinde; und wie er am Ende der
Zeiten sein wird, wenn er kommt als Richter, die Le-
benden und die Toten zu richten, und als Bräutigam
bei dem großen Festmahl im Reiche Gottes.
Sind wir bereit, den gleichen Leidensweg zu gehen,
den Jesus auf der Erde gegangen ist? Sind wir gewillt,
uns ihm völlig hinzugeben, so daß wir bereit sind, verfolgt zu werden, geschlagen und getötet zu werden um
seinetwillen?

Jesus Christus! Er muß zu allen Zeiten das Zentrum
bleiben; die Gemeinde darf nicht im Zentrum sein.
Wir brauchen eine beständige Erneuerung von innen

her, damit meine ich die ständig neue Begegnung mit
Gott und mit Christus. Das muß in Gemeindever-
sammlungen, wie auch im Herzen jedes einzelnen stattfinden. Das Innewohnen des Vaters und des Sohnes geschieht durch den Heiligen Geist. Das ist Wiedergeburt.

Das leben-
dige Wort
Joh 1,1+3

„Im Anfang war das Wort, und das Wort war bei Gott,
und Gott war das Wort. Alle Dinge sind durch dasselbe gemacht, und ohne dasselbe ist nichts gemacht, was
gemacht ist." Durch das Wort hat Gott sich selbst geäu-
ßert. Er wurde Fleisch und wohnte als Mensch unter
uns. Er war und ist der Christus. Durch sein Wort
spricht Gott in das Herz der Menschen und richtet sie.
Wenn sie das Wort aufnehmen und Buße tun – wenn
sie Schmerz und Reue empfinden über ihre Ungerechtigkeit, ihre Lügenhaftigkeit, Mord, Unreinheit und
Dunkelheit –, dann bricht das Reich Gottes an.

Nichts kann uns helfen, nichts als das Wort Gottes.
Mit dem Wort meinen wir nicht den toten Buchstaben
der Bibel. Die Bibel ist das einzige Buch, in welchem
die Worte Jesu und der Propheten niedergeschrieben
sind. Das macht sie zu dem heiligsten Buch, das es
gibt. Aber die Bibel selbst ist nicht das Wort Gottes,
sie zeugt nur von ihm. Wenn wir beim Lesen der Bibel
spüren, daß Gott direkt zu unserem Herzen spricht
und unser Herz zu brennen beginnt, dann *haben* wir

2. Kor 3,6

das lebendige Wort. Der Geist macht lebendig, der
Buchstabe tötet.

Der tote Buchstabe des Alten und des Neuen Testaments ist die Waffe des Antichristen. Er kommt mit
der Bibel in der Hand. Als die Katholiken und Luthera-
ner die Täufer der Reformationszeit verfolgten, kamen
sie mit der Bibel in der Hand und ertränkten, ver-
brannten, enthaupteten und erhängten die Gläubigen.

Es kommt nicht darauf an, was wir über das Wort Gottes fühlen oder denken oder daß wir es auswendig lernen; es würde uns auch nichts nützen, alle Worte Jesu im Neuen Testament auswendig zu kennen. Sondern es geht darum, daß seine Worte uns von Gott selbst ins Herz gebrannt werden. Das ist das Evangelium.

Sind wir gewillt, das Wort Gottes zu hören, das schärfer schneidet als ein zweischneidiges Schwert? Im Hebräerbrief heißt es: Das Wort Gottes ist lebendig, ihm müssen wir Rechenschaft geben. Sein Schwert dringt durch und schneidet Mark und Bein. Aber dann heißt es, in Jesus haben wir einen, der unsere Schwächen, Ängste und inneren Nöte versteht. Wenn wir bereit sind, uns diesem scharfen Schwert zu überantworten, so werden wir Jesus finden. Lehnen wir ihn ab, so werden auch wir abgelehnt.

Hebr 4,12-15

Jesus sagt, der Mensch lebt nicht von Brot allein, sondern von jedem Wort, das aus dem Munde Gottes kommt. Wir haben keinen schweigenden Gott. Das Wort ist nicht starr, als ob es aus Eisen in eine feste Form gegossen wäre oder als ob es in einem Buch enthalten wäre, auch dann nicht, wenn dieses Buch die Bibel ist.

Mt 4,4

Das Wort widerspricht niemals den Propheten des Alten Testaments, es widerspricht auch nicht dem Neuen Testament, sondern es wird immer wieder von Gottes Mund in das Herz von Menschen gesprochen. Ständig bringt es uns neue Offenbarungen und macht alles für uns lebendig. Ohne das lebendige Wort Gottes können wir nicht leben.

Aus einem Brief: Es freut mich, daß dir die Bibel lebendig geworden ist. Das ist so wichtig: nicht der tote

Buchstabe – der lebendige Jesus! Wir dürfen uns nicht
so stark mit äußeren Aktivitäten beschäftigen, daß unser inneres Leben Schaden nimmt. Wenn Jesus das Zentrum unseres Lebens ist, dann wird unser inneres Leben wie eine Flamme sein, die für ihn brennt.

Der Heilige
Geist

Der Heilige Geist ist wie das Wasser: er sucht den niedrigsten Ort. Er kommt nur zu den gebrochenen und demütigen Herzen.

Das große Pfingstereignis – die Gründung der Gemeinde Christi durch das Herabkommen des Heiligen Geistes – ist für uns alle ein Aufruf. Daran sehen wir, daß
etwas geschehen kann, was die ganze Welt bewegt,
wenn der Geist auf eine Schar wartender Jünger ausge-

Apg 2,41

gossen wird. Die Erwartung der Gläubigen in Jerusalem war so groß, daß an einem Tag dreitausend zu ihrer Zahl hinzugefügt wurden.
     Heute brauchen wir die Gabe des Heiligen Geistes
mehr denn je; wir leben in einer Zeit, in der so viele
böse Geister am Werk sind – Geister der Unreinheit,
der Ungerechtigkeit, des Ungehorsams, des Mordes
und der Zerstörung. Wann immer wir zusammenkommen, bei der Arbeit, beim Gottesdienst, beim Singen
oder Schweigen, müssen wir auf den Heiligen Geist warten. Wir wollen ihn aber nicht nur für uns erwarten,
wir müssen in viel größeren Dimensionen denken.
Laßt uns darum bitten, daß der Geist Gottes über die
Gottlosigkeit auf der ganzen Erde hereinbricht.

Eph 4,4

Die Erwartung des Heiligen Geistes kann niemals ein
persönliches Erlebnis bleiben; sie führt zu Gemeinschaft. Als der Heilige Geist über die Jünger in Jerusalem kam, wurden sie ein Herz und eine Seele. Die Liebe erfüllte sie so völlig, daß sie nicht länger für sich

selbst leben konnten. Das ist das größte Geschenk: das Erlebnis der Einheit mit Jesus Christus in Gemeinschaft mit anderen.

Aus einem Brief: Es muß ein unbeschreibliches Erlebnis gewesen sein, als der Heilige Geist über die Jünger Christi ausgegossen wurde. Ihre Liebe war so groß, daß sie ein Herz und eine Seele wurden und das Evangelium Jesu Christi verkündeten, obwohl sie wußten, daß sie deshalb würden leiden müssen. Möge der Heilige Geist auch unsere Herzen entzünden, so daß wir in dieser leidenden Welt für die Sache Christi wirken können.

Im Neuen Testament wird der Heilige Geist mit einer Taube verglichen. Eine Taube ist sanft, sie will niemandem etwas antun, sie wird sich niemandem aufzwingen. Sie flieht vor den Raubvögeln. Durch den Sündenfall sind wir alle Raubvögel, und wir alle haben den Heiligen Geist vertrieben, ohne es zu wissen. Wird dem Geist Widerstand geleistet, so flieht er. Er kommt nur zu den Niedrigen, den Gebrochenen und zu denen, die ihn suchen.

Apg 4,32

Mt 3,16

DAS KREUZ

Warum war es notwendig, daß das Blut Jesu für die Vergebung der Sünden vergossen wurde? Gott ist so groß, so mächtig, er hätte die Menschheit ohne das Kreuz erlösen können. So denken viele Leute, aber sie sind im Irrtum. Wir müssen bedenken, daß Gott nicht nur hundert Prozent Liebe ist, die es ihm erlaubt hätte, unsere Sünden ohne das Kreuz zu vergeben; Gott ist auch hundert Prozent Gerechtigkeit. Sowohl Gottes Gerechtigkeit wie seine Liebe mußten der Engelwelt geoffenbart werden, denn es gibt sowohl böse wie heilige Engel.

Den Sohn Gottes zu töten, das war die schlimmste Tat, die je von Menschen vollbracht wurde. Und gerade in diesem Augenblick bewies Gott uns Menschen seine größte Liebe, indem er jedem von uns die Möglichkeit gab, die Vergebung der Sünden und den Frieden mit Gott zu finden.

Aus einem Brief: Wir müssen den gekreuzigten Christus ständig in uns tragen. Um ihn zu empfangen, müssen wir immer wieder still werden vor Gott. Der Gekreuzigte will in uns leben, damit wir von diesem Innersten aus alles Äußere überwinden können. Durch ihn erhalten alle Dinge ihren wahren Sinn. Nur durch die Einheit mit dem Gekreuzigten erlangen wir den wahren Herzensfrieden. Nur durch Christus finden wir volles Vertrauen zu Gott. In Christus finden wir das schärfste Zornesgericht über alles Böse, aber gleichzeitig die Offenbarung seiner Gnade.

Wenn wir nicht glauben, daß es eine Macht des Bösen gibt, dann werden wir Jesus nicht verstehen. Niemand zweifelt daran, daß Jesus kam, die Menschen zu retten. Aber bevor wir nicht begriffen haben, daß er kam, um sich im Kampf zwischen Gott und Satan einzusetzen, um die Werke des Teufels zu zerstören, werden wir die Notwendigkeit des Sühnopfers am Kreuz nicht verstehen können.

Mit dem Gedanken, Gott sei nichts als Liebe, isolieren wir uns von der Möglichkeit, von ihm berührt zu werden. Jeder weiß, daß Gott Sünde vergibt, aber es wird oft vergessen, daß er sie zuvor richtet. Das moderne Denken will nichts von dem Sühnopfer Christi wissen. Wahrscheinlich ist es die Idee von einem ausschließlich liebenden Gott, die uns daran hindert, uns unter sein Gericht zu stellen. Wir möchten gerne glauben, daß Liebe und Vergebung alles sei, was notwendig ist. Das ist aber nicht das ganze Evangelium, damit machen wir Gott zu menschlich.

Es ist von entscheidender Wichtigkeit, daß das Kreuz das Zentrum unseres Lebens ist – das Zentrum unserer Berufung, das Zentrum unserer Verkündigung. Das Lamm Gottes am Kreuz steht vor Gottes Thron. Das Kreuz ist der Mittelpunkt des Universums. Seine Bedeutung, in seiner ganzen Höhe, Tiefe und Breite muß uns zur mystischen Offenbarung durch den Heiligen Geist werden. Es genügt nicht, daß wir daran glauben; wir müssen Gott darum bitten, daß er es uns zu einer lebendigen Erfahrung werden läßt.

Das Kreuz ist der einzige Ort, an dem der Mensch Befreiung finden kann, nicht nur von sexueller Unreinheit, sondern von allem, was die Seele befleckt: Betrug, Heuchelei, Lieblosigkeit, Neid. Erst wenn wir den Gekreuzigten gefunden haben, können wir rein werden.

Offb 5,6

Aus einem Brief: Das Kreuz im Zentrum unseres Lebens zu haben, bedeutet, daß uns nichts lieber wird als das Kreuz - von morgens früh bis abends spät, in jeder Lebenslage. Bei der Eheschließung versprechen zwei Menschen, einander zu lieben, bis der Tod sie scheidet, aber unsere Liebe zu dem Kreuz Christi muß durch den Tod hindurch bis in das ewige Leben hineingehen.

Wenn einer von uns einem Verbrecher begegnet, so wird er ihn entweder verurteilen oder er wird sich seiner erbarmen. Nur Gott kann beides im gleichen Augenblick tun: nur Gott kann ihn mit Gnade und Barmherzigkeit überfluten.

Wenn wir in einer Notlage bei Gott Hilfe suchen - und wir erleben viel Not -, dann sollten wir ihn nicht in erster Linie wegen unserer eigenen Sorgen anrufen, sondern wir sollten unsere Gedanken dorthin lenken, wo das Leid der Welt begonnen hat. Bringen wir nur unsere eigene Last vor Gott, dann vergessen wir, wie groß Gott ist. Wenn wir uns dessen bewußt sind, daß Gott seit dem Sündenfall unseretwegen leiden muß, besonders durch den Kreuzestod Christi, dann dürfen wir ihn auch bitten, uns von unserer Not zu befreien.

Jesus kam, die Werke des Teufels zu zerstören. Krankheit und Tod sind Werke des Teufels. Gott läßt sie zu, aber in Christus nimmt er sie auf sich selbst. Die sieben letzten Aussprüche Jesu beginnen mit den Worten:

Mt 26,39

„Mein Vater, ist's möglich, so gehe dieser Kelch an mir vorüber; doch nicht wie ich will, sondern wie du willst." Wir können uns keine Vorstellung machen von allem, was dieser Kelch enthielt. Aber Jesus war bereit, ihn anzunehmen. Obwohl er die Nähe Gottes nicht spürte, gab er dennoch seinen Geist in die Hände des

Vaters. Das ist der einzige Weg, die Werke des Teufels zu überwinden.

Wenn ich an Jesus denke, so sehe ich sein Kreuz: tief in der Erde verwurzelt, hoch hinaufragend, die Arme weit ausgebreitet, um alle, die zu ihm kommen, zu empfangen. Das Kreuz ist der einzige Ort, wo völliger Sieg über Versuchung und Sünde und über den Teufel selbst zu finden ist; einen anderen Ort gibt es nicht.

Gott will uns die Größe des Kreuzes offenbaren. Wir alle wissen um das Kreuz und seine Bedeutung; wir alle glauben daran; wahrscheinlich sind wir alle davon bewegt. Aber ich glaube, Gott will, daß es wie ein Schwert tief in unsere Herzen schneidet. Es kann sich wohl keiner von uns vorstellen, was es bedeutet, daß Jesus Gottverlassenheit erleben mußte, damit wir Vergebung unserer Sünden und ewiges Leben in Gott finden.

Laßt uns darum bitten, daß alle Hindernisse in uns überwunden werden, damit wir den Tod Jesu Christi in seinem ganzen Ausmaß erleben können. Sein unschuldiges Leiden und sein Tod am Kreuz hat uns noch nicht tief genug erschüttert. Jesus vergoß sein Blut, um jedem bußfertigen Herzen die Vergebung der Sünden zu ermöglichen. Wie am Kreuz sind seine Arme weit ausgebreitet für alle, die glauben und zur Buße bereit sind.

Wir wissen, daß vieles von unserem Willen abhängt, und doch können wir die Wiedergeburt durch den Heiligen Geist, wie die Menschen sie zu Pfingsten erleben durften, nicht durch unsere eigene Anstrengung erreichen. Wir müssen unsere Sinne und Herzen Gott übergeben und ihn bitten: „Verwandle sie!"

Unsere Vergangenheit, Gegenwart und Zukunft
muß von Gott verwandelt werden, damit wir von den
Todesschmerzen Christi und von seiner Auferstehung
ergriffen werden. Wir sind zu sehr mit uns selbst beschäftigt. Unsere Herzen sind von Eigenliebe, Neid
und so vielem anderen erfüllt, daß wir nicht mehr so
einfach reagieren können wie die Menschen zu Pfing-
Hebr 4,12 sten. Damals kam der Heilige Geist und durchbohrte
die Herzen wie ein Schwert, das durch Mark und Bein
schneidet. Heute wollen wir flehen: Sende deinen Heiligen Geist, damit er uns durchbohre! Sei uns gnädig!
Verändere uns bis in die Tiefen unseres Seins.

Wenn wir in Jesu Fußstapfen treten wollen, müssen
wir erkennen, daß es für alles eine Stunde Gottes gibt:
für Eheschließung oder Mission, für Verfolgung und
Tod. Wir dürfen nicht mehr unsere eigenen Zeitpläne
festlegen wollen. Wir haben uns Gott so hinzugeben,
daß seine Stunde unsere Stunde sein muß, in Freude
oder Leid oder im Trinken des bitteren Kelches Jesu bis
zur Neige. All denen, die mir die Liebsten sind, wünsche ich nichts mehr als die Bereitschaft, den bitteren
Kelch bis zum letzten Tropfen zu trinken. Für uns ist
das unvergleichlich viel leichter, als es für Jesus war,
denn er ist uns auf dem Weg des Leidens vorausgegan-
gen. Wir müssen mit solcher Liebe für ihn entbrennen,
daß wir den Kelch, der für uns bereitet ist, mit Freuden bis zum letzten Tropfen trinken.

Jesus ging den Weg des Kreuzes um unseretwillen. Er
hätte vergebens gelitten, wenn wir nicht bereit sind,
für ihn zu sterben, unser Leben für ihn zu verlieren.
Laßt uns Gott darum bitten, daß unser Denken und

Fühlen durch Jesu Tod am Kreuz, sein Hinabsteigen in die Hölle, seine Auferstehung und sein Emporfahren in den Himmel bewegt werde.

Ihr müßt die Demut des Kreuzes finden. Ihr könnt die ganze Welt durchsuchen, die Vergebung der Sünden werdet ihr nirgendwo finden, außer am Kreuz.

Wir können Jesus nicht begegnen, ohne dem Kreuz zu begegnen. Seine Person strahlt den Leidensweg aus. Durch sein Opfer werden unsere Herzen von seiner Liebe zu allen Menschen überflutet und von dem Drang erfüllt hinauszugehen, um alle zu retten, die in der Gewalt der Finsternis sind. Ich kann mir nicht vorstellen, daß man Jesus nachfolgen kann, ohne ein tiefes Verständnis für seine Leiden zu haben. Wenn wir Jesus liebhaben, wird in uns der Wunsch, für ihn zu leiden, ganz von selbst emporquellen.

Wir müssen unsere persönlichen Kämpfe hinter uns lassen, um die großen Gedanken Gottes zu erfassen. Das eigene Seelenheil durch das Kreuz zu erleben, ist wichtig, aber wenn man dabei stehenbleibt, ist es wertlos. Das Kreuz ist so viel größer als alles Persönliche, es umfaßt die ganze Erde, ja weit mehr als diese Erde.

Es gibt Geheimnisse, die Gott allein kennt. Der Tod Jesu am Kreuz ist ein solches Geheimnis. Paulus schreibt: Durch das Kreuz wird nicht nur die Erde, sondern auch der Himmel und alle Mächte und Gewalten der Engelwelt mit Gott versöhnt. Den Menschen und sogar den Engeln sind diese Geheimnisse verborgen.

Kol 1,20

Eins aber wissen wir: Christus hat den Tod, den letzten Feind, überwunden. Am Kreuz hat etwas stattgefunden, etwas Großes, Mächtiges, etwas, das weit über uns Menschen und weit über die Grenzen unserer Erde hinausreicht.

ERLÖSUNG

Aus einem Brief: Mit seinem Gleichnis von den zehn
Mt 25,1-13 Jungfrauen betont Jesus die Realität der Bestrafung für
Sünde und des Verlusts des ewigen Heils. Der Gedanke
an eine ewige Strafe ist zweifellos beängstigend. Aber
die vollkommene Liebe vertreibt die Furcht. Wer
1. Joh 4,18 Furcht hat, denkt noch an die Strafe; und wer noch an
die Strafe denkt, der liebt nicht mit ganzem Herzen.
Die Spannung zwischen diesen beiden Polen – zwischen der Furcht vor der Strafe und der Liebe, die alle
Furcht vertreibt – kann nur durch das Erlebnis der Liebe überwunden werden, einer Liebe, die wie ein Funke
aus Gott von einem Pol zum anderen springt.

Wenn du eine tiefe Liebe zu jemandem hast, wirst
du keine Angst vor ihm haben. Und so ist es auch,
wenn du Jesus wirklich liebst. Dann wirst du ihn nicht
fürchten. Das Gleichnis von den zehn Jungfrauen soll
uns eine Warnung sein, aber du kannst Jesus nicht aus
Furcht dienen.

2. Petr 3,9 Es ist Gottes Wille, daß alle Menschen erlöst werden,
daß keiner verloren geht. Und doch heißt es im Evangelium, daß niemand errettet wird, es sei denn daß er wiedergeboren wird durch den Heiligen Geist und durch
Buße und Bekehrung zum Glauben kommt. Jesus, der
mehr Liebe hat als alle Menschen, spricht deutlich von
Verdammnis. Obwohl Gott allmächtig ist und obwohl
es sein ausdrücklicher Wille ist, daß alle gerettet werden, zwingt er uns seinen Willen nicht auf. Sein Wesen
Offb 5,6 ist das des Lammes – Christus – und der Taube – der
Mt 3,16 Heilige Geist. So kommt es auf jeden einzelnen von
uns an, ob wir uns für die Gnade der Wiedergeburt öffnen oder nicht. Freilich müssen wir zuerst demütig

und zerbrochen werden, denn ohne scharfes Gericht ist Wiedergeburt nicht möglich, und Gottes Gericht ist die Liebe.

Röm 8

In Römer 8 spricht Paulus von der Errettung der Auserwählten. Man könnte fragen: „Was geschieht mit den anderen? Werden sie auch gerettet?" Petrus wirft Licht auch auf diese Frage: „Der Herr zögert nicht, die Verheißung zu erfüllen, wie so manche denken; er ist nur 2. Petr 3,9 langmütig gegen euch. Denn er will nicht, daß jemand verloren gehe, sondern daß alle zur Sinnesänderung vorwärtsschreiten." So ist es also klar: Gott will, daß alle, auch seine Feinde, Buße tun und errettet werden. Aber wir dürfen uns nicht versündigen, indem wir seine Geduld ausnützen.

Wenn Christus in einem Menschen zum Sieg kommt, so ist das nicht das Resultat einer allmählichen Entwicklung, es bedeutet nicht, daß man ein immer besserer Mensch wird. Es bedeutet, von Gott gerichtet zu werden und sich zu ändern. Unentschiedenheit darf nicht in Frage kommen. Entweder man wendet sich ganz Jesus zu, oder man fällt schließlich unter das Gericht Gottes.

Der Gedanke der Verdammnis des sündigen Menschen ist sehr schwer zu akzeptieren und mit der Liebe in Einklang zu bringen, die Jesus am Kreuz so mächtig offenbart hat. Aber keiner, der in seiner Sünde gebunden bleibt, kann in das Reich Gottes eingehen, sonst bliebe das Universum auf ewig entzweit. Wir verstehen die Fülle der Liebe Gottes nicht, aber wir wissen, daß Offb 5,6 Jesus, der die Sünden der ganzen Welt trägt, vor dem Thron Gottes steht. Die Hauptsache bleibt sein Opfer für die Errettung der ganzen Welt. Das dürfen wir niemals aus den Augen verlieren.

Als Kind hatte ich immer das Gefühl, daß eines Tages
die Massen, das Proletariat, zu Gott hin bewegt würden. Vielleicht war ich von den vielen Anarchisten, So-
zialisten und Religiös-Sozialen beeinflußt, die bei uns
ein und aus gingen. Als ich etwas älter war, las ich in
der Offenbarung Johannis, wie eine Zornesschale nach
der anderen über die Erde ausgegossen wird und die
Menschen dennoch keine Buße tun wollen. Das fand
ich sehr schwer, denn ich konnte es nicht akzeptieren,
daß nur ein Bruchteil der Menschheit errettet würde.
Das ging gegen meine ganze Denkweise.

Ich durchsuchte die Bibel – die Propheten und das
Neue Testament – mit dieser einen Frage im Hinter-
kopf. Als ich das Johannesevangelium las, kam ich an
die Stelle, wo Jesus sagt, daß das Gericht über die ganze Erde kommen wird: „Nun wird der Fürst dieser Welt
ausgestoßen werden, und ich werde alle Menschen zu
mir ziehen." Wie Jesus das tun wird, weiß ich nicht,
aber ich glaube fest, daß er alle Menschen zu sich ziehen wird, daß er nicht nur für ein paar Menschen am
Kreuz gestorben ist. Jesus sagt, der Weg zur Wahrheit
ist schmal und nur wenige werden ihn finden; die meisten werden den breiten Weg gehen, der zur Verdammnis führt. Das ist wahr und läßt sich nicht bestreiten,
aber es wäre schrecklich, wenn wir denken würden, wir
hätten den schmalen Weg gefunden, und keine Liebe
hätten für diejenigen, die den breiten Weg gehen.

Das 8. Kapitel des Johannesevangeliums beginnt damit, daß die Pharisäer eine Frau, die beim Ehebruch ergriffen wurde, steinigen wollen, und es endet damit,
daß sie Jesus steinigen wollen. Jesus erzürnte die Juden,
weil er ihnen offen sagte, wer er ist und was sein Auftrag ist, nämlich daß er gekommen ist, die Menschheit
zu retten.

Offb 16

Joh 12,31-32

Joh 8,1-11+59

Dieses Kapitel stellt eine entscheidende Frage an uns alle und an jeden einzelnen von uns: Sind wir bereit, den Worten Jesu zu glauben, oder bezweifeln wir sie? Jesus sagt, wenn wir nicht glauben, bleiben wir Sklaven; wir sind nicht frei, auch wenn wir meinen, frei zu sein. Er sagt, es gibt keinen anderen Weg, Errettung und Befreiung zu finden, als durch den Glauben an ihn. Er sagt auch: „Wenn ihr nicht glaubt, werdet ihr sterben in euren Sünden" und „Wer mein Wort hält, der wird den Tod nicht sehen." Diese Worte mußten gesagt werden, denn sie sind die Wahrheit, und sie bleiben für alle Zeiten bestehen. Haben wir Glauben, dann werden wir Freiheit von der Sünde, von der Furcht vor dem Tod und von der Herzenskälte unserer Zeit finden. Haben wir den Glauben nicht, werden wir die Sklaven dieser Dinge bleiben. Der Aufruf ergeht an jeden von uns, Jesus zu lieben und die Freiheit, die er uns anbietet, anzunehmen.

In dem Gleichnis von den zehn Jungfrauen spricht Jesus nicht von der Welt, sondern von den Christen. Alle, die dem Bräutigam entgegengingen, waren Jungfrauen - mit anderen Worten, sie waren alle Christen -, aber fünf waren weise und fünf waren töricht. Sie alle hatten die äußere Form, die Lampenschale, aber nicht alle hatten Öl. Das Öl, von dem Jesus spricht, ist der Heilige Geist, das Leben, das von Gott kommt; aber nur fünf Jungfrauen hatten Öl.

An den Seligpreisungen sehen wir die Merkmale derer, die den Heiligen Geist haben. Sie sind arm im Geist, sie trauern, sie sind sanftmütig, sie hungern und dürsten nach Gerechtigkeit, sie sind barmherzig und reinen Herzens, sie sind Friedensstifter und sie werden verfolgt um der Gerechtigkeit willen. Die ganze Bergpredigt zeigt uns, wie wir leben sollen: Wir sollen

Joh 8,34-35

Joh 8,24

Mt 25,1-13

niemals zum Gebet kommen, ohne unserem Bruder vergeben zu haben; wir sollen unsere Feinde lieben und die segnen, die uns fluchen; wir sollen weder Geld noch Schätze auf Erden sammeln; wir sollen unser volles Vertrauen auf den Vater setzen; wir sollen keine Gewalt anwenden.

Daß die törichten Jungfrauen nicht in das Himmelreich hinein dürfen, ist ein scharfes Gericht und ein zweifacher Aufruf an uns. Einmal, zu wachen und zu warten, daß der Heilige Geist unser ganzes Sein ändert, damit wir, wiedergeboren, täglich und stündlich von Jesus berührt werden; zum andern, für diejenigen dazusein, die mit uns auf dem Weg sind, dem Bräutigam zu begegnen, und sie zu erinnern, Öl in ihren Lampen zu haben. Die äußere Form genügt nicht; es ist nicht damit getan, in Gemeinschaft zu leben oder die äußeren Anforderungen des Christentums bis in alle Einzelheiten zu erfüllen. Die Nachfolge muß aus einem lebendigen Herzen entspringen.

Es ist möglich, daß Gott einen Menschen dazu bestimmt, ihm besonders anzugehören. Johannes der Täufer war vor seiner Geburt auserwählt. Ich könnte mir auch vorstellen, daß Paulus vor seiner Geburt von Gott zu dem bestimmt war, was er wurde. Aber wenn es so etwas gibt, daß Gott für gewisse Menschen eine besondere Bestimmung vorgesehen hat, noch ehe sie auf die Welt kommen, wie ist es dann mit all den anderen? Im Alten Testament steht: „Meinst du, daß ich Gefallen habe am Tode des Gottlosen, spricht der Herr, und nicht viel mehr daran, daß er sich bekehrt von seinen Wegen und am Leben bleibt?" Und im Neuen Testament lesen wir: „Denn Gott will nicht, daß jemand verlorengehe, sondern daß jedermann zur Buße finde."

Mt 5-7

Lk 1,15

Hes 18,23

2. Petr 3,9

Die Bibel macht es also klar: Gott will, daß alle Menschen errettet werden.

Lk 22,31-32

Jesus sagt zu Simon Petrus: „Siehe, der Satan hat begehrt, euch zu sieben wie den Weizen. Ich aber habe für dich gebetet, daß dein Glaube nicht aufhöre. Und wenn du dereinst dich bekehrst, so stärke deine Brüder." Ich glaube, der Satan verlangt, auch uns zu sieben. Wir müssen Jesus bitten, für uns zu beten, daß unser Glaube nicht versage, auch um der Brüder willen.

Lk 22,61

Jedesmal, wenn ich versage, empfinde ich stark die Worte: „Und der Herr wandte sich um und sah Petrus an." Ich bin mir sicher, Jesus hat sich viele Male umgewandt und uns sehr traurig angesehen. Als Jesus sagte, Petrus würde ihn verleugnen, stellte er nicht eine vorherbestimmte Tatsache fest, die ihn unberührt ließ. Es schmerzte ihn, auch wenn er bereits wußte, daß es geschehen würde. Das gleiche geschah bei Judas. Als Jesus

Joh 13,21

erschauderte und sagte: „Einer von euch wird mich verraten", erlitt er wirkliche Seelenqual. Mögen wir alle ein offenes Herz haben, wenn Jesus uns anblickt. Er will seine Nachfolger behüten, aber auch nachdem sie von ihm auserwählt waren, sind sie in der Gefahr, verloren zu werden.

Wehe uns, wenn wir meinen, wir werden in den Himmel kommen, weil wir auf dem Bruderhof leben. Wenn wir das glauben, lieben wir Christus nicht genug.

Röm 2,28-29

Im Römerbrief schreibt Paulus, daß Jesus nicht nur für die Juden kam, sondern für alle Menschen. Er sagt weiter: „Nicht der ist ein Jude, der es äußerlich ist, auch ist nicht das die Beschneidung, die äußerlich am Fleisch geschieht; sondern der ist ein Jude, der es inwendig ist." So ist es auch bei einem wahren Christen: er ist nicht äußerlich erkennbar, auch wenn er getauft ist. Wasser über eine Person zu gießen oder sie ins Wasser zu tauchen, ist an sich kein Mittel zur Errettung.

Röm 2,29 „Wahre Beschneidung ist die des Herzens, die im Geist und nicht im Buchstaben geschieht. Das Lob eines solchen ist nicht von Menschen sondern von Gott."

Das ist ein wichtiger Punkt: der Glaube ist nicht die Niederschrift einer Reihe formaler Regeln. Paulus bezog sich auf das Gesetz Mose, aber auch heute können wir Sklaven von geschriebenen Gesetzen sein; das ist ein Dilemma für uns auf dem Bruderhof. Die Freiheit des Geistes, in dem allein wir Frieden in Gott finden können, dürfen wir niemals aufgeben.

Auch wenn wir den Gedanken des Paulus über die Errettung nicht ganz folgen können, so ist doch der tiefere Sinn seiner Worte leicht zu verstehen. Die Pharisäer hielten das Gesetz, aber sie waren stolze Heuchler, Röm 3,28 während „wir dafürhalten, daß der Mensch gerecht wird ohne das Gesetz, allein durch den Glauben".

Ihr fragt, was es mit dem tausendjährigen Reich, der Auferstehung der Gerechten und dem zukünftigen Königreich Gottes auf sich hat. Ich rate euch: überlaßt das alles Gott. Was die Zukunft betrifft, stehen wir vor Geheimnissen. Für dieses und jenes kennen wir die Ursachen nicht. Entscheidend ist nur, daß am Ende Gott alles in allem ist. Er wird über alles Böse und ihm Feindliche siegen.

1. Kor 15,24-28

Sollte dies nicht auch unsere größte Erwartung sein?

DAS REICH GOTTES

Es sollte uns ganz klar sein: Das Reich Gottes kann nicht bestehen, wo Bomben auf schuldige und unschuldige Menschen geworfen werden, wo es Rassismus unter den Menschen gibt, wo Millionen verhungern, während einige wenige Überfluß an Nahrung haben, und wo Menschen wegen der Automatisierung zu Hunderttausenden arbeitslos werden.

Wenn wir die Ungerechtigkeit der Welt in ihrer wahren Natur erkennen, dann sehnen wir uns auch nach dem Reich Gottes. Seine Gerechtigkeit wird erst dann hereinbrechen, wenn unser Herz nach Liebe und Frieden strebt. Wer unbewegt bleibt, kann nicht am Reich Gottes teilhaben. Deshalb sagte Johannes der Täufer: „Tut Buße, denn das Reich Gottes ist nahe." Und Jesus sagt: „Trachtet zuerst nach dem Reich Gottes und seiner Gerechtigkeit, und alles andere wird euch dazugegeben."

Mt 3,2
Mt 6,33

Jesus kam, um alle Menschen für das Reich Gottes vorzubereiten. Wir wissen es nur zu gut, daß es noch nicht gekommen ist. Er sagt, daß das Reich unter uns sein wird, wenn wir Gott von ganzem Herzen und von ganzer Seele lieben und unseren Nächsten wie uns selbst. Wenn wir das doch täten, nicht nur mit Worten, sondern mit unserer Tat!

Jesus kam nicht als ein großer König oder Staatsmann, sondern als ein kleines Kind. Das haben die Menschen noch nicht begriffen. Er verkündete das Kommen des Gottesreichs. Vielleicht hat es noch nie eine Zeit gegeben, in der dieses Kommen nötiger war, als die unsere. Heute besitzen die Menschen mehr Macht als je zuvor, und die Macht ihrer Waffen ist beängstigend. Die Beziehungen der Menschen, Rassen und Nationen untereinander sind ungelöst, und die Herrschaft ist in der Hand derer, die das Geld haben.

Jesus sagt, wir müssen arm werden. Wenn wir auf ihn hören und weltliche Privilegien und Macht über Menschen aufgeben, dann werden unsere Herzen für Gottes Reich geöffnet. Ach hätten wir doch nur eine Ahnung davon, was dieses Reich bedeutet: Buße, glühende Liebe und, vor allem, die Herrschaft Gottes.

Für ihre Sicherheit und Freiheit bauen die Nationen der Welt auf die gefährlichsten Waffen, die es je gegeben hat. Demgegenüber sind wir dazu berufen, unsere Sicherheit auf das ganz andere zu bauen, nämlich auf das, was von Gott her kommt. Und in uns brennt das Verlangen, daß allen Völkern etwas von Gott gegeben werden möge. Es genügt nicht, daß wir ein vollkommenes, friedliches Leben in der Gemeinde führen. Unser Verlangen wird erst dann gestillt sein, wenn die ganze Erde nicht mehr unter der Herrschaft der Gewalt, sondern unter der Herrschaft Gottes steht.

Als Jesus fünftausend Menschen mit fünf Broten und zwei Fischen speiste, geschah etwas sehr Merkwürdiges: die Menschen wollten ihn zwingen, ihr König zu werden. Aber Jesus sagte ihnen: „Ihr kommt zu mir, weil ich euch gespeist habe", und ging weg. Diejenigen, die ihn zum König machen wollten, verließen ihn. Einige wurden sogar zu seinen Feinden. Danach sagte Jesus zu den Zwölfen: „Alle die anderen sind fortgegangen; wollt ihr mich jetzt auch verlassen?" Auch wir müssen bereit sein, diese Frage zu beantworten: „Wollt ihr mich auch verlassen?"

Es ist bezeichnend, daß die Menschen Jesus erst dann zum König machen wollten, als er ihnen Brot ge-

Joh 6,11-15

Joh 6,67

geben hatte. Diesen Wunsch hatten sie nicht einmal, nachdem er einen Menschen vom Tode auferweckt hatte. An sich ist es nicht falsch, von Gott zu erwarten, daß er uns Brot gibt, oder von Jesus, daß er unsere Bedürfnisse befriedigt. Jesus lehrte uns, unseren Vater im Himmel um das tägliche Brot zu bitten. Aber er lehnte es scharf ab, sein Reich auf der Ebene des Materialismus aufzubauen. Lieber hätte er seine Nachfolger verloren, als sein Reich auf einer falschen Grundlage zu bauen.

Jesus will sich jedem von uns schenken, so wie er sein Fleisch und sein Blut hingab. Dies ist keine Philosophie, sondern wirkliche Nahrung. Es ist das Leben. Jeder, der es erlebt, wird dadurch verändert, nicht nur für einen Augenblick, sondern für alle Ewigkeit.

Christus verspricht uns das ewige Leben; nicht in einem Königreich, das auf Arbeit und Brot gegründet ist, sondern in einem Reich, das auf den Glauben aufgebaut ist.

Gewöhnlich fordert ein König das Blut seiner Untertanen, aber Christus gab sein Blut für die Seinen. Er gab Leib und Leben für das Leben anderer hin. Als Jesus zu den Jüngern von seinem Leib und seinem Blut sprach, hatte er - soweit wir wissen - zu diesem Zeitpunkt die größte Anhängerschaft während seiner Wirkungszeit. Aber danach verließen ihn viele. Deshalb fragte Jesus die Zwölf: „Wollt ihr mich auch verlassen?" Die Antwort von Petrus ist wunderbar: „Herr, wohin sollen wir gehen? Deine Worte sind Worte ewigen Lebens."

Joh 6,60-68

Es ist wichtig, daß wir uns entscheiden, ob wir eine gut funktionierende christliche Gemeinde sein wollen, die Jesus zu ihrem König gemacht hat, oder ob wir den Weg des Kreuzes gehen wollen. Es muß uns ganz klar sein, daß der Weg Jesu der Weg des Kreuzes ist, ein Weg

vollständiger persönlicher Veränderung, eine Gesellschaft auf einer völlig anderen Basis als Arbeit und
Brot und Privilegien. Wir müssen dazu bereit sein, daß
Feinde uns umgeben und daß wir verachtet werden,
weil wir seinen Weg gehen.

Die Entwicklung unserer Gesellschaft in diesem Jahr-
hundert mit ihrer unglaublichen Ungerechtigkeit und
ihrem grauenhaften Blutvergießen zeigt uns, daß das
Heil nicht von Menschen kommen kann. Es muß von
Gott kommen. Um so mehr müssen wir Gott bitten,
noch einmal sein Reich und seine Gerechtigkeit unter
den Menschen zu offenbaren.

Jesus selbst ist das Königreich Gottes. Wenn er Sünden vergab – das war Reich Gottes. Wenn er seine
Freunde in Einmütigkeit um sich versammelte – das
war Reich Gottes. Wenn er Dämonen und unreine Geister austrieb – das war Reich Gottes. Jede seiner Taten
unter den Menschen war Reich Gottes.

Manchmal frage ich mich, ob unsere Gemeinschaft
das Reich Gottes vollkommen vergessen hat und ob
die Unterscheidung zwischen der persönlichen Seligkeit und dem Reich Gottes noch klar genug ist. Beides
ist von größter Bedeutung. Die ewige Seligkeit ist sehr
wichtig – es ist wunderbar, die Nähe Christi zu erleben
und durch ihn erlöst zu werden. Aber das Reich Gottes
ist das Größte!

Mt 4,17

Man kann die Nähe des Gottesreiches nicht zeitge-
mäß bestimmen. Jesus sagte: „Das Himmelreich ist
jetzt nahe!" Und es war, so paradox es klingt, damals
näher als jetzt. Es war damals nicht zeitlich näher, son-
Jak 5,16   dern räumlich näher.

Mk 9,29 Das Reich Gottes muß erkämpft und errungen werden. Das Gebet des Menschen hat da einen großen Einfluß.

Wenn wir Interesse an Christus und seiner Sache haben, dann haben wir Interesse an seinem Reich. Denn um dieses Reich auf die Erde zu bringen, kam Christus auf diese Erde und litt. Die Gemeinde hat eine sehr große Aufgabe der Sendung für dieses Reich Gottes.

Was für eine gewaltige Sache ist es, für das Reich Gottes zu leben! Schreckt nicht zurück, lebt dafür, sucht danach! Und ihr werdet finden, daß es etwas Mächtiges ist, das einen völlig überwältigt. Es löst jedes Problem auf Erden. Alles wird neu, jeder wird den andern lieben in Christus. Alles, was durch den Tod getrennt war, wird vereinigt werden. Und dann wird die Liebe regieren. -

Die Gemeinde hat von Jesus den Auftrag, für sein Reich und für seine Zukunftsherrschaft zu wirken und auch zu arbeiten. Es gibt nichts Größeres auf Erden als für dieses Reich zu wirken. Lebt intensiv! Nutzt die Zeit für das Reich! Liebt einander!

Gott braucht einen Ort auf der Erde, wo er hereinbrechen kann. Solch ein Ort war Maria, deren Bereitschaft es möglich machte, daß Christus in Bethlehem geboren wurde. Wenn Gott auch nur einen Ort hat, wo er eindringen kann, sei es in Bethlehem, in China, Rußland oder Vietnam - in ein Menschenherz irgendwo auf der Welt -, so ist das, als ob sich eine Tür öffnete. Wenn die Tür zu einem Raum auch nur um einen Spalt geöffnet wird, dann kann das Licht hereinkommen. Und wenn Gottes Licht irgendwo eindringen und die Herzen von zwei oder drei Menschen bewegen

kann, dann wird das auf alle anderen eine Wirkung haben – auch auf Staatsoberhäupter, Generäle und Soldaten. Ich kann nicht glauben, daß die Menschen so voneinander isoliert sind, daß sie davon nicht beeinflußt
würden.

Wie durch Adam die ganze Menschheit gefallen ist,
so wird die ganze Menschheit durch Jesus – den „neu-
en Adam", den wahren Menschen, Gott selbst – Freiheit, Heilung und Erlösung finden.

Röm 5,12-19

Laßt uns Gott anrufen und ihn bitten, daß wir für
sein Reich kämpfen dürfen. Je tiefgehender wir diesen
Kampf führen, je mehr wir das Kreuz Christi, die Auferstehung und Pfingsten erleben, um so näher ist uns
das Reich Gottes. Lebt intensiv in der Erwartung des
Herrn! Wer nicht in jeder Hinsicht den Herrn bald erwartet, der wartet überhaupt nicht. Jetzt frage ich mich
jeden Abend, ob ich wirklich genug geliebt, gehofft, gekämpft und gearbeitet habe. Jede Erwartung des Reiches Gottes muß zu Taten führen.

Karl Barth[25] sagte einmal, das Reich Gottes muß als
das vollkommen andere offenbart werden. Es ist vollkommen unabhängig von uns, und wir dürfen es nicht
mit unseren eigenen Interessen vermischen. Ich halte
das für eine sehr wichtige Erkenntnis. Solange wir uns
selbst nicht völlig um seinetwillen aufgeben, stehen
wir in Opposition zu ihm und sind seiner nicht würdig.

Gott hätte die Geschichte der Menschheit auf Golgatha abschließen können, als Jesus den Tod und den Teufel überwand. Aber er tat es nicht, und so hatte das Bö-

---

25   Karl Barth, 1886-1968, evangelischer Theologe

se eine weitere Gelegenheit. Seitdem werden viele Menschen aus allen Völkern für das Reich Gottes gewonnen, aber viele lassen sich auch verführen. Der Grund dafür bleibt uns verschlossen. Aber ich weiß, daß Gott der Herrscher des Weltalls ist. Sein Urteil muß bestehen.

Offb 14,9-10

Wir lesen, daß die Verführten, diejenigen, die das Tier und sein Bild anbeten und das Zeichen an ihrer Stirn oder an ihrer Hand erhalten, den Wein des Zornes Gottes trinken werden. Wir wissen nicht, wann das geschehen wird. Wir müssen unsere Kinder dazu erziehen, mutig für die Wahrheit einzustehen, damit sie fest bleiben können, wenn das Reich hereinbricht.

Wieweit hängt das Reich Gottes mit dem Jüngsten Gericht zusammen? Wie wird das Reich Gottes kommen? Wie wird es aussehen? Vieles ist uns durch die Aussagen Jesu selbst überliefert, ferner durch die Schriften der frühen Christen und durch das Wirken des Geistes im Herzen der einzelnen Menschen. Jesus hat gesagt,

Mt 24,36

nur der Vater kennt die Stunde, wann das Reich Gottes anbrechen wird, nicht einmal der Sohn Gottes weiß es. An diese Fragen können wir nur mit größter Ehrfurcht und Vorsicht herangehen. Wir wissen aber auch, wie sehr die ersten Christen das Reich erwarteten. Alle Worte der Apostel zeugen davon.

Wir wissen nicht, wie nah oder fern wir zeitlich gesehen dem Reich Gottes sind. Aber wir wissen, daß wir dem Geiste nach sehr nah oder sehr weit entfernt sein können, und das ist die entscheidende Frage. Jesus

Lk 21,9-11

sagt, das Kommen des Reiches wird sich durch bestimmte Zeichen ankündigen, und einige dieser Zeichen erkennen wir schon heute. Aber er sagt auch, daß

Lk 12,39-40

es wie ein Dieb in der Nacht kommen wird, d.h. in einem Augenblick, wenn niemand es erwartet oder daran denkt.

Es gibt viele Geheimnisse, die wir nicht ergründen können. Gott hält sie vor uns verborgen. Aber wir dürfen uns freuen: das Kommen des Reiches ist sicher, es ist ein Reich des Friedens und der Gerechtigkeit.

Wir wissen nicht, warum Gott es erlaubte, daß Tod und Sünde in die Schöpfung Eingang fanden, aber wir wissen, daß der Mensch sich vom Bösen verführen ließ. Wir wissen weder, welchen Kampf Gott vor der Schöpfung gegen das Böse geführt hat, noch welchen Anteil der Mensch an diesem Kampf hat. Wir wissen aber, daß es ein entscheidender Kampf war, der den Sohn Gottes selbst ans Kreuz brachte.

Offb 19,11-21   In der Offenbarung lesen wir von der Schlacht, die am Ende der Zeit im Himmel stattfinden wird. Die Gemeinde, als der Leib Christi, muß hier auf Erden dieselbe Schlacht führen. Wie Gott seinen eigenen Sohn nicht verschonte, sondern ihn hergab, die größte Not zu erleiden, gerade so wird das Hereinbrechen des Reiches Opfer und Leiden von der Gemeinde fordern.

Wenn sich das Geistige vom Materiellen trennt, die Seele vom Körper, das bedeutet Tod. Die Einheit dagegen ist das Leben. Jesus brachte die Botschaft eines neuen Reiches, in dem Seele und Leib, Geistiges und Materielles nicht mehr getrennt sein werden. In diesem neuen Reich wird der Schöpfer eins mit seiner Schöpfung sein.

Wenn wir die Erde ansehen, so wie sie jetzt ist, dann ist es klar, daß ein Gericht unvermeidlich ist. Tatsächlich wird dieses Gericht bereits durch die Sünde der Menschen vollzogen. Wenn wir jedoch die Worte Chri-

sti tiefer begreifen, wird es uns klar, daß Gnade und Erbarmen über das Gericht triumphieren werden.

Wir erwarten einen neuen Himmel und eine neue
Erde, aber wir brauchen uns keine Gedanken darüber
zu machen, wann und wie das Reich kommen wird;
wir wissen, es kommt. Petrus sagte, die Gemeinde muß
helfen, das Kommen des Tages Gottes voranzutreiben.
So wissen wir, daß wir dazu beitragen sollen, etwas von
seinem Reich unter uns lebendig werden zu lassen.

2. Petr 3,11-13

Im Anfang, noch vor der Erschaffung des Weltalls, war
Gott, der unendlich liebende Vater, und bei ihm das
Wort, Jesus Christus, und der Heilige Geist. Am Ende
der Zeit wird Gott allein herrschen. Die stöhnende Natur wird erlöst und das Weltall voller Freude sein. Reine Freude, Liebe, Harmonie und Gerechtigkeit werden
die Erde erfüllen. Gott wird alle Tränen abwischen,
und da wird kein Tod, kein Leid und kein Schmerz
mehr sein. Die Sehnsucht nach dieser Zukunft brennt
in allen Herzen.

Offb 7,17

Offb 21,4

Welch ein großes Geschenk wäre es, wenn uns die Augen geöffnet würden, um auch nur einen kleinen
Schimmer der großen Zukunftsvision Jesu wahrzunehmen und über unser eigenes unbedeutendes Leben hin-
auszublicken. Gewiß ist unser Blick begrenzt, aber wir
sollten Gott wenigstens darum bitten, daß er uns aus
unserer kleinlichen Welt und aus unserer Ich-Bezogenheit herausruft. Wir dürfen ihn bitten, uns an der großen Ernte teilhaben zu lassen, die eingebracht werden
muß – die Ernte aller Nationen und aller Menschen,
einschließlich der zukünftigen Generationen.

NACHWORT

Die Nachfolge Jesu war lange Zeit ein „Stiefkind" im deutschen, landeskirchlichen Protestantismus. Mit der Verfolgung und Vertreibung des sogenannten „Täufertums" in der Reformationszeit ging dieser schwere Weg und diese kostbare Perle verloren. Erst Eberhard Arnold entdeckte beide auf dem Bruderhof in der Rhön wieder. Erst Dietrich Bonhoeffer fand sie im Widerstand gegen die satanischen Mächte der Hitlerdiktatur wieder und ging den Weg Jesu bis zum Tod am Galgen 1945. Von Eberhard Arnold und von Dietrich Bonhoeffer lernen wir, daß die Nachfolge Jesu, das gemeinsame Leben, die Bergpredigt und die Reich-Gottes-Hoffnung untrennbar zusammen gehören.

Johann Heinrich Arnold, Sohn der unvergeßlichen Eberhard und Emmy Arnold, lebte ganz in diesem Geist der Nachfolge und des gemeinsamen Lebens. Er spricht und schreibt aus Erfahrung und aus verarbeiteter Erfahrung: aus Weisheit. Diese kluge Auswahl aus seinen Schriften und persönlichen Briefen zu wichtigen Fragen des christlichen Lebens in der Nachfolge wirkt auf mich wie ein Brevier zum Nachdenken und Meditieren. Man liest es nicht „durch", sondern liest und stockt und kommt auf eigene Gedanken. Ähnliches habe ich nur bei Dietrich Bonhoeffer und Christoph Blumhardt erlebt. Im Unterschied zur modischen, leichten Esoterikliteratur spricht Heinrich Arnold aus den Härten und Tiefen des Lebens, aus seinen Schmerzen und seinen Tröstungen. Er kennt das Dunkel des Leidens an der Gottverlassenheit und die Abgründe der Versuchungen. Er ist gefangen in der engen Weite des gekreuzigten Christus. Er sieht immer wieder über die Gegenwart hinaus in die wunderbare

Zukunft des kommenden Reiches Gottes: „Reue bedeutet Zuwendung zum Reich Gottes", schreibt er an einer
Stelle und befreit den Bereuenden von der Selbstbe-
trachtung, die von der Selbstbestrafung so leicht zum
Selbstmitleid führt. „Zuwendung zum Reich Gottes",
das ist das Leben in der Nachfolge Jesu. Ich wünsche
diesem Buch nachdenkliche und wache Leser.

Jürgen Moltmann
Tübingen, im März 1996

BIBELINDEX

ADRESSEN

Wir bitten unsere Leser, Anfragen wegen weiterer Informationen über die Gemeinschaft der Bruderhöfe, Besuchsanfragen, Verlagsprospekt etc. zu richten an

DARVELL BRUDERHOF
Robertsbridge
E. Sussex TN32 5DR
England

Tel. 0044 (0) 1580 881 003
Fax 0044 (0) 1580 881 171
e-mail: Plough@bruderhof.org
URL (homepage): http://www.bruderhof.org/

Weitere Bruderhöfe:

BEECH GROVE BRUDERHOF
Sandwich Road
Nonington Dover
Kent CT15 4HH
England

WOODCREST BRUDERHOF
Rifton, NY 12471 USA

PLEASANT VIEW BRUDERHOF
Ulster Park, NY 12487 USA

CATSKILL BRUDERHOF
Elka Park, NY 12427 USA

NEW MEADOW RUN BRUDERHOF
Farmington, PA 15437 USA

SPRING VALLEY BRUDERHOF
Farmington, PA 15437 USA

DEER SPRING BRUDERHOF
Norfolk, CT 06058 USA

Weitere Bücher über Geschichte und Alltag des Bruderhof-Lebens:

FREIHEIT VON GEDANKENSÜNDEN von J. Heinrich Arnold.
Ein Buch aus der Praxis der Seelsorge.
Kleinformat, gebunden, 118 Seiten

INNENLAND von Dr. Eberhard Arnold.
Ein Wegweiser in die Seele der Bibel.
Völlig neue, revidierte Ausgabe in 5 Taschenbuch-Bänden:
Band 1: Das inwendige Leben
Band 2: Der Kampf des Gewissens
Band 3: Das Erleben des Gottesfriedens
Band 4: Licht und Feuer – Heiliger Geist
Band 5: Das lebendige Wort

SALZ UND LICHT von Dr. Eberhard Arnold.
Aufsätze über die Bergpredigt Jesu. Vorwort von Jürgen Moltmann.
Taschenbuch, 176 Seiten

DIE REVOLUTION GOTTES von Dr. Eberhard Arnold.
Thesen und Gedanken zur praktischen Umsetzung der Botschaft
Jesu in heutiger Zeit.
Paperback, 100 Seiten

GEGEN DEN STROM von Emmy Arnold.
Die Ehefrau des Gründers erzählt die spannende Geschichte von den
Anfängen bis zur Vertreibung des Bruderhofes (1920-1937).
Paperback, 189 Seiten

SOLANGE DAS LICHT BRENNT von Hans Meier.
Ein alter Bruderhöfer erzählt aus seinem Leben, das von Jugend an
auf der Suche nach wahrer Gemeinschaft ausgerichtet war.
Taschenbuch, 114 Seiten

AM ANFANG WAR DIE LIEBE von Dr. Eberhard Arnold (Hrsg.)
Dokumente, Briefe und Texte der Urchristen. Wie lebten die „ersten
Christen"? Was glaubten, taten und erlebten sie?
Paperback, 372 Seiten

VIDEO

LEBEN IN GEMEINSCHAFT

Bericht über das Leben auf einem Bruderhof, mit Textblatt
Spieldauer ca. 20 Minuten. Kostenloser Verleih für ca. 3 Wochen

KOSTENLOSE SCHRIFTEN

DER PFLUG

Bruderhof-Freundesbrief in deutscher Sprache

THE PLOUGH

in englischer Sprache

Während der PFLUG als Freundesbrief fungiert, setzt sich der
PLOUGH mit aktuellen Zeitströmungen und gesellschaftlichen Herausforderungen auseinander und läßt Autoren aus
den verschiedensten Bewegungen zu Wort kommen.

ES GIBT EINEN ORT ... und DER BRUDERHOF

Faltblätter mit der Beschreibung unseres ganzheitlichen Lebens.

THE PLOUGH PUBLISHING HOUSE CATALOGUE

Auf Wunsch erhalten Sie gerne den kostenlosen Katalog der
englischen Veröffentlichungen:
65 Bücher von 25 verschiedenen Autoren, Kassetten und CD's;
Themen: Living Christianity... Anabapist Witness... Blumhardt... Devotional... Marriage... Christmas... Children's
Music and Books... Children's Education... Miscellaneous...

Alle Bücher sowie kostenloser Verlagsprospekt erhältlich bei:

PLOUGH PUBLISHING HOUSE   und   BRENDOW-VERLAG
der Bruderhof-Communities   Postfach 1280
Robertsbridge, E. Sussex   D-47402 Moers
TN32 5DR England